HISTOIRE
DES GAULOIS.

TOME II.

BRUXELLES,

A LA LIBRAIRIE PARISIENNE

FRANÇAISE ET ÉTRANGÈRE,

RUE DE LA MADELEINE, N. 438.

IMPRIMERIE DE H. FOURNIER,
RUE DE SEINE, N. 14.

HISTOIRE DES GAULOIS,

DEPUIS LES TEMPS LES PLUS RECULÉS

JUSQU'A L'ENTIÈRE SOUMISSION DE LA GAULE A LA DOMINATION ROMAINE.

PAR AMÉDÉE THIERRY.

TOME II.

PARIS,

A. SAUTELET ET Cie, LIBRAIRES,
RUE DE RICHELIEU, N° 14;

ALEXANDRE MESNIER,
PLACE DE LA BOURSE.

M DCCC XXVIII.

HISTOIRE DES GAULOIS.

DEUXIÈME PARTIE.

CHAPITRE PREMIER.

Situation de la GAULE TRANSALPINE, pendant les second et premier siècles avant notre ère.—Description géographique du pays; ses productions végétales, animales, minérales; sa population divisée en trois familles humaines. — I. FAMILLE IBÉRIENNE : 1° *Aquitains;* topographie de leur territoire; leurs tribus, leur caractère, leurs mœurs, leur gouvernement. 2° *Ligures ;* leur caractère, leurs mœurs; topographie de leur territoire; tribus et confédérations. II. FAMILLE GAULOISE : 1° *Galls;* topographie du pays, subdivisions de la race. 2° *Kimris* de la première invasion, leur territoire, leurs tribus. 3° *Kimris-Belges;* territoire et nations. — Caractère, mœurs, industrie, religion, gouvernement des Gaulois. III. FAMILLE GRECQUE IONIENNE : Continuation de l'histoire des Massaliotes. — Désastre de Phocée.—Agrandissement de Massalie.—Topographie de cette ville; ses lois; son gouvernement; sa religion; ses mœurs; sa littérature et ses hommes illustres; ses colonies; son commerce; son alliance avec Rome; époque de sa grande prospérité commerciale et de sa puissance maritime.

LA nature elle-même semblait avoir tracé les frontières de la Gaule, circonscrite par deux chaînes de montagnes, deux mers et un large fleuve.

Les Alpes la bornaient à l'orient par une barrière de dix mille à quinze mille pieds d'élévation ; et envoyaient à l'intérieur des chaînes secondaires, qui la coupaient dans diverses directions : c'étaient, du sud au nord, le Jura et les Vosges ; du nord-est au sud-ouest, les Cévennes et leur appendice, le plateau des montagnes Arvernes.

Au midi, les Pyrénées, hautes de neuf à dix mille pieds, la fermaient d'une mer à l'autre. Baignée au sud-est par la Méditerranée, à l'ouest par l'Océan, elle se terminait, du côté du nord, au cours du Rhin qui, ayant son embouchure dans l'Océan, prend sa source dans les Alpes.

Cinq grands fleuves sillonnaient en tout sens ce vaste et beau territoire :

A l'est, le Rhône[1] célèbre par le volume et la rapidité de ses eaux. Né des glaciers des Alpes Pennines, et grossi des eaux tributaires de la Saône[2], de l'Isère[3] et de la Durance[4], il se jetait dans la Méditerranée par trois bouches[5].

---

1. Rhodanus ; Ῥοδανός. *Rhed-an* et *Rhod-an*, eau rapide. Adelung. Mithrid. t. II, p. 68. — Diction. Gaël. et Welsh.

2. Arar, Araris. On trouve dans Ammien Marcellin (l. xv, c. 11.) *Saucona*, d'où vient le nom français actuel. *Sogh-an* (gaël.) : eau tranquille ; *lentus Arar*.

3. Isara. Ὁ Ἴσαρ. Ptolem.

4. Druentia. Ὁ Δρουέντιας. Strab. — Ὁ Δρουέντιος. Ptolem.

5. Plin. l. III, c. 4.

Au sud, la Garonne[1] coulant des Pyrénées à l'Océan, faible et à peine navigable dans la portion supérieure de son cours, mais, près de son embouchure, large et profonde comme une mer[2]; et augmentée, dans sa route, par le Tarn qui roulait alors de l'or mêlé à ses sables[3], par le Lot[4], sorti comme lui des Cévennes, puis par la Dordogne[5] descendue des monts Arvernes.

A l'ouest, la Loire[6] dont le cours, depuis les Cévennes, jusqu'à l'Océan, traversait le centre et l'occident de la Gaule d'abord du sud au nord, ensuite de l'est à l'ouest, recevant successivement l'Allier[7], le Cher[8], la Vienne[9] et la Mayenne[10].

Au nord-ouest, la Seine[11], avec ses affluens la Marne[12] et l'Oise[13].

---

1. Garumna. Ὁ Γαρούνας. Strab. Ptol.

2. Diù vadosus et navigabilis fertur... at postremùm magni freti similis. Mel. l. III, c. 2.

3. Aurifer Tarnis. Auson. Mosel. descript. v. 465.

4. Olitis ou Oltis. Sidon. Apollin. Paneg. Majorian. v. 209.

5. Duranius et Doranus. Auson. Mosel. desc. v. 464. — Sidon. Apollin. Carm. XXII, v. 103.

6. Liger; Ligeris. Ὁ Λείγηρ. Strab.

7. Elaver; Elaris; Elauris. Sidon. Apollin.

8. Carus; Caræ; Caris.

9. Vingenna.

10. Meduana. Lucan. Phars. l. I, v. 438.

11. Sequana. Ὁ Σεκοάνος. Strab. Ptolem. — Ὁ Σηκιάνος. Steph. Bys.

12. Matrona. Cæs. bell. Gall. passim.

13. Isara; Isura. Itiner. Anton. — Tabul. Peut.

Au nord, le Rhin[1]. Ce fleuve, après avoir formé deux lacs[2] au pied des Alpes, se resserrant de nouveau, traçait la limite de la Gaule, pour aller se perdre ensuite par plusieurs bouches dans les sables de l'Océan[3], entraînant avec lui les eaux de la Moselle[4] et de la Meuse[5].

La Gaule était partagée naturellement en deux grandes régions, bien marquées par la direction des rivières : l'une, la région haute et orientale, comprenait tout le pays situé entre la crête des Alpes et les dernières élévations des Vosges, des monts Éduens, du plateau Arverne et des Cévennes ; l'autre, la région basse et occidentale, s'étendait de là à l'Océan. Nous insistons sur cette division qui, de même que toutes les divisions topographiques générales, bien loin d'être indifférente à l'histoire, facilite au contraire l'intelligence des faits ; celle-ci jette une vive lumière sur les divers groupemens des races dont la population gauloise se trouvait composée. Vers la commune limite des

1. Rhenus; Ῥῆνος. Strab.
2. Venetus et Acronius. Le lac Venetus fut appelé plus tard Brigantinus et Constantiensis; c'est aujourd'hui le lac de *Constance*.
3. Cæs. bell. Gall. l. IV, c. 10.
4. Mosella. Tacit. Hist. l. IV, c. 71. — Auson. descript. Mosel.
5. Mosa. Cæs. passim. — La branche du Rhin qui recevait la Meuse portait le nom de *Vahal* ou *Wal*. — Parte quâdam Rheni recepta quæ appellatur Walis. Cæs. l. IV, c. 10. — Vahalis. Tacit. — Vachalis. Sidon. Apol.

deux régions s'était arrêtée à deux reprises l'invasion des hordes kimriques venues d'outre Rhin : la région basse subjuguée était restée entre leurs mains, tandis que la région haute avait servi de refuge et de boulevard à la race gallique en partie dépossédée. Cette limite était donc non moins profondément empreinte dans la population que sur la superficie du sol : elle séparait deux sociétés différentes d'origine, d'intérêts, de langage, et longtemps opposées par une mortelle inimitié.

Examinées sous le point de vue de la sûreté extérieure, les frontières de la Gaule n'avaient pas toutes une égale importance. Par le Rhin, elle avoisinait les derniers bancs kimris établis sur les bords de l'océan du nord et les peuples de la race teutonique, qui chaque année, faisant des progrès vers le midi, s'approchaient de plus en plus du fleuve ; par les Alpes, elle touchait à la république romaine. De ces deux côtés seulement la Gaule était menacée, mais elle l'était fortement. Ici, elle avait à redouter l'esprit systématique de conquête aidé de toute la puissance de la civilisation ; là, l'esprit de brigandage et d'invasion soutenu par l'énergie aventureuse de la vie nomade.

Le sol de la Gaule était généralement très-fertile [1]. Nul lieu du monde ne surpassait les cantons

---

[1]. Strab. l. IV, p. 178. — Plin. l. III, c. 4. — Martian. Capell. l. VI. — Script. rer. Gallic. passim.

méridionaux, ni pour la fécondité variée de la terre, ni pour la douceur du climat. Les productions délicates de l'Orient, l'olivier, le figuier, le grenadier, y croissaient sans peine à côté des céréales et des hautes futaies de l'Occident [1]. Ce fut, comme nous l'avons raconté précédemment, la colonie phocéenne de Massalie qui apporta les premiers plants de vigne cultivés en Gaule [2]; mais cet arbuste, on le reconnut plus tard, y existait déjà à l'état sauvage : plusieurs espèces originaires des Cévennes [3], des Alpes allobroges [4], des coteaux de la Saône, du Rhône, de l'Allier et de la Gironde [5], furent découvertes et propagées successivement. Néanmoins la culture de la vigne resta long-temps bornée au littoral de la Méditerranée; au commencement de l'ère chrétienne, elle n'avait point encore dépassé la chaîne des Cévennes et la vallée de la Durance [6].

Quelques fléaux venaient, il est vrai, désoler par intervalles ce fertile pays. La côte de la Méditerranée était exposée à des vents d'une violence

---

1. Strab. l. iv, loc. cit. — Plin. l. iii, ub. sup. — Justin. l. xliii, c. 4.
2. Voy. ci-dessus, t. 1, part. 1, c. 1.
3. Helvicum genus. Plin. l. xiv, c. 1.
4. Vitis allobrogica. Plin. ibid. c. 2.
5. Sequanum, Viennense, Arvernum (genera). Plin. l. xiv, c. 1. — Vitis biturica. Idem. c. 2. — Cf. c. 3, 6, 9, 21, 22.
6. Strab. l. iv, p. 178.

extrême : le plus terrible soufflait du nord-ouest[1] ; les Gaulois le nommaient *kirk*[2], qui signifiait le *fougueux*[3] ou le *destructeur*; il enlevait les toits des maisons, et renversait sur les routes les piétons, les cavaliers, et, dit-on, jusqu'à des chariots chargés[4]. Sur la côte de l'Océan, les ouragans descendus des Pyrénées ne causaient guère moins de ravages; ils y soulevaient les sables comme des vagues; et, suivant l'expression d'un écrivain ancien, « surpris au milieu de ces syrtes gauloises, « le voyageur pouvait en quelque sorte faire nau- « frage par terre[5]. » Les bords du Rhône, de la Durance et de l'Hérault avaient aussi à redouter le *charbon*[6], maladie pestilentielle.

1. Ἀπὸ θερινῆς δύσεως καὶ ἄρκτου. Diod. Sicul. l. v, p. 304.

2. *Circius*, Favorin. Gallus ap. Aul. Gell. l. ii, c. 22. — Senec. Quæst. natur. l. v, c. 17. — Plin. l. ii, c. 47. — Lucan. l. i, v. 408. — *Cercius*. Cato. origin. l. iii, ap. Aul. Gell. l. ii, c. 22. — Kirk (armor.), impétuosité, fougue, et aussi ouragan. (Adelung. Mithrid. t. ii, p. 53. — Camden. Britan. p. 19.) *Ciurrach* (gaël.), qui frappe, qui détruit. (Armstr. Gaël. diction.)

3. Nostri Galli ventum ex suâ terrâ flantem quem sævissimum patiuntur Circium appellant à *turbine* opinor ejus et vertigine. Favor. Gall. ap. Aul. Gell. l. ii, c. 22.

4. Ventus Cercius armatum hominem.... plaustrum oneratum percellit. Cato. origin. l. iii, ap. Aul. Gell. loc. cit. — Strab. l. iv, p. 182. — Diod. Sic. l. v, p. 304. — Plin. l. ii, c. 47. — Senec. Quæst. natur. l. v, c. 17.

5. Quoddam in itinere terreno pedestre naufragium. Sidon. Apollin. l. viii, epist. 12.

6. *Carbunculus*, peculiare Narbonensis provinciæ malum. Plin. l. xxvi, c. 1.

Dans le reste de la Gaule, principalement au nord et à l'ouest, l'air était brumeux et froid; des rivières souvent débordées et des bois immenses entretenaient une perpétuelle humidité[1]. Le chêne, le bouleau, l'ormeau, le pin[2], composaient ces vastes forêts dont l'Armorique et la Belgique surtout étaient encombrées; l'if était commun dans le nord[3], et dans les Pyrénées le buis vigoureux, arborescent, de forme conique[4]. A l'époque où nous sommes arrivés, l'est, le centre et le midi, défrichés et cultivés en grande partie, produisaient abondamment du blé, du millet et de l'orge[5]. C'était par les grands fleuves que le commerce avait apporté aux indigènes le besoin et le goût de la vie sociale; c'était aussi dans le voisinage des grands fleuves, du Rhône, de la Saône, de la Seine et de la Loire, qu'avaient eu lieu les premiers travaux agricoles, et que la civilisation avait pris ses premiers développemens.

Malgré l'extension progressive de l'agriculture, l'éducation des bestiaux fut toujours la principale industrie des peuples gaulois, qui consommaient

---

1. Cæs. bell. Gall. passim. — Diodor. Sicul. l. v, p. 303 et seq. — Strab. l. iv, p. 178. — Aristot. gener. Animal. l. ii, c. 25.

2. Plin. l. xvi, c. 8, 17, 18. — Script. rer. Gallic. passim.

3. Cæs. bell. Gall. l. vi, c. 31. — Plin. l. xvi, c. 10.

4. (Buxi genus) Gallicum quod in metas emittitur amplitudinemque proceriorem. Plin. l. xvi, c. 16.

5. Strab. l. iv, p. 197. — Diod. Sicul. l. v, p. 303.

beaucoup moins de grain que de viande et de lait. Ils engraissaient des troupeaux innombrables de grand et de petit bétail; et des porcs d'une grosseur énorme erraient par bandes et à l'abandon dans leurs bois, où, devenus tout-à-fait sauvages, ils n'étaient guère moins dangereux à rencontrer que des loups[1]. Les paturages de la Belgique nourrissaient une race de chevaux excellente et entretenue avec le plus grand soin[2].

Telles étaient les productions végétales et animales de la Gaule; nous avons déjà parlé de ses richesses minérales, qui consistaient en mines d'or, d'argent, de cuivre, de fer et de plomb[3]. La côte des îles appelées aujourd'hui *îles d'Hières* fournissait de beau corail[4], et le continent, ce grenat brillant et précieux qu'on nomme escarboucle[5]. Les escarboucles gauloises furent tellement recherchées dans tout l'Orient, où les Massaliotes en faisaient le commerce, que, du temps d'Alexan-

---

1. Αἱ δ' ὕες καὶ ἀγραυλοῦσιν, ὕψειτε καὶ ἀλκῇ καὶ τάχει διαφέρουσαι κίνδυνος γοῦν ἐστι τῷ ἀήθει προσιόντι ὡσαύτως καὶ λύκῳ. Strab. l. IV, p. 197.
2. Cæs. bell. Gall. l. IV, c. 2.—Script. rer. Gall. passim.
3. Posidon. ap. Athen. l. VI, c. 4. — Strab. l. III, p. 146; l. IV, p. 191. — Diodor. Sicul. l. V, p. 305. — Cæs. bell. Gall. l. II et VII.
4. Curalium laudatissimum, in Gallico sinu, circà Stœchadas insulas. Plin. l. XXXII, c. 2.
5. Ἄνθραξ καλούμενος... ἄγεται δ' οὗτος ἐκ Μασσαλίας. Theophrast. de Lapidib. p. 393.

dre, les moindres s'y vendaient jusqu'à quarante pièces d'or [1].

Quand on récapitule ces productions si nombreuses, si diverses, si riches, quand on parcourt des yeux la topographie si variée de ce sol fécond, on est tenté de dire avec un illustre géographe de l'antiquité : « Il semble qu'une Providence tutélaire
« éleva ces chaînes de montagnes, rapprocha ces
« mers, traça et dirigea le cours de tant de fleuves,
« pour faire un jour de la Gaule le lieu le plus flo-
« rissant du monde [2]. »

Trois familles humaines se partageaient ces richesses et ce beau territoire : 1° la FAMILLE IBÉRIENNE, divisée en deux branches, les *Aquitains* et les *Ligures*; 2° la FAMILLE GAULOISE proprement dite, comprenant : la race *gallique* et la race *kimrique*, partagée elle-même en deux branches, les Kimris de la première invasion, mélangés en grande partie avec les Galls, et qu'on pourrait appeler *Gallo-Kimris*, et les Kimris de la seconde invasion, ou *Belges*; 3° la FAMILLE GRECQUE-IONIENNE, composée des *Massaliotes* et de leurs colonies.

---

1. Μικρὸν γὰρ σφόδρα τετταράκοντα χρυσῶν. Id. p. 396.
2. Ὥστε ἐπὶ τῶν τοιούτων κἂν τὸ τῆς προνοίας ἔργον ἐπιμαρτυρεῖσθαί τις ἂν δόξειεν, οὐχ ὅπως ἔτυχεν, ἀλλ' ὡς ἂν μετὰ λογισμοῦ τινος διακειμένων τῶν τόπων....κ τ. λ. Strab. l. IV, p. 189.

I. FAMILLE IBÉRIENNE.

1° Aquitains. La courbe que décrit la Garonne, entre sa source et son embouchure, limitait l'Aquitaine à l'est et au nord; les Pyrénées et l'Océan la bornaient au midi et à l'ouest. La partie voisine de la mer n'était qu'une plaine stérile, couverte de sables ou de bruyères, et parsemée seulement de quelques bois de pins: pour toute culture, on y récoltait un peu de millet[1]. Dans les cantons élevés, où l'abondance des eaux vives favorisait la végétation[2], le pays inculte devait présenter l'aspect d'une grande forêt. La pauvreté du sol était compensée, il est vrai, par la richesse des métaux. Les Pyrénées recelaient des mines d'or peu profondes, d'où le minerai était tiré, la plupart du temps, à l'état vierge et en lingots de la grosseur du poing[3]. Des paillettes d'or roulaient aussi mêlées aux sables de l'Adour; les indigènes les recueillaient et les séparaient de la vase successivement par le lavage et par la fusion[4].

1. Ἔστι δ' ἡ παρωκεανῖτις τῶν Ἀκουϊτανῶν ἀμμώδης καὶ λεπτή, κέγχρῳ ἔφουσα, τοῖς δ' ἄλλοις καρποῖς ἀφορωτέρα. Strab. l. IV, p. 190. — ιulin. ad Auson. epist. III, 5.
2. Strab. l. IV, loc. citat.
3. Χειροπληθεῖς χρυσίου πλάκες... Strab. l. IV, p. 190.
4. Strab. ub. supr. — Diod. Sicul. l. V, p. 305. — L'Adour, Atu- ; Adurus (Auson.); Atur (Vib. seq.)

La nation aquitanique se subdivisait en vingt petites peuplades dont les noms sont à peine connus [1]. Les principales étaient : les *Tarbelles* [2], riverains du bas Adour et de l'Océan ; les *Bigerrions* [3], riverains du haut Adour ; les *Garumnes* [4], qui habitaient près des sources de la Garonne ; enfin les *Auscii* ou *Auskes* [5], dont le territoire, situé entre le pied des Pyrénées et la moyenne Garonne, passait pour le meilleur et le mieux cultivé de toute l'Aquitaine [6] ; leur chef-lieu se nommait Elimberrum [7].

L'Aquitain avait conservé presque sans altération le type originel de sa race : à ses traits, à sa taille, à son langage, à ses mœurs, on le reconnaissait aussitôt pour un enfant de l'Ibérie [8]. Il continuait de porter le vêtement ibérien, court,

---

1. Strab. l. IV, p. 189.—Plin. l. IV, c. 19.—Cæs. bell. Gall. l. III.

2. Tarbelli. Leur territoire contenait les Landes, la Terre de Labour et le Béarn.

3. Bigerriones, Bigerrones. Peuple du Bigorre.

4. Garumni. Peuple de Valence et de Montréjaut.

5. Auscii. Αὐσκιοί. Peuple d'Anch. *Ausk*, *Osk*, *Eusk* paraît être le véritable nom générique de la race dite Ibérienne. Les Basques portent encore dans leur langue celui d'*Eusc-aldunac*. *Vasc*, *Basq* et *Gasq* ne sont évidemment que des formes aspirées de ce radical.

6. Καλὴ δ' ἡ χώρα τῶν Αὐσκιῶν... Strab. l. IV, p. 190.

7. Plus correctement Eli-berri ou Illi-berri, *Ville-Neuve*. Cons. M. Guillaume de Humboldt : *Pruefung der Untersuchungen ueber die Urbewohner Hispaniens.*

8. Ἁπλῶς γὰρ εἰπεῖν, οἱ Ἀκουϊτανοὶ διαφέρουσι τοῦ Γαλατικοῦ φύλου,

fabriqué de laine grossière et à long poil¹; la propreté et l'élégance ibériennes se retrouvaient aussi parmi ses femmes sur les rives du Gave et de l'Adour ². L'Aquitain était brave, mais rusé³. Un esprit vif et intelligent le rendait très-habile à saisir et à imiter la tactique de son ennemi⁴. L'habitude d'exploiter les mines lui donnait une adresse remarquable dans tous les travaux souterrains applicables à la défense ou à l'attaque des places⁵. L'infanterie aquitanique était renommée pour sa légèreté⁶.

L'Aquitaine paraît avoir été soumise à la domination absolue des chefs de tribus; néanmoins la conduite de ses guerres importantes et générales était confiée ordinairement à des guerriers consommés, élevés par élection au suprême commandement militaire⁷. Elle avait conservé dans toute sa vigueur l'institution ibérienne des *dévouemens*

ατά τε τῶν σωμάτων κατασκευὰς καὶ κατὰ τὴν γλῶτταν · ἐοίκασι δὲ μᾶλλον θηρσίν. Strab. l. IV, p. 189; idem, l. IV, p. 176.

1. Paulin. epist. III. — Auson. v. 143. — Bigerricam vestem brevem atque hispidam... Sulpic. Sever. Dial. II, c. 1. — Diodor. Sic. v, ub. de Iber.

2. Ammian. Marcell. l. XV, c. 12. — Diodor. Sicul. loc. cit.

3. Callidum genus. Flor. l. III, c. 10. — Cæs. bell. Gall. l. III.

4. Cæs. bell. Gall. l. III, c. 20 et seq.

5. Cujus rei sunt longè peritissimi Aquitani, proptereà quòd multis locis apud eos ærariæ structuræ sunt. Idem, ibid.

6. Cæs. bell. Gall. passim. — Bell. civil. l. I.

7. Cæs. bell. Gall. l. III et VII. passim.

étrangère au reste de la Gaule. Des braves, appelés *soldures* ou plus correctement *saldunes*[1], s'attachaient à la personne d'un chef, pour la vie et pour la mort; ils appartenaient irrévocablement à lui et à sa fortune. Tant qu'il était riche, puissant, heureux, ils jouissaient, comme lui et avec lui, de toutes les prospérités de la vie; le sort lui devenait-il contraire, ils en partageaient tous les revers; si le chef périssait de mort violente, ils s'arrachaient eux-mêmes le jour. Il était inouï qu'un *Saldune* eût refusé de mourir avec son maître[2]. Le nombre des braves dévoués à un seul chef était illimité; on verra Adcantuan, roi des Sotiates, en compter jusqu'à six cents[3].

Outre sa population de descendance ibérique, l'Aquitaine contenait les deux petites tribus gauloises des *Boïes*[4] et des *Bituriges-Vivisques*, resserrées dans l'angle que formaient l'embouchure

---

1. Devoti quos illi *Soldurios* appellant. Cæs. bell. Gall. l. III. c. 22. — Athénée, d'après Nicolas de Damas, leur donne le nom de *Silodunes*, Οὓς καλεῖσθαι τῇ πατρίῳ γλώττῃ Σιλοδούνους (l. VI, c. 13.). — En basque, *Zaldi* ou *Saldi* signifie cheval; *Saldi-a*, un cheval; *Saldun-a*, celui qui a un cheval, cavalier, chevalier, gentilhomme; plur. *Saldun-œ*. Dans la traduction d'un auteur ancien, le mot, Romains, *Quirites*, est rendu par *Saldinœ*.

2. Neque adhuc hominum memoriâ repertus est quisquam qui, eo interfecto, cujus se amicitiæ devovisset, mori recusaret. Cæs. bell. Gall. l. III, c. 22.

3. Cæs. bell. Gall. l. III, ub. sup.

4. Boii (V. ci-dessus part. 1, c. 1.), peuple du pays de Buchs.

de la Garonne et l'Océan¹. Ce voisinage, au rapport d'un écrivain ancien, servait d'autant plus à faire ressortir la différence tranchée des deux familles ². Les Bituriges-Vivisques, peuplade gallique détachée des Bituriges-Cubes à l'époque de l'invasion des Kimris, occupaient les bords du fleuve, et, par leur activité, s'étaient créé une marine; leur capitale, Burdigala³, était devenue un des entrepôts du commerce entre la Méditerranée et l'Océan. Les Boïes, d'origine kimrique, habitaient plus au midi, dans les landes des Tarbelles; ils étaient pauvres, et leur industrie se bornait à extraire la résine des bois de pin qui croissaient sur leur territoire ⁴.

2° LIGURES. Cette branche de la famille ibérienne avait conservé moins purement que la branche aquitanique le type original, à cause de son éloignement de l'Espagne et de son mélange, soit avec les Gaulois, soit avec les Massaliotes. Le Ligure était de petite taille et d'une complexion sèche, mais nerveuse⁵. Sobre, économe, dur au travail⁶,

1. Bituriges-Vivisci. Οὐΐβισκος, Βίβισκος.
2. Strab. l. IV, p. 176 et 189.
3. Burdigala et Burdegala. Τὰ Βουρδίγαλα, (Strab. l. IV, p. 190.) aujourd'hui Bordeaux.
4. Picei Boii. Paul. epist. Auson. III, 5.
5. Τοῖς ὄγκοις εἰσὶ συνεσταλμένοι, καὶ διὰ τὴν συνεχῆ γυμνασίαν εὔτονοι. Diod. Sicul. l. IV.
6. Assuetum malo Ligurem. Virgil. Georg. l. II.—Durum genus.

il était ces vertus par des vices qui lui donnèrent, chez les anciens, une célébrité malheureuse : il passait pour fourbe, perfide, intéressé¹. Dans la contrée voisine de Massalie, où l'influence de la civilisation grecque s'était fait sentir immédiatement, les Ligures cultivaient l'olivier, la vigne et les céréales, soit pour eux, soit pour le compte des marchands massaliotes. Plus loin, dans la montagne, ils vivaient de chasse ou venaient dans la plaine se louer comme ouvriers aux propriétaires de cultures². Sur la côte, ils faisaient la pêche et la piraterie. Dès que la tempête commençait à troubler la mer, on voyait ces hardis corsaires mettre à flot leurs fragiles barques ou leurs larges radeaux, soutenus sur des outres, et aller assaillir les vaisseaux étrangers surpris, par le gros temps, loin des ports ; ils revenaient ensuite déposer leur butin dans les îles voisines de la côte. La répression de ces brigandages coûta une peine infinie à la marine massaliote; en vain les Grecs s'emparèrent des îles, construisirent dans quelques-unes des forts, et y placèrent des garnisons³, les pirates

---

Tit. Liv. l. xxvii. — Strab. l. iii. — Diod. Sicul. l. iv; l. v, p. 315.

1. Latrones, insidiosi, mendaces, fallaces. Cato ap. Servium ad l. xi. Æneid. — Virg. Æneid. loc. cit. — Claudian. idyll. xii, etc.

2. Strab. l. iii. — Diod. Sic. l. iv et v.

3. Τὸ παλαιὸν, φρουρὰν εἶχον ἱδρυμένην αὐτόθι πρὸς τὰς τῶν λῃστηρίων ἐφόδους. Strab. l. iv, p. 184.

se firent d'autres repaires sur le continent, et ne cessèrent que très-tard d'infester les parages de la Gaule et de l'Italie.

Les femmes liguriennes partageaient d'ordinaire avec leurs maris les plus pénibles travaux de l'agriculture : comme eux, on les voyait descendre par bandes de la montagne, pour aller travailler, moyennant salaire, sur les terres de Massalie et de ses dépendances. Un voyageur grec, que nous citerons plus d'une fois, le célèbre Posidonius[1], fut témoin d'un fait qui montre à quel point une vie sobre et laborieuse avait endurci ces femmes. Une d'elles, employée avec une troupe de ses compatriotes sur la propriété d'un certain Charmolaüs, Massaliote, se sentit tout à coup saisie des douleurs de l'enfantement. Sans mot dire, elle se retira dans un petit bois voisin, se délivra elle-même, déposa son enfant sur un lit de feuilles, à l'abri d'un taillis épais, et vint reprendre son ouvrage[2]. Les cris de l'enfant et la pâleur de la mère révélèrent la chose. Le surveillant des travaux voulait la congédier; mais elle s'obstina à demeurer, jusqu'à ce que celui-ci, par

---

1. Apud Strabon. l. III. — Le même récit se trouve dans Diodore de Sicile, l. IV.
2. Τὸ παιδίον φύλλοις ἐνειλήσασα, αὐτὴ δὲ συμμίξασα τοῖς ἐργαζομένοις... Diodor Sicul. l. c.

pitié, lui eût fait don de son salaire[1]. Alors elle se leva, prit l'enfant, le baigna dans une source d'eau vive qui coulait auprès, et l'emporta chez elle enveloppé de quelques lambeaux[2]. De pareils faits n'étaient rien moins que rares dans la vie de ce peuple dur et patient[3].

A cette communauté de travaux et de souffrances, ne se bornait pourtant pas l'égalité des deux sexes. La Ligurienne était pour son mari une compagne, suivant toute l'acception du mot, tandis que la femme gauloise, livrée aux caprices du despotisme le plus illimité, pouvait envier la destinée de ses esclaves; et cette opposition si tranchée dans la composition intime et le caractère des deux sociétés n'est pas un des moindres traits qui distinguent l'une de l'autre ces familles humaines. C'était par le choix d'un mari que la jeune Ligurienne entrait dans l'exercice de sa liberté. Les prétendans, réunis chez son père à un grand repas, attendaient, impatiens et inquiets, qu'elle-même vînt décider de leur sort. Vers la fin du repas, elle paraissait tenant à la main un vase plein de quelque breuvage; et l'homme à qui elle versait à boire était l'époux préféré : ce choix

---

1. Strab. ub. supr. Diodor. Sicul. l. IV.
2. Ἐκκομίσασα τὸν νήπιον, πρός τι κρήνιον λούσασα... Strab. l. III.
3. Arist. de Mirab. auscult.

devenait pour les parens une loi irrévocable¹.

Les femmes liguriennes durent même à quelques circonstances d'être investies d'une autorité politique supérieure à celle des hommes : autorité d'ailleurs toute pacifique, toute conservatrice, et qui convenait parfaitement à leur rôle. « De vives et interminables querelles s'étaient ja« dis élevées chez ce peuple, racontent les histo« riens, et l'amenèrent à une guerre civile. Déjà « les deux partis avaient couru aux armes; déjà ils « se mesuraient des yeux sur le champ de bataille, « lorsque les femmes, se précipitant entre eux, « voulurent connaître le sujet de la discorde. « Elles le discutèrent et le jugèrent avec tant « d'équité et de raison, qu'une admirable amitié « de tous avec tous régna dès lors, non-seulement « dans chaque cité, mais dans chaque famille². « De là naquit l'usage d'appeler les femmes aux « délibérations sur la paix et sur la guerre, et « de leur soumettre les différends survenus avec « les alliés³. On se souvient qu'Annibal, après les

---

1. Aristot. ap. Athenæ. l. xiii, c. 5. — Justin. l. xliii, c. 3. — V. ci-dessus part. i, c. i.

2. Αἱ δὲ γυναῖκες, ἐν μέσῳ τῶν ὅπλων γενόμεναι, καὶ παραλαβοῦσαι τὰ νείκη διῄτησαν οὕτως ἀμέμπτως καὶ διέκριναν, ὥστε φιλίαν πᾶσι θαυμαστὴν καὶ κατὰ πόλεις καὶ κατ' οἴκους γενέσθαι πρὸς πάντας. Plutarch. Virtut. mulier. p. 246. — Polyæn. l. vii, c. 5o.

3. Ἐκ τούτου διετέλουν περί τε πολέμου, καὶ εἰρήνης βουλευόμενοι μετὰ

conférences de Ruscinon, reconnut cette autorité si nouvelle pour un Carthaginois¹. Quelques femmes, à demi-sauvages, siégeant aux bords du Tet, prononcèrent en dernier ressort sur les demandes et les plaintes de celui qui allait ébranler Rome et changer peut-être la fortune du monde. Il paraît, au reste, qu'il n'eut qu'à se féliciter des arrêts de ce singulier tribunal.

Massalie entretenait à sa solde des Ligures armés et disciplinés à la grecque. L'usage du bouclier de cuivre, fabriqué sur le modèle grec, devint même assez général parmi ces peuples pour donner lieu à quelques étymologistes anciens de leur supposer une origine hellénique². Leur vêtement de guerre national était une tunique de laine ou de peau de bête, arrêtée au milieu du corps par une large ceinture en cuir³.

Il nous reste à passer en revue les différentes nations dont se composait au second siècle, ou s'était composée antérieurement, la race ligurienne. Nous commencerons par la portion de la Ligurie située à l'occident du Rhône, entre ce fleuve et les

---

τῶν γυναικῶν, καὶ τὰ πρὸς τοὺς συμμάχους ἀμφίβολα δι᾽ ἐκείνων βραβευόντες. Plut. loc. cit. — Polyæn. l. vii, c. 5o.

1. Plutarch. de Virtut. mulier. p. 149. — Polyæn. loc. cit.

2. Ἀπὸ χαλκασπίδας εἶναι, τεκμαίρονταί τινες Ἕλληνας αὐτοὺς εἶναι. Strab. l. iv, p. 205.

3. Diodor. Sicul. l. v, p. 315.

Pyrénées, et que les géographes anciens nommaient *l'Ibéro-Ligurie*.

Dans des siècles qui précèdent de beaucoup l'époque qui nous occupe, l'Ibéro-Ligurie avait été possédée par trois grands peuples : les *Sordes*, les *Élésykes* et les *Bébrykes*. Les Sordes ou Sardes[1], établis le long de la côte au pied des Pyrénées, avaient étendu de là leur domination fort loin sur le littoral de l'Espagne; leurs villes principales, en Gaule, étaient Illi-Berri, ou la *Ville-Neuve*, et Ruscinon, plus correctement Rouskino, que la physionomie phénicienne de son nom pourrait faire regarder comme une vieille colonie de Tyr ou de Carthage[2]. Les Élésykes habitaient au-dessous des Sordes jusqu'au Rhône[3]; ils comptaient parmi leurs villes Némausus et Narbo : Némausus, de fondation tyrienne, si l'on en croit les traditions symboliques sur Hercule[4]; Narbo ou Narbonne, déjà célèbre par son commerce maritime, célèbre aussi

---

1. Sordi, Sardi, Sardones. Mela. l. II, c. 5. — Plin. l. III, c. 4. — Fest. Avien. ora maritim. v. 552.

2. On trouve en Afrique quelques lieux de ce nom. Ruscinon était situé à l'endroit où est maintenant la tour de Roussillon, à une demi-lieue de Perpignan.

3.   .... Gens Elesycum priùs
     Loca hæc tenebat.
            Fest. Avien. ora. maritim. v. 585 et seq.

4. Steph. Byzant. V° Νέμαυσος. — Cf. t. I, part. I, c. I. C'est aujourd'hui la ville de Nismes, département du Gard.

par l'éclat de ses armes, capitale d'un petit royaume, et centre de la civilisation ligurienne[1]. Les Bébrykes[2] occupaient, à ce qu'on suppose, les Pyrénées, à leur jonction avec les Cévennes, et en partie le revers occidental de cette dernière chaîne.

Mais au temps où nous sommes arrivés, cette puissance et cette prospérité avaient disparu. Depuis deux cent cinquante ans, l'Ibéro-Ligurie, enlevée presque tout entière aux indigènes, était au pouvoir de deux tribus belges ou volkes, venues en conquérantes du nord de la Gaule[3]. Les Volkes-Arécomikes, maîtres du pays des Élésykes, lui avaient imposé leur nom. Les Volkes-Tectosages, après avoir chassé les Bébrykes et occupé leur territoire, s'étaient étendus jusqu'à la Garonne et au cours inférieur du Tarn : Tolosa, que leurs aventures et leurs conquêtes ont déjà rendue célèbre, était devenue leur capitale[4]. Quant aux

---

1. Strab. l. IV, p. 186. — Polyb. l. III, p. 192. — Polyb. apud Strab. l. IV. — Id. apud Athen. l. VIII, c. 2.

.......Atque Narbo civitas
Erat ferocis maximum regni caput.
Fest. Avien. ora maritima. v. 586, c. 7.

2. Scymnus Chius. Orbis descript. v. 198. — Steph. Byz. — Sil. Ital. l. II, v. 421 et seq. — Tzetzes. Isac. in Lycophr. Cassandr. v. 516.

3. Voir ci-dessus t. 1, part. 1, c. 4.

4. Le territoire occupé par les Volkes comprenait le Languedoc actuel, haut et bas.

Sordes, ils surent sauver leur liberté ; mais réduits à un petit nombre, au milieu de cette ruine presque totale de leur race, ils déchurent rapidement ; leurs villes d'Illiberri et de Ruscino n'offrirent bientôt plus qu'une ombre de ce qu'elles avaient été jadis¹.

La côte ibéro-ligurienne était généralement basse et marécageuse ; elle renfermait peu de ports, d'ailleurs mal garantis contre les vents dangereux du sud et du sud-est². Les anciens ont beaucoup parlé d'un phénomène curieux qu'on y remarquait près de la commune frontière des Arécomikes et des Sordes. C'était un lac souterrain, alimenté en partie par des sources d'eau douce, en partie par les eaux de la mer, qui s'y rendaient au moyen d'infiltrations et de conduits cachés. Recouvert de gazon et de roseaux sur toute sa surface, il présentait à l'œil l'aspect d'une verte et fraîche prairie ; mais si l'on rompait cette croûte à quelques pieds, on trouvait l'eau. Les indigènes y faisaient des crevasses pour pêcher, à coups de trident, d'énormes mulets, qui venaient s'y engraisser de vase³. Renchérissant encore sur cette

---

1. Ruscino, vicus Eliberris magnæ quondàm urbis et magnarum opum tenue vestigium. Mela. l. ii, c. 5.—Fest. Avien. ora marit. l. c.

2. Rari portus et omnis plaga Austro atque Africo imposita est. Mela. l. ii, c. 5.

3. Polyb. apud Athen. l. viii, c. 2. — Strab. lib. iv, p. 182. — Mela. l. ii, c. 5. — Fest. Avien. ora marit. v. 570 et seq.

bizarrerie de la nature, les voyageurs et les auteurs grecs et romains ne tarissaient pas en récits merveilleux touchant les *poissons fossiles* de la Gaule et les pêches du *champ suspendu*[1].

L'autre portion de la Ligurie, située à l'orient du Rhône, entre ce fleuve et les Alpes, l'Isère et la Méditerranée, et désignée chez les géographes anciens par le nom de *Celto-Ligurie*, renfermait une multitude de tribus liguriennes ou gallo-liguriennes, qui se groupaient en plusieurs confédérations. Les Ségobriges, ce peuple gaulois dont nous avons raconté la gracieuse hospitalité à l'égard des premiers colons phocéens[2], les Ségobriges avaient disparu, soit que quelque désastre inconnu les eût anéantis jusqu'au dernier, soit qu'en se refondant avec d'autres peuplades ils eussent perdu et échangé leur nom national. C'étaient les *Salyes* ou *Salluves*[3], dont nous avons aussi parlé précédemment, qui dominaient sur presque tout le pays au sud de la Durance; Arelate, plus correctement *Arlath*[4], située sur la rive gau-

---

1. Polyb. ap. Athen. l. VIII, c. 2. — Et alii supr. cit.
2. V. ci-dessus t. 1, part. 1, c. 1.
3. Σάλυες, Sallyes, Salvii, Salluvii. DE LIGURIBUS VOCONTIEIS SALLUVIEISQ. Gruter. Inscript. p. 298, n. 3.—Script. rer. Gall, pas.
4. Arelate, Arelatum, Arelas, dans les poètes. *Ar*, sur, vers; *lath* (Gaelic), *Llaeth* (Cymr.) marais. C'est aujourd'hui la ville d'Arles, département des Bouches-du-Rhône.

che du Rhône, non loin de son embouchure, était leur ville principale. A l'orient des Salyes, du côté de la Durance et des montagnes, se trouvaient les *Albikes*¹, petite tribu gauloise. Au-dessous des Albikes, vers la mer, venaient les Verrucins, les Sueltères, les Oxybes, les Décéates et les Néruses; ces derniers avaient pour frontière le Var, commune limite de la Gaule et de l'Italie².

Ainsi que la côte à l'ouest du Rhône, celle-ci avait son phénomène curieux, c'était le *Champ des pierres*³, célèbre dans la mythologie symbolique de l'Orient, pour avoir été le théâtre d'une des grandes victoires d'Hercule, de sa victoire sur Alb et Ligur, montagnards, enfans de Neptune⁴. Une plaine à peu près circulaire, et de plus de trois lieues de diamètre⁵, s'étendait entre Arelate et la

---

1. Albici, Ἀλβίοικοι, Ἀλβιεῖς. Leur capitale était, suivant Pline, Alebece Rejorum; c'est aujourd'hui *Riez*.

2.   Finis et Hesperiæ promoto limite Varus.
                                        Lucan. I. v. 404.

3. Campus lapideus (Mel. l. II, c. 5.), Campi lapidei (Plin. l. XXI, c. 10.), πεδίον λιθῶδες. (Strab. l. IV, p. 182.); aujourd'hui la *Crau*. *Craig* (Gael.), *Carreg* (Kymr.), pierre, rocher. *Crau*, en patois savoyard, a encore aujourd'hui la même signification.

4. V. ci-dessus, part. I, c. I.

5. Cent stades, Strab. l. IV, p. 182. Les stades dont il est ici question sont des stades grecs, dits olympiques, dont huit étaient compris dans un mille romain et six cents dans un degré. Il en faut dix pour un mille géographique, et trente pour une lieue de

mer, jonchée sur toute sa superficie d'une innombrable quantité de pierres arrondies et lisses, dont les plus fortes ne dépassaient pas la grosseur du poing ; on eût dit d'une pluie de cailloux[1] : vers le milieu, jaillissaient quelques sources d'eau salée[2]. Malgré la stérilité qui frappait ce lieu, il croissait parmi les pierres quelques herbes, surtout du thym, dont les brebis se montraient extrêmement friandes ; on les y amenait par milliers, et de pays fort éloignés[3].

Au nord de la Durance, depuis ce torrent jusqu'à l'Isère, la plus considérable des nations liguriennes, ou, pour mieux dire, la seule considérable, était celle des *Voconces* ou *Vocontii*[4], qui avait pour frontières, au sud, la Durance, au nord le Drac, à l'est le pied des Alpes. Entre sa frontière occidentale et le Rhône, habitaient trois peuples de sang gallique : les *Ségalaunes*, qui oc-

---

vingt au degré. Cons. les savantes notes de M. Letronne sur Rollin. Hist. ancien. t. 1, p. 285.

1. *Credas pluisse*. Mel. l. II, c. 5. — Strab. l. IV, p. 182.

2. Ἐν μέσῳ δ' ὕδατα καὶ ἁλμυρίδες ἐνίστανται καὶ ἅλες. Strab. ub. sup.

3. Thymis lapidosos campos refertos scimus ; hoc penè solo reditu ; è longinquis regionibus pecudum millibus convenientibus, ut thymo vescantur. Plin. l. XXI, c. 10. — Strab. loc. cit.

4. *De Liguribus Vocontieis*. Grut. Inscr. p. 298. n. 3. — Leur territoire comprenait une partie du Dauphiné, du Venaissin et de la Provence.

cupaient l'*île* entre l'Isère et la Drôme [1]; les *Tricastins*, établis plus bas [2]; et les *Cavares* [3], qui s'étendaient jusqu'à la Durance, et avaient pour chefs-lieux Avenio [4] et Cabellio [5]. Les Tricastins et les Ségalaunes paraissent n'avoir été que des cliens de la puissante nation Cavare, qui partageait avec les Voconces la domination de tout le pays entre l'Isère et la Durance [6].

Si nous avons classé parmi les Ligures les Cavares, les Ségalaunes, les Tricastins et les Volkes, malgré leur descendance gauloise, c'est qu'en effet ces nations, par leur situation, par leurs intérêts politiques et commerciaux, et par leurs liens fédératifs, appartenaient beaucoup plus à la race ligurienne qu'ils n'appartenaient à leur propre race.

1. Segalauni (Ptolem.), Segovellauni (Plin.). L'*île* comprend aujourd'hui le département de l'Isère avec une partie de celui de la Drôme et une petite portion de la Savoie.
2. Peuple du Tricastin, partie du Bas-Dauphiné.
3. Cavari et Cavares. Plin.
4. *Abhainn* (gaël.); *Avon* (cymr.). Eau. Cette ville devait son nom à la fontaine de Vaucluse ou à sa position sur le Rhône. C'est aujourd'hui Avignon, chef-lieu du département de Vaucluse.
5. Cabellio, Cabalion. Strab. l. iv. Aujourd'hui Cavaillon.
6. Strab. l. iv, p. 185.

II. FAMILLE GAULOISE.

Ce qui restait du territoire de la Gaule, en retranchant les contrées que nous venons de décrire, formait le domaine de la famille gauloise proprement dite.

Une ligne qui, partant de l'embouchure du Tarn, longeait ce fleuve, puis le Rhône, l'Isère, les Alpes, le Rhin, les Vosges, les monts Éduens, la Loire, la Vienne, et venait rejoindre la Garonne, en tournant le plateau de l'Arvernie; cette ligne circonscrivait à peu près les possessions de la race gallique. Le territoire situé au couchant de cette limite appartenait à la race kimrique; il était à son tour divisé en deux parties, l'une septentrionale, l'autre méridionale, par la ligne de la Seine et de la Marne; au midi, entre la Seine et la Garonne, habitaient les Kimris de la première invasion, mêlés de sang gallique, ou *Gallo-Kimris*; au nord, entre la Seine et le Rhin, les Kimris de la seconde invasion ou *Belges*. Les Galls comptaient vingt-deux nations; les Gallo-Kimris, dix-sept, et les Belges, vingt-trois : ces soixante-deux nations se subdivisaient en plusieurs centaines de tribus.

1° GALLS. Trois grands peuples, les *Arvernes*,

les *Édues* et les *Séquanes* se disputaient la suprématie parmi les Galls. Groupées autour d'eux pour la plupart, soit par la conquête, soit par les liens de la clientelle fédérative, les peuplades inférieures formaient sous leur patronage trois puissantes ligues rivales, presque constamment armées l'une contre l'autre.

Les Arvernes [1] occupaient la contrée montagneuse qui portait et, sauf une légère altération, porte encore aujourd'hui leur nom; Gergovie, leur capitale, tenait le premier rang parmi les places fortes de la Gaule [2]. Leur clientelle se composait des *Helves* ou *Helvii* [3], des *Vélaunes* [4], des *Gabales* [5] et des *Ruthènes* [6], tous habitans ou voisins des Cévennes septentrionales. Les Gabales et les Ruthènes étaient riches; ils possédaient d'abondantes mines d'argent, et le Tarn, qui baignait

---

1. Arverni, Arvernia, Alvernia, Auvergne. *Ar, al*; haut: *verann* (*fearann*), contrée.

2. Cæs. bell. Gall. l. vii. — Gergovia, Γεργοουία. Strab. l. iv. — Cette ville était située à une lieue de l'emplacement actuel de Clermont, sur une colline qui porte encore le nom de mont *Gergoie* ou *Gergoviat*.

3. Peuple du Vivarais.

4. Peuple du Puy en Vélay.

5. Peuple du Gévaudan.—Ἔχουσιν ἀργύρια οἱ Γαϐαλεῖς. Strab. l. iv, p. 191.

6. Peuple du Rouergue.—Rutheni et Ruteni. Παρὰ τοῖς Ῥουτηνοῖς ἀργύρια. Strab. l. iv, p. 191. — Aurifer Tarnis. Auson. Descript. Mosell. v. 465.

leur pays, roulait dans ses sables des paillettes d'or. Sans être ni sujets, ni cliens des Arvernes, les *Cadurkes* et les *Nitiobriges* se rattachaient ordinairement, comme auxiliaires, aux entreprises de cette nation redoutée. Les Nitiobriges[1] nous sont peu connus; quant aux Cadurkes[2], établis sur les bords du Lot, ils cultivaient le lin en grand, et fabriquaient des toiles, qui acquirent par la suite beaucoup de réputation.

La confédération éduenne embrassait tout l'espace compris entre l'Allier, la moyenne Loire et la Saône; et même un peu au-delà de cette rivière, vers le midi[3]. Le territoire propre de la cité avait pour capitale Bibracte, dont il sera grandement question plus tard; pour seconde ville Noviodunum, port et place de commerce sur la Loire[4]. Son patronage politique s'étendait sur les *Mandubes*[5], ou *Mandubii*, dont le chef-lieu Alésia datait des temps les plus antiques de la Gaule, et passait pour un ouvrage de l'Hercule tyrien[6]; sur

1. Peuple de l'Agénois.
2. Peuple du Quercy. Παρὰ τοῖς Καδούρκοις λινουργία. Strab. l. iv, p. 191. — Plin. l. xix, c. 1.
3. Partie de l'ancien duché de Bourgogne; Nivernais, partie du Bourbonnais et du Forez.
4. Bibracte, aujourd'hui Autun; Noviodunum, Nevers.
5. Peuple de l'Auxois.
6. V. ci-dessus t. 1, part. 1, c. 1, p. 25. — Alesia, aujourd'hui Alise.

les *Ambarres*[1], les *Isombres*[2] ou *Insubres*, et les *Ségusiens*[3] : ces trois dernières peuplades habitaient les rives de la Saône entre les deux confluens du Rhône et du Doubs. Les *Bituriges* eux-mêmes[4], jadis une des plus florissantes nations de la Gaule, étaient tenus par les Édues dans une condition voisine de celle de sujets. Le territoire éduen était riche en troupeaux et en blé[5] ; les Bituriges exploitaient des mines de fer d'un grand rapport[6].

Le pays des Séquanes limité par le Jura, la Saône et la frontière ségusienne, était un des plus beaux de toute la Gaule[7]. Le Doubs[8], qui coule du Jura dans la Saône, le traversait obliquement. Sur une presqu'île que formaient les replis de cette rivière, s'élevait Vesontio, capitale de la nation, place fortifiée par la nature et par toutes les ressources du génie militaire gaulois[9]. Les Sé-

---

1. Peuple de la Bresse.
2. V. ci-dessus t. 1, part. 1, p. 16.
3. Peuple du Forez.
4. Peuple du Berri.
5. Cæs. Comment. de bell. Gall. passim.
6. Παρὰ τοῖς Βιτούριξι σιδηρουργεῖά ἐστιν ἀστεῖα. Strab. l. IV, p. 191.
7. Il répondait à la Franche-Comté augmentée d'une partie de l'Alsace.
8. Dubis, Duba et Dubra.
9. Vesontio et Visontio. — Cæs. bell. Gall. l. I, c. 37. — Julian. Imper. epist. XXXVII ad Maxim. Philos. — Aujourd'hui Besançon.

quanes s'étaient étendus anciennement jusqu'aux sources de la Seine, d'où ils tiraient leur nom[1]; mais les invasions des Kimris les avaient rejetés au couchant des Vosges et de la Saône.

La principale industrie de ce peuple était la préparation de la chair de porc; les jambons et généralement toutes les salaisons séquanaises, transportés par la Saône et le Rhône dans les entrepôts massaliotes, se répandaient de là en Italie et en Grèce où ils étaient fort recherchés[2]. A cause de ce commerce déjà très-productif, et qui, dans la suite, devint immense, les Séquanes s'intéressaient vivement à la libre navigation des deux rivières par lesquelles ils communiquaient avec le midi. Ils eurent des discussions fréquentes avec les Édues, riverains comme eux de la Saône, au sujet de certains droits de péage[3]; et souvent ces discussions leur mirent les armes à la main; de là naquit entre les deux peuples une profonde et implacable inimitié. Nous verrons bientôt quelle influence désastreuse ces rivalités exercèrent sur la paix et sur la liberté de la Gaule.

---

1. Σηκόανος ποταμός... ἀφ' οὗ τὸ ἐθνικὸν Σηκόανοι. Artemidor. ap. Steph. Byzant. V° Σηκόανες.

2. Ὅθεν αἱ κάλλισται τῶν ὑείων κρεῶν εἰς τὴν Ῥώμην κατακομίζονται. Strab. l. IV, p. 192. — Id. l. IV, p. 197.

3. Ἀλλ' ἐπέτεινε τὴν ἔχθραν ἡ τοῦ ποταμοῦ ἔρις τοῦ διείργοντος αὐτοὺς, ἑκατέρου ἔθνους ἴδιον ἀξιοῦντος εἶναι τὸν Ἄραρα, καὶ ἑαυτῷ προσήκειν τὰ διαγώγικὰ τέλη. Strab. l. IV, p. 192.

Après ces trois grandes nations et leurs clientelles venaient, dans un degré d'importance inférieur, trois autres nations galliques indépendantes, et ne reconnaissant aucune suprématie, du moins immédiate. C'étaient : les *Helvètes*[1], dont les quatre tribus demeuraient entre le lac Vénétus et le lac Léman ; les tribus *Pennines* habitantes des âpres vallées des Hautes-Alpes[2], et les *Allobroges*[3], peuple brave et nombreux qui occupait le revers occidental des Alpes entre l'Arve, l'Isère et le Rhône. Les villes principales des Allobroges étaient Vienne et Genève, située à l'extrémité méridionale du Léman[4].

2° Gallo-Kimris. Les domaines de cette première branche de la race kimrique étaient bornés, comme nous l'avons dit, par la ligne de la Seine et de la Marne au nord, par la

---

1. Aujourd'hui les Suisses; leur territoire était compris entre le Rhin, le Jura et le Rhône.

2. Gentes Penninæ; aux environs du grand Saint-Bernard. *Penn*, tête, pic de montagne.

3. *All-brog* (gaël.) hauts-lieux. Leur territoire comprend aujourd'hui la Savoie, une partie du Dauphiné et du canton de Genève. On trouve, dans les anciens, Allobroges et Allobryges. Ammien Marcellin (l. xv, c. 11) connaissait déjà le nom de *Sapaudia* (Savoie), que porta plus tard ce pays.

4. Vienna, Οὐϊέννα. — Geneva, Genava. — *Cen*, pointe; *av*, eau (gaël.). Ce mot exprime très-bien la situation de cette ville, au sommet d'un angle aigu formé par le Léman.

Tom. II.

frontière des Galls à l'orient, par la Garonne au midi; et au couchant par l'Océan atlantique.

Elle comptait parmi ses nations les plus méridionales : les *Pétrocores*[1], dont le pays renfermait des mines de fer; les *Lémovikes*[2]; les *Santons*[3], qui occupaient conjointement avec les *Pictons*[4] le littoral de l'Océan entre l'embouchure de la Garonne et celle de la Loire; les *Nannètes*[5], établis sur la rive gauche de la Loire, à son embouchure, et dont le port, appelé Corbilo[6], était le grand entrepôt du commerce entre la Gaule et les îles Britanniques.

En remontant le cours de la Loire, on trouvait les *Andes* ou *Andégaves*, dont les plaines basses et marécageuses étaient infectées par les débor-

---

1. Petrocorii et Petragori; ils occupaient tout le pays qui renferma depuis les diocèses de Périgueux et de Sarlat.

2. Peuple du Limousin.

3. Peuple de la Saintonge.

4. Peuple du Poitou. Πίκτονες (Strab.), Πίκτωνες (Ptol.).

5. Nannetes et Namnitæ (par corruption Samnitæ), Strab. l. IV. — Peuple du diocèse de Nantes. — *Nant*, dans les langues gauloises, signifiait rivière. On retrouve ce radical dans plusieurs noms de peuples ou de lieux : *Nantuates*, *Nantuacum*, etc. Aujourd'hui encore, dans le dialecte savoyard, *nant* est le nom générique pour désigner les torrens des Alpes.

6. Πρότερον δὲ Κορβίλων ὑπῆρχεν ἐμπορεῖον ἐπὶ τούτῳ τῷ ποταμῷ... Polyb. ap. Strab. l. IV, p. 190.

mens de la Mayenne[1]; les *Turons*[2]; puis les *Carnutes*[3], nation importante dans l'ordre politique et surtout dans l'ordre religieux de la Gaule, ayant pour capitale Autricum[4], entouré de vastes forêts, et réputé le point central de tout le territoire gaulois. Leur seconde ville, Genabum, bâtie au sommet de la courbure que forme la Loire en se repliant dans la direction de l'est à l'ouest[5], était une place de commerce florissante[6], en relation d'un côté avec Corbilo, et de l'autre avec Noviodunum des Édues. Les Carnutes, ainsi que les Turons, et probablement aussi les Andes, possédaient des terres sur la rive gauche de la Loire; mais on ne connaît que très-vaguement les limites de la plupart des cités gauloises, surtout à l'époque que nous essayons de retracer. A l'o-

1. Andes, Andi, Andegavi, Andicavi; peuple de l'Anjou.
   In nebulis, Meduana, tuis marcere perosus
   Andus, jam placidâ Ligeris recreatur ab undâ.
   Lucan. Phars. l. 1, v. 438.
2. Turones (Cæs. Plin.), Turonii (Tacit.), Turini (Amm. Marcel.), Turupii et Turpii (Ptol.). Peuple de la Touraine.
3. Carnutes (Cæs. Liv.), Carnuti (Plin.), Carnulæ (Καρνοῦται) Ptol. — Peuple du pays Chartrain et de l'Orléanais.
4. Aujourd'hui Chartres.
5. Genabum, Genabos, Cenabum; aujourd'hui Orléans. Le mot *Gen-abum* paraît être le même que celui de *Gen-ava*, et désigner la position de la première de ces villes, à l'angle formé par la Loire.
6. Γήναβον τὸ τῶν Καρνούτων ἐμπορεῖον. Strab. l. IV, p. 191. — Cæs. l. VII, c. 6 et seq.

rient des Carnutes, entre la Loire et la Seine, venaient les *Sénons*[1], dont le nom fut si long-temps la terreur de l'Italie, et les *Lingons*, qui portaient au combat des armes bariolées[2]; à l'occident des Carnutes, les *Cénomans*[3], dont les frères, établis en Italie, avaient été si funestes à la liberté cisalpine[4]. Les Cénomans transalpins faisaient partie de la petite confédération *Aulerke*, à laquelle appartenaient encore les *Aulerkes-Éburovikes*[5] et les *Aulerkes-Diablintes*[6].

Les domaines des Gallo-Kimris se terminaient, au couchant, par une vaste presqu'île bifurquée comprise entre l'embouchure de la Loire et l'embouchure de la Seine. Quoique la dénomination

---

1. Peuple du Sénonais. — Cons. sur les Sénons d'Italie le premier volume de cet ouvrage, chap. 1, 2 et 3.

2. Peuple de Langres.
．． . Pictis cohibebant Lingonas armis.
Lucan. Phars. l. 1, v. 398.

3. Cenomani, Κενομανοί. Peuple d'une partie du Maine.

4. Les Cénomans transalpins dont nous parlons n'étaient frères des Cénomans cisalpins que par le sang gallique, car la population des bords de la Sarthe avait été fortement mêlée de Kimris. Ici, comme chez les Carnutes, les vainqueurs avaient adopté le nom de la population subjuguée. Ailleurs, et particulièrement chez les Sénons et les Lingons, le contraire avait eu lieu et les conquérans avaient imposé leur nom au pays.

5. Aulerci-Eburovices; Αὐλίρκιοι-Ἐβουραϊκοί. Ptolem. Peuple d'Évreux.

6. Peuple de Jubleins, dans le Maine.

d'*Armorike*, maritime, convînt à tout le littoral de l'Océan, cependant elle était appliquée d'une manière plus spéciale à cette presqu'île, soit à cause du grand développement de ses côtes, et de sa situation, en quelque sorte, plus maritime encore que celle du reste du littoral ; soit parce que les peuples qui l'habitaient, adonnés uniquement à la navigation, possédaient une marine considérable, et faisaient la loi sur toute cette mer. Ces peuples, réunis en confédération sous le nom de *Cités armorikes* ou *armoricaines*[1], étaient : les *Nannètes*, déjà mentionnés, les *Vénètes*, les *Curiosolites*[2], les *Osismes*[3], les *Rédons*[4], les *Abrincatues*[5], les *Unelles*[6], les *Baïocasses* ou *Biducasses*[7], et les *Lexovii* ou *Lexoves*[8]. Les *Vénètes*[9] tenaient le premier rang dans la ligue armoricaine : c'étaient eux qui, en temps de guerre, commandaient les flottes combinées. Leurs grands, mais informes navires, qui avaient pour voiles des peaux préparées, et pour câbles des chaînes de

---

1. Armorici, Aremorici. — Civitates armoricæ, armoricanæ.
2. Peuple de Corsault, diocèse de Saint-Malo.
3. Peuple des diocèses de Saint-Paul-de-Léon et de Tréguier.
4. Peuple de Rennes, en Bretagne.
5. Peuple d'Avranches.
6. Peuple de Valognes et de Cherbourg.
7. Peuple du diocèse de Bayeux.
8. Peuple de Lisieux.
9. Peuple du diocèse de Vannes.

fer¹, entretenaient avec les Iles britanniques d'actives relations commerciales, et en rapportaient, dans les entrepôts de la côte, l'étain, le cuivre, les pelleteries, les esclaves, les chiens et les autres objets de trafic que les Gaulois et les Massaliotes y venaient ensuite chercher².

Un sol âpre et inculte, couvert de bruyères, de marais, de sables, et battu par une mer perpétuellement agitée, donnait à cette presqu'île un caractère sauvage et sombre, en harmonie avec les croyances religieuses de la Gaule; aussi les Druides avaient-ils choisi l'Armorike pour la célébration de quelques-uns de leurs plus secrets mystères.

Les cités armoricaines servaient de centre commun à tout l'ouest de la Gaule. C'était le noyau fédéral où se rattachaient, dans les circonstances importantes, les Santons, les Pictons, les Lémovikes, les Andes, les Cénomans, en un mot, la presque totalité des nations qui tiraient leur origine des premiers Kimris.

La confédération armoricaine représentait donc en masse la conquête des premières hordes kimriques, mais le temps avait effacé les haines nées

---

1. Anchoræ pro funibus, ferreis catenis revinctæ, pelles pro velis. Cæs. bell. Gall. l. III, c. 13. — Strab. l. IV, p. 195.

2. V. ci-après le commerce des Massaliotes avec les Iles britanniques.

de la possession violente. La ligne des monts Arvernes et de la Loire ne séparait plus deux races ennemies, elle séparait seulement deux peuples étrangers, et deux confédérations de cités rivales. Sur plusieurs points même, d'une confédération à l'autre, les intérêts locaux avaient créé des rapprochemens entre les peuplades limitrophes. Ainsi les Sénons et les Carnutes étaient en liaison intime avec des nations galliques; les Lingons, les Lexoves, les Vénètes avec des peuples belges. Mais le fait général n'en subsistait pas moins, il y avait pour les masses complète séparation d'affections et d'intérêts; elles ne le firent voir que trop clairement, lorsque le danger d'une servitude commune vint menacer toutes les races qui habitaient la Gaule.

3° KIMRIS-BELGES. La Seine, la Marne, la chaîne des Vosges, le Rhin et l'Océan circonscrivaient la Belgique, ou le territoire enlevé par les secondes hordes kimriques, sur les premières. La plus orientale des nations belges, entre la Haute-Marne et les Vosges, était celle des *Leukes*, habiles à lancer l'épieu gaulois[1]. Au nord des Leukes venaient

---

1. Peuple du duché de Bar, et d'une petite partie de la Champagne et de la Lorraine.

Optimus excusso Leucus Remusque lacerto.
Lucan. Phar. l. 1, v. 424.

les *Médiomatrikes*[1]; à l'ouest, les *Rèmes*[2], déjà puissans, et destinés à s'agrandir encore dans les désastres de la Gaule; puis les *Suessions*, dont l'infanterie manœuvrait avec une admirable légèreté, malgré ses armes longues et pesantes[3]. Les Suessions exercèrent quelque temps la suprématie sur tout le nord de la Gaule, et furent même les premiers Belges qui franchirent en conquérans le détroit de Bretagne[4]; suivaient, toujours à l'ouest, les *Bellovakes*, qui primèrent aussi dans la Belgique, et pouvaient mettre cent mille hommes sur pied[5]; les *Calètes*, dont le nom indiquait leur position à l'embouchure de la Seine[6]; plus haut vers le nord, les *Ambiens*, dont le chef-lieu s'appelait *Samaro-Briva*, Pont-sur-Somme[7]; les *Atrébates*[8], et les *Morins*[9], qui habitaient la côte du

1. Pays Messin, et cantons de Sarguemines, Sarrelouis, Hombourg, Deux-Ponts, Salins et Bitche.
2. Peuple du diocèse de Reims.
3. Peuple du Soissonnais.

Longisque leves Suessiones in armis.
Lucan. Phars. l. 1, v. 423.

4. Cæs. bell. Gall. l. II, c. 3.
5. Peuple du Beauvoisis. — Cæs. bell. Gall. l. II, c. 4.
6. *Cal*, *cala*, une baie, un havre. — Habitans du pays de Caux.
7. *Briva*, pont. Adelung, Mithridates. T. II, p. 50. C'est aujourd'hui la ville d'Amiens.
8. Peuple de l'Artois.
9. *Mor*, Mer : Boulonnais.

détroit de Bretagne, à l'endroit de sa moindre largeur.

Entre la côte des Morins et la Moselle, depuis les frontières des Rèmes et des Suessions jusqu'au Rhin, s'étendaient d'immenses forêts entrecoupées de marécages, principalement dans le voisinage de la mer et des grands fleuves[1]; elles couvraient plus de la moitié de la Belgique. La partie de ces bois que la Meuse traversait, plus épaisse et moins praticable que le reste, était nommée par les Gaulois *Ar-Denn*, c'est-à-dire *la profonde*[2]; elle existe encore maintenant en partie, et conserve le nom de forêt des Ardennes. Les cantons orientaux des Ardennes appartenaient aux *Trévires*, nation considérable établie sur les deux rives de la Moselle, entre la frontière rémoise et le Rhin[3]. La cavalerie trévire était renommée parmi les Belges, qui, eux-mêmes, passaient pour les meilleurs cavaliers de toute la Gaule[4]; le Trévire excellait à diriger dans ses évolutions le lourd chariot, appelé *Covinn*[5].

---

1. Cæs. bell. Gall. passim.
2. *Ar* est l'article, *den* (cymr.), *don* (Bas-Bret.), *domhainn* (gaël.), profond, épais. En latin, Arduenna (Cæs. bell. Gall. l. vi.) et Arduinna dans deux Inscriptions.
3. Peuple de Trèves.
4. Cæs. bell. Gall. l. v, c. 3.
5. *Cobhain* (gaëlic), *Cowain* (cymr.), chariot. Les Romains

A l'occident de la cité trévire, dans l'intérieur des bois, on trouvait les *Éburons*, les *Nerves* ou *Nervii* et les *Ménapes*¹, tribus farouches, qui fermaient l'accès de leur pays aux marchands étrangers², ne déposaient jamais les armes, et n'avaient pour villes que les îlots des marais ou des retraites profondes dans les bois. Les Nerves surtout connaissaient l'art de rendre leurs forêts impénétrables, en courbant à terre et replantant les jeunes branches qui, entrelacées les unes dans les autres en réseaux, finissaient par former de véritables murailles³. Plus au nord enfin, et à l'extrémité de la Gaule, vivaient, dans les îles formées par les bouches de la Meuse et du Rhin, quelques pauvres peuplades, au plus bas degré de l'état social; elles ignoraient toute culture, elles ne possédaient point de troupeaux; du poisson, des coquillages, des œufs d'oiseaux faisaient leur nourriture⁴. Le pays stérile et marécageux occupé par

orthographiaient *Covinus* et *Covinnus*. Mela. lib. III, cap. 6.
Docilis rector rostrati Belga covini.
Lucan. Phars. l. I, v. 426.

1. Eburones, peuple de Liège. Nervii, peuple du Hainault et du midi de la Flandre: de petites tribus soumises aux Nerviens occupaient la côte de la Flandre actuelle. Menapii, peuple de la Gueldre, du duché de Clèves et du Brabant hollandais.
2. Nullus aditus ad eos mercatoribus. Cæs. bell. Gall. l. II, c. 15.
3. Cæs. bell. Gall. l. II, c. 17. — Strab. l. IV, p. 194.
4. Piscibus atque ovis avium vivere existimantur. Cæs. bell. Gal. l. IV, c. 10.

ces sauvages, portait le nom de *Batavie*[1], c'est-à-dire, *eaux profondes*.

Le Gaulois était robuste et de haute stature; il avait le teint blanc, les yeux bleus, les cheveux blonds ou châtains, auxquels il s'étudiait à donner une couleur rouge ardente, soit en les lessivant avec de l'eau de chaux[2], soit en les enduisant fréquemment d'une pommade caustique, composée de suif et de certaines cendres[3]. Il les portait dans toute leur longueur, tantôt flottans sur les épaules, tantôt relevés et liés en touffe au sommet de la tête[4]. Le peuple se laissait croître la barbe; les nobles se rasaient le visage, à l'exception de la lèvre supérieure[5], où ils entretenaient d'épaisses moustaches.

L'habillement commun à toutes les tribus se composait d'un pantalon ou *braie*[6], très-large chez les Belges, plus étroit chez les Galls méri-

---

1. Batavia et Patavia (Tabul. Peuting). Les habitans, Batavi, et Παταεῶοι (Diod. Cass.). *Bat*, *Pad*, profond. *Av*, eau.

2. Τιτάνου ἀποπλύματι σμῶντες τὰς τρίχας συνεχῶς. Diod. Sicul. l. v, p. 305.

3. Galliarum hoc inventum rutilandis capillis fit ex sebo et cinere. Plin. l. xxviii, c. 12. — Martial. l. viii, ep. 33. — Theod. Priscian. l. i, c. 3.

4. Diod. Sicul. l. iv, p. 305.

5. Οἱ δ'εὐγενεῖς τὰς μὲν παρειὰς ἀπολεαίνουσι, τὰς δ'ὑπήνας ἀνειμένας ἐῶσιν, ὥστε τὰ στόματα αὐτῶν ἐπικαλύπτεσθαι. Diodor. Sicul. loc. cit.

6. Braca, bracca, braga; *Brykan* (cymr.); *Bragu* (armor.).

dionaux[1] ; d'une chemise à manches, d'étoffe rayée, descendant au milieu des cuisses[2], et d'une casaque ou *saie*[3], rayée comme la chemise, ou bariolée de fleurs, de disques, de figures de toute espèce, et, chez les riches, superbement brodée d'or et d'argent[4]: elle couvrait le dos et les épaules, et s'attachait sous le menton avec une agrafe en métal. Les dernières classes du peuple la remplaçaient par une peau de bête fauve ou de mouton, ou par une espèce de couverture en laine grossière, appelée dans les dialectes gallo-kimriques *Linn* ou *Lenn*[5]. Les Gaulois montraient un goût très-vif pour la parure; il était d'usage que les hommes riches et élevés en dignité étalassent sur leur corps une grande profusion d'or, en colliers, en bracelets, en anneaux pour les bras, anneaux pour les doigts, et ceintures[6].

1. Ἀναξυρίσι χρῶνται (οἱ Βέλγαι) περιτεταμέναις. Strab. l. iv, p. 196. — Laxis braccis. Lucan. l. i.

2. Strab. l. iv, p. 196.

3. *Sagum*, gallicum nomen. Isidor. Origin. l. xix, c. 24. — *Sae* (armor.).

4. Saga virgata. Virgil. Æneid. l. vi. — Auro virgata vestis. Sil. Ital. l. iv, v. 152. — Σάγοι ῥαβδωτοί. Diodor. Sicul. l. v, p. 307. — Πλινθίοις πολυανθέσι. Idem, ibid. — Histor. roman. Script. passim.

5. *Linnæ*, saga quadra et mollia. Isidor. Origin. l. xix, c. 23. — Plautus ap. eumdem. — *Læna* (Varro. l. iv). Λαῖνα. (Strab. l. iv, p. 196). *Lein* (gaël.), une casaque de soldat (Armstr. dict.). *Len* (armor.), une couverture.

6. Περὶ τοῖς βραχίοσι καὶ τοῖς καρποῖς ψέλια. Strab. l. iv, p. 197. —

Nos récits précédens ont fait suffisamment connaître au lecteur, et les armes nationales des Kimro-Galls, et la manière dont ils s'en servaient; toutes se retrouvaient chez les Gaulois transalpins : le gaïs, le matras, la catéïe, la flèche, la fronde et le long sabre sans pointe, à un seul tranchant, fabriqué soit en fer, soit en cuivre. Mais, outre ces armes, ils en avaient une particuculière, et de leur invention ; c'était une espèce de pique dont le fer, long de plus d'une coudée, et large de deux palmes, se recourbait vers sa base en forme de croissant, à peu près comme nos hallebardes ; arme formidable qui hachait et lacérait les chairs, et dont l'atteinte était réputée mortelle.

Long-temps le guerrier transalpin, de même que le cisalpin et le Galate, avait repoussé l'emploi des armes défensives, comme indignes du vrai courage; long-temps un point d'honneur absurde l'avait porté à se dépouiller même de ses vêtemens, et à combattre nu contre des ennemis bardés de fer; mais ce préjugé, fruit de l'ostentation naturelle à cette race, était presque entièrement effacé, au second siècle. Les relations multipliées avec les Massaliotes, les Italiens, les Car-

---

Diodor. Sicul. l. v, p. 305. — Sil. Ital. l. iv, l. c. — Virgil. Æneid. l. vi, etc.

thaginois, avaient d'abord répandu le goût des armures comme ornement ; bientôt leur utilité s'était fait sentir, et la tenue militaire de Rome et de la Grèce, adoptée aux bords de la Loire, du Rhône et de la Saône, s'y combina bizarrement avec le costume et l'ancienne tenue militaire gauloise [1]. Sur un casque en métal plus ou moins précieux, suivant la fortune du guerrier, on attachait des cornes d'élan, de buffle ou de cerf, et, pour les riches, un cimier représentant en bosse quelque figure d'oiseau ou de bête farouche ; le tout surmonté de panaches hauts et touffus qui donnaient à l'homme un aspect gigantesque [2]. On clouait aussi de semblables figures, plates ou en bosse, sur les boucliers qui étaient allongés, quadrangulaires et peints des plus vives couleurs [3]. Ces représentations servaient de devises aux guerriers ; c'étaient des emblèmes au moyen desquels chacun d'eux cherchait à caractériser son genre de courage ou à frapper son ennemi de terreur [4].

Un bouclier et un casque sur ce modèle ; une

---

1. Diod. Sicul. l. v, p. 307.
2. Τοῖς μὲν γὰρ πρόσκειται συμφυῆ κέρατα, τοῖς δ' ὀρνέων ἢ τετραπόδων ζώων ἐκτετυπωμέναι προτομαί. Diodor. Sicul. l. v, p. 307.
3. Diodor. Sicul. l. v, p. 307.
4. Galli peculiare et suum sibi quisque habuerunt insigne..... Veget. l. II, c. 18. — Θυρεοῖς πεποικιλμένοις ἰδιοτρόπως. Diodor. Sicul. l. c. — Sil. Ital. l. IV, v. 148, 149, 150.

cuirasse en métal battu, à la manière grecque et romaine, ou une cotte à mailles de fer d'invention gauloise [1]; un énorme sabre pendant sur la cuisse droite à des chaînes de fer ou de cuivre, quelquefois à un baudrier tout brillant d'or, d'argent [2] et de corail [3]; avec cela le collier, les bracelets, les anneaux d'or autour du bras et au doigt médian [4]; le pantalon, la saie à carreaux éclatans ou magnifiquement brodée; enfin de longues moustaches rousses : tel on peut se figurer l'accoutrement militaire du noble Arverne, Éduen ou Biturige, au deuxième siècle avant notre ère. Restreint d'abord aux chefs et aux riches, l'usage des armures se propagea peu à peu dans la masse du peuple; cependant il ne paraît pas qu'il ait jamais été général.

Hardi, bruyant, impétueux, né surtout pour les entreprises du champ de bataille, ce peuple possédait pourtant un esprit ingénieux et actif propre à tout comprendre et à tout faire. Il n'avait pas tardé à égaler ses maîtres phéniciens et grecs dans l'art d'exploiter les mines, et il s'était

---

1. Θώρακας ἔχουσιν οἱ μὲν σιδηροὺς ἁλυσιδωτούς. Diod. l. v, p. 307.— Subinduerunt Galli è ferro... ex annulis ferream tunicam. Varro. de linguâ latinâ l. iv, col. 20.

2. Σπάθας ἔχουσι μακράς, σιδηραῖς ἢ χαλκαῖς ἁλύσεσιν ἐξηρτημένας, παρὰ τὴν δεξιὰν λαγόνα παρατεταμένας. Diodor. Sicul. l. v, p. 307.

3. Plin. l. xxxii, c. 2.

4. Galliæ in medio digito annulis dicuntur usæ. Plin. l. xxxiii, c. 1.

mis à les travailler à son profit, vendant aux marchands étrangers le métal purifié, tout prêt pour la fabrication. Bientôt même il s'appliqua à imiter ces armes et ces ornemens provenant de ses propres métaux, qu'on venait ainsi lui revendre à grand prix, et des fabriques s'élevèrent chez les Bituriges pour le fer, chez les Édues pour l'or et l'argent.

La même supériorité que les Espagnols avaient acquise pour la trempe de l'acier, les Gaulois y parvinrent pour la trempe du cuivre[1]. Si leurs médailles, par la rudesse de la fabrication et la barbarie du dessin, annoncent généralement un goût encore grossier, on ne peut nier du moins que des découvertes importantes n'eussent déjà révélé en eux le génie des arts. L'antiquité leur fait honneur d'une multitude d'inventions utiles qui avaient échappé à la vieille civilisation de l'Orient et de l'Italie. Ce furent les Bituriges qui trouvèrent les procédés de l'étamage; les Édues ceux du placage. Les premiers appliquèrent à chaud l'étain sur le cuivre avec une telle habileté, qu'à peine pouvait-on distinguer de l'argent les vases qui avaient subi cette préparation[2]; ensuite des ou-

---

1. Plin. l. xxxiv, c. 8.
2. (Stannum) album incoquitur æreis operibus, Galliarum invento, ita ut vix discerni possit ab argento... gloria Biturigum fuit. Plin. l. xxxiv, c. 17.

vriers d'Alésia incorporèrent l'argent lui-même sur le cuivre, pour en orner les mors et les harnais des chevaux. Des chars entiers étaient fabriqués ainsi en cuivre ciselé et plaqué [1].

La Gaule ne marqua pas moins par ses découvertes dans l'art de tisser et de brocher les étoffes [2]; ses teintures n'étaient pas sans réputation [3]. En agriculture, elle imagina la charrue à roues [4], le crible de crin [5], et l'emploi de la marne, comme engrais [6]. Les fromages du mont Lozère, chez les Gabales, ceux de Némausus, et deux espèces confectionnées dans les Alpes, devinrent, par la suite, fort recherchés en Italie [7], quoique les Italiens reprochassent généralement aux fromages de la Gaule une saveur trop aigre et un peu médicinale [8]. Les Gaulois composaient diverses sortes de boissons fermentées : telles que la bière d'orge, appelée *cervisia* [9],

---

1. Deindè et argentum coquere simili modo cœpere, equorum maximè ornamentis, jumentorum jugis, in Alesiâ oppido. Plin. l. xxxiv, c. 17. — Flor. l. iii, c. 2.

2. Plin. l. viii, c. 48.

3. Plin. l. viii, c. 48.

4. Idem, l. xviii, c. 18.

5. Cribrorum genera Galli è setis equorum invenêre. Plin. l. xviii, c. 11.

6. Plin. l. xviii, c. 6, 7, 8.

7. Plin. l. xi, c. 49.

8. Galliarum sapor medicamenti vim obtinet. Idem, ibid.

9. *Cervisia*, Plin. l. xxii, c. 15 : en vieux français *Cervoise*. *Cwrv* (cymr.), *Cor* (corn.). — Cf. Antholog. l. i, c. 59, epigr. 5.

la bière de froment mêlée de miel¹, l'hydromel², l'infusion de cumin³, etc. L'écume de bière servait de ferment pour le pain⁴; elle passait aussi pour un excellent cosmétique, et les dames gauloises qui s'en lavaient fréquemment le visage, pensaient par-là entretenir la fraîcheur de leur teint⁵.

Quant au vin, c'était aux commerçans étrangers que les Gaulois et les Ligures en devaient l'usage; et c'était des Grecs massaliotes qu'ils avaient appris les procédés généraux de sa fabrication, ainsi que la culture de la vigne. La Gaule produisait du vin de qualités fort variées. Autour de Massalie, il était noir, épais, peu estimé⁶; on lui préférait de beaucoup le vin blanc récolté par les Volkes-Arécomikes, sur les coteaux de Biterræ⁷. Une coutume athénienne, usitée sur toute cette côte consistait à asperger de poussière le tronc, les tiges et le fruit de la vigne, pour accélérer la

---

1. Posidon. ap. Athenæum. l. ɪv, c. 13.
2. Diodor. Sicul. l. v, p. 304.
3. Τοῦτο (τὸ κύμινον) εἰς τὸ ποτὸν ἐμβάλλουσι. Posidon. ap. Athen. l. c.
4. Plin. l. xvɪɪɪ, c. 7.
5. Spuma cutem feminarum in facie nutrit. Plin. l. xxɪɪ, c. 25.
6. Παχὺς καὶ σαρκώδης. Athenæ. l. ɪ, c. 12. — Pinguius. Plin. l, xɪv, c. 6.
7. Bæterrarum intrà Gallias consistit auctoritas. Plin. l. xɪv, c. 6. — Biterræ, Beterræ, Bæterræ: *Beziers*.

maturité[1]; si, malgré cette précaution, elle restait incomplète, on corrigeait l'acidité de la liqueur en y faisant infuser de la poix résine[2]. C'était d'ordinaire par la fumée que les Gaulois concentraient le vin, et ce procédé le gâtait souvent[3]. Les marchands italiens s'en plaignirent; ils se plaignirent aussi des falsifications qu'on lui faisait subir, en y mêlant des ingrédiens et des herbes, nommément l'aloès, pour lui donner de la couleur et une légère amertume[4]. Dans quelques cantons, en particulier dans la vallée de la Durance, on obtenait un vin doux et liquoreux en tordant la queue des grappes, et les laissant exposées sur le cep aux premières gelées de l'hiver[5]. Les anciens attribuent à l'industrie gauloise les tonneaux et les vases en bois cerclés propres à transporter et à conserver le vin[6].

Les maisons, spacieuses et rondes, étaient construites de poteaux et de claies, en dehors et

---

1. Plin. l. xvii, c. 9.
2. Dioscorid. l. v, c. 43. — Πισσίτης οἶνος. Plut. Sympt. l. viii, quæst. 9. — Vina picata. Martial. l. xiii, epigr. 107.
3. Plin. l. xiv, c. 6. — Martial. l. iii, ep. 82; l. x, ep. 36; l. xiii, ep. 123; l. xiv, ep. 118.
4. Aloën mercantur quâ saporem coloremque adulterant. Plin. l. c.
5. Plin. l. xiv, c. 9.
6. Vina ligneis vasis condunt, circulisque cingunt. Plin. l. xiv, c. 21.

en dedans desquelles on appliquait des cloisons en terre ; une large toiture, composée de bardeaux de chêne, et de chaume ou de paille hachée et pétrie dans l'argile, recouvrait le tout[1]. La Gaule renfermait des villages ouverts et des villes; celles-ci, entourées de murs, étaient défendues par un système de fortification dont il n'existait pas ailleurs d'exemple : voici comment se construisaient ces remparts. On posait d'abord une rangée de poutres de toute leur longueur, à la distance de deux pieds; on les liait l'une à l'autre en dedans, et on les revêtait d'une grande quantité de terre; les vides étaient comblés en avant avec de grosses pierres. On recommençait alors un second rang, en conservant les mêmes intervalles, mais de manière que les poutres de ce second rang se trouvassent superposées aux pierres du premier, et réciproquement les pierres aux poutres; on achevait ainsi l'ouvrage jusqu'à ce que le mur eût atteint sa hauteur. Ces poutres et ces pierres, entremêlées avec ordre, présentaient un aspect où la régularité se joignait à la variété; et ce mode de fortifications avait de grands avantages pour la défense, car la pierre

---

[1]. Τοὺς οἴκους ἐκ σανίδων καὶ γέῤῥων ἔχουσι μεγάλους, θολοειδεῖς, ὄροφον πολὺν ἐπιβάλλοντες. Strab. l. IV, p. 197. — Scandulis robusteis aut stramentis... Vitruv. l. I, c. I.

bravait le feu, tandis que le bois n'avait rien à craindre du choc du bélier[1]. Les poutres ayant ordinairement quarante pieds de long, et se trouvant assujetties l'une à l'autre en dedans, aucun effort ne pouvait les déjoindre ni les arracher. Telles on peut se représenter les fortifications des villes dans la partie civilisée et populeuse de la Gaule. Au nord et à l'ouest, parmi les tribus plus sauvages, il n'existait pas de villes proprement dites; les lieux d'habitation ordinaires n'étaient protégés par aucuns travaux; mais de vastes enclos construits, au moyen d'abatis d'arbres croisés en tous sens, dans quelque îlot au milieu des marais, ou dans quelque recoin embarrassé des bois, servaient de refuge et de citadelles. C'était là qu'au premier cri de guerre, la population, désertant ses chétives cabanes, courait se renfermer avec ses troupeaux et ses meubles[2].

Outre son habitation de ville, le riche gaulois en possédait ordinairement une seconde à la campagne, dans la profondeur des forêts, au bord de quelque rivière[3]. Là, durant les jours pesans de

1. Hoc cùm in speciem varietatemque deforme non est... tùm ad utilitatem et defensionem urbium summam habet opportunitatem... Cæs. bell. Gall. l. vii, c. 23.
2. Cæs. bell. Gall. passim. Strab. l. iv, p. 194.
3. Ædificio circumdato silvâ... vitandi æstus causâ plerumque silvarum ac fluminum petunt propinquitates. Cæs. bell. Gall. l. vi, c. 30.

l'été, il allait se reposer des fatigues de la guerre; mais il en traînait après lui tout l'attirail; ses armes, ses chevaux, ses chars, ses écuyers ne le quittaient point[1]. Au milieu de ce tourbillon de factions et de querelles intestines, qui formaient, aux premier et deuxième siècles, la vie du noble gaulois, ces précautions n'étaient rien moins que superflues. Assailli par ses ennemis dans la paix de sa retraite, souvent le maître changeait sa maison de plaisance en une forteresse; et ces bois, cette rivière qui charmaient la vue et apportaient la fraîcheur, savaient aussi rendre au besoin de plus chers et de plus importans services.

C'était, comme on l'a vu plus haut, dans la guerre, et dans les arts applicables à la guerre, que le génie gaulois avait surtout pris son essor. Ce peuple faisait de la guerre sa profession privilégiée, du maniement des armes son occupation favorite. Avoir une belle tenue militaire, se conserver long-temps dispos et agile, était non-seulement un point d'honneur pour les individus, mais un devoir envers la cité. A des intervalles de temps réglés, les jeunes gens allaient se mesurer la taille à une ceinture déposée chez le chef politique de chaque village; et ceux qui dépassaient la corpulence officielle, sévèrement réprimandés comme

---

[1]. Cæs. bell. Gall. ibid. et c. 31.

oisifs et intempérans, étaient en outre punis d'une forte amende[1].

Le lecteur sait, par les récits qui précèdent, de quelle manière se formaient les expéditions guerrières à l'extérieur. Un chef d'une bravoure et d'une habileté éprouvées recrutait des aventuriers de bonne volonté, et partait avec eux; l'engagement était facultatif. Mais, dans les guerres intérieures ou défensives de quelque importance, les levées d'hommes avaient lieu forcément; et des punitions terribles frappaient les réfractaires, telles que la perte du nez, des oreilles, d'un œil, ou de quelque membre[2]. S'il se présentait de graves conjonctures, si l'honneur ou le salut de la cité venaient à être compromis, alors le chef suprême convoquait un *conseil armé*[3]: c'était la proclamation d'alarme. Tous les hommes en état de combattre, depuis l'adolescent jusqu'au vieillard, devaient alors se rassembler au lieu et au jour indiqués, pour délibérer sur la situation du pays, élire un chef de guerre, et discuter le plan de campagne; la loi voulait que le dernier venu au rendez-vous fût impitoyablement torturé sous les yeux de l'assem-

---

1. Τὸν δ' ὑπερβαλλόμενον τῶν νεῶν τὸ τῆς ζώνης μέτρον, ζημιοῦσθαι. Strab. l. IV, p. 199.

2. Auribus desectis, aut singulis defossis oculis. Cæs. bell. Gall. l. VII, c. 4.

3. Armatum concilium indicebatur. Cæs. bell. Gall. l. v, c. 66.

blée[1]. Cette forme de convocation était rare; on n'y recourait qu'à la dernière extrémité, et plutôt dans les cités démocratiques que dans celles où l'aristocratie avait la prépondérance. Ni les infirmités, ni l'âge, ne dispensaient le noble gaulois d'accepter ou de briguer les commandemens militaires: souvent on voyait à la tête de la jeunesse des chefs tout blanchis et tout cassés, qui même avaient peine à se tenir sur leurs chevaux[2]. Ce peuple amoureux des armes eût cru déshonorer ses vieux guerriers en les forçant à mourir ailleurs que sur un champ de bataille.

A la brusque vivacité de l'attaque, et à la violence du premier choc, se réduisait à peu près toute la tactique des armées gauloises, en plaine et en bataille rangée. Dans les terrains montagneux et boisés, surtout dans ces vastes et épaisses forêts du nord, la guerre ressemblait davantage à la chasse; elle se faisait par petits corps, par embuscades, par ruses; et des dogues dressés à chasser l'homme dépistaient, assaillaient, poursuivaient l'ennemi. Ces chiens, également bons à la chasse des bêtes fauves, étaient tirés, soit de la Belgique,

---

1. Qui ex iis novissimus venit, in conspectu multitudinis, omnibus cruciatibus affectus necatur. Cæs. bell. Gall. l. v, c. 66.

2. Qui quùm vix equo propter ætatem posset uti, tamen, consuetudine Gallorum, neque ætatis excusatione in suscipiendâ præfecturâ usus erat.... Hirt. bell. Gall. l. viii, c. 12.

soit de l'île de Bretagne¹. Une armée gauloise traînait habituellement à sa suite une multitude de chariots de bagage qui embarrassaient sa marche². Chaque guerrier portait pendue à son dos, en guise de sac, une botte de paille ou de branchages, sur laquelle il s'asseyait dans les campemens, ou même en ligne, en attendant l'instant de combattre³.

Les Gaulois, comme tous les peuples du monde, tuèrent long-temps leurs prisonniers de guerre, les crucifiant à des poteaux, les garottant à des arbres pour en faire un but à leurs gais et à leurs matras, ou les livrant aux flammes des buchers dans d'effroyables sacrifices. Mais déjà bien antérieurement au second siècle ces usages barbares étaient abolis, et les captifs des nations transalpines n'avaient plus à craindre que la servitude. Une autre coutume non moins sauvage, celle de couper sur le champ de bataille les têtes des ennemis morts, fut plus lente à disparaître. Il fut long-temps de règle dans toutes les guerres que l'armée victorieuse s'emparât de ces hideux trophées; les fan-

---

1. Κελτοὶ δὲ καὶ πρὸς τοὺς πολέμους χρῶνται καὶ τούτοις (κυσὶ βρεταννικοῖς) καὶ τοῖς ἐπιχωρίοις. Strab. l. ιv, p. 199. — Canis belgicus. Sil. Ital. l. x, v. 77. — Gallicus Ovid. Metam. l. ι, v. 533. — Martial. l. ιιι, ep. 47.

2. Hirt. bell. Gall. l. vιιι, c. 14. — Cæs. bell. civil. l. ι, c. 51.

3. Fasces stramentorum aut virgultorum... nam in acie sedere consuesse... Hirt. bell. Gall. l. vιιι, c. 15.

tassins les plantaient à la pointe de leurs piques; les cavaliers les suspendaient par la chevelure au poitrail de leurs chevaux; et l'expédition rentrait ainsi en grande pompe dans ses foyers, faisant retentir des cris de triomphe et des hymnes à sa gloire[1]. Chacun alors s'empressait de clouer à sa porte ou aux portes de sa ville l'irrécusable témoin de sa vaillance; et, comme on traitait de même les animaux féroces tués à la chasse[2], un village gaulois ne ressemblait pas mal à un charnier. Embaumées et soigneusement enduites d'huile de cèdre, les têtes des chefs ennemis et des guerriers fameux étaient déposées dans de grands coffres, au fond desquels le possesseur les rangeait par ordre de date[3]; c'était le livre où le jeune Gaulois aimait à étudier les exploits de ses aïeux, et chaque génération, en passant, s'efforçait d'y ajouter une nouvelle page. Se dessaisir, à prix d'argent, d'une tête conquise par soi-même ou par ses pères, passait pour le comble de la bassesse, et eût imprimé sur le coupable une tache ineffaçable d'avarice et d'impiété. Plusieurs se vantaient d'avoir refusé aux parens ou aux compatriotes du mort,

---

1. Strab. l. IV, p. 197, 198. — Diodor. Sicul. l. V, p. 306.
2. Ὥσπερ ἐν κυνηγίαις τισὶ κεχειρωμένα θηρία. Diod. Sic. l. V, p. 306.
3. Τὰς δὲ τῶν ἐνδόξων κεφαλὰς κεδροῦντες, ἐπεδείκνυον τοῖς ξένοις... Strab. l. IV, p. 198. — Κεδρώσαντες... ἐπιμελῶς τηροῦσιν ἐν λάρνακι... Diodor. Sicul. loc. cit.

pour telle tête, un égal poids d'or[1]. Quelquefois le crâne nettoyé et enchâssé précieusement servait de coupe dans les temples[2], ou circulait à la table des festins, et les convives y buvaient à la gloire du vainqueur et aux triomphes de la patrie. Ces mœurs brutales et féroces régnèrent long-temps sur toute la Gaule : la civilisation, dans sa marche graduelle, les abolit petit à petit et de proche en proche; au commencement du second siècle, elles étaient reléguées chez les plus farouches tribus du nord et de l'ouest. C'est là que Posidonius les trouva encore en vigueur. La vue de toutes ces têtes défigurées par les outrages, et noircies par l'air et la pluie, d'abord lui souleva le cœur d'horreur et de dégoût; « mais, ajoute naïvement le voyageur « stoïcien, mes yeux s'y accoutumèrent peu à « peu[3]. » Avant le milieu du premier siècle, il ne restait pas, dans toute la Gaule, trace de cette barbarie.

Les Gaulois affectaient, comme plus viril, un

---

[1]. Φασὶ δέ τινας αὐτῶν καυχήσασθαι διότι χρυσὸν ἀντίσταθμον τῆς κεφαλῆς οὐκ ἐδέξαντο, βάρβαρόν τινα μεγαλοψυχίαν ἐπιδεικνύμενοι. Diodor. Sic. l. v, p. 307. — Strab. l. iv, p. 198.

[2]. Calvam auro cælavêre, idque sacrum vas iis erat, quo solemnibus libarent, poculumque idem sacerdoti ac templi antistitibus. Tit. Liv. l. xxiii, c. 24.

[3]. Φησὶ γοῦν Ποσειδώνιος αὐτὸς ἰδεῖν πολλαχοῦ, καὶ τὸ μὲν πρῶτον ἀηθίζεσθαι, μετὰ δὲ ταῦτα φέρειν πράως διὰ τὴν συνήθειαν. Strab. l. iv, p. 198.

son de voix fort et rude¹, auquel prêtaient d'ailleurs leurs idiomes très-gutturaux. Ils conversaient peu, par phrases brèves et coupées, que l'emploi continuel de métaphores et d'hyperboles de convention rendait obscures et presque inintelligibles pour les étrangers². Mais, une fois animés par la dispute ou aiguillonnés par quelque grand intérêt, à la tête des armées et dans les assemblées politiques, on les voyait s'exprimer avec une abondance et une facilité surprenantes, et l'habitude du langage figuré leur fournissait alors mille images vives et pittoresques, soit pour exalter leur propre mérite, soit pour ravaler leurs adversaires. Le goût plus pur ou plus timide des Grecs qualifiait cette éloquence de « fanfaronne, « boursoufflée, et par trop tragique; » en accordant toutefois au génie gaulois le don de la parole et des arts libéraux³. Passionnée pour les discours, la multitude écoutait ses orateurs avec un religieux silence, pour laisser éclater ensuite des témoignages bruyans d'approbation ou de blâme.

---

1. Εἰσὶ καὶ ταῖς φωναῖς βαρύηχοι, καὶ παντελῶς τραχύφωνοι. Diodor. Sicul. l iv, p. 3o7.

2. Κατὰ τὰς ὁμιλίας βραχυλόγοι καὶ αἰνιγματίαι, καὶ τὰ πολλὰ αἰνιττόμενοι συνεκδοχικῶς, πολλὰ δὲ λέγοντες ἐν ὑπερβολαῖς... Diod. Sic. l. iv, p. 3o7, 3o8.

3. Ἀπειληταί, καὶ ἀνατατικοί, καὶ τετραγῳδημένοι ὑπάρχουσι· ταῖς δὲ διανοίαις ὀξεῖς, καὶ πρὸς μάθησιν οὐκ ἀφυεῖς. Diodor. Sicul. l. iv, p. 3o8.

A l'armée, on marquait son assentiment en choquant le gais ou le sabre contre le bouclier. Interrompre une harangue et troubler l'attention publique, était réputé un acte grossier et punissable. « Dans les assemblées politiques, dit un « écrivain ancien, lorsque quelqu'un faisait du « bruit ou interrompait l'orateur, un huissier s'a-« vançait l'épée à la main, et lui imposait silence, « avec menaces; il renouvelait cette sommation « deux ou trois fois; et, si l'interrupteur persis-« tait, l'huissier lui coupait un pan de sa saie, as-« sez grand pour que le reste devînt inutile [1]. »

On accusait généralement les Gaulois d'un malheureux penchant à l'ivrognerie; penchant qui prenait sa source à la fois dans la grossièreté des mœurs et dans les besoins d'un climat humide et froid. Les marchands italiens, et surtout les massaliotes, avaient grand soin d'entretenir ce vice, afin de l'exploiter. Des cargaisons de vin pénétraient dans les recoins les plus reculés du pays, au moyen des fleuves et des rivières affluentes, et ensuite par terre sur des chariots [2]; de distance en distance se trouvaient des entrepôts de traite; les

---

[1]. Τελευταῖον δὲ ἀφαιρεῖ τοῦ σάγου τοσοῦτον, ὅσον ἄχρηστον ποιῆσαι τὸ λοιπόν. Strab. l. IV, p. 197.

[2]. Διὰ μὲν τῶν πλωτῶν ποταμῶν πλοίοις, διὰ δὲ τῆς πεδιάδος χώρας, ἁμάξαις κομίζοντες τὸν οἶνον, ἀντιλαμβάνουσι, τιμῆς πλῆθος ἄπιστον. Diod. Sicul. l. v, p. 304.

Gaulois accouraient de tous côtés pour échanger contre le précieux breuvage leurs métaux, leurs pelleteries, leurs grains, leurs bestiaux, leurs esclaves. Ce commerce était si productif aux traiteurs, que souvent un jeune esclave ne leur coûtait qu'une cruche de vin; « pour la liqueur, dit un « historien, on avait l'échanson [1] : » aussi n'était-il pas rare de rencontrer sur les chemins des Gaulois ivres-morts ou ivres furieux [2]. Cependant, vers le premier siècle, ce vice ne se remarquait plus, à ce degré de brutalité, que dans les classes inférieures, du moins parmi les nations du midi et de l'est. Le lecteur peut se rappeler combien de défaites sanglantes avait attirées jadis aux armées gauloises l'intempérance des soldats et des chefs, et combien de fois elle avait neutralisé le fruit de leurs victoires. Les nombreuses guerres qui vont suivre ne présenteront pas un seul fait de cette nature; nouvelle preuve d'un perfectionnement notable dans l'état moral de la race, à l'époque dont nous traitons.

Le lait et la chair des animaux sauvages ou domestiques, surtout la chair de porc fraîche et sa-

---

1. Διδόντες γὰρ οἴνου κεράμιον ἀντιλαμβάνουσι παῖδα, τοῦ πόματος διάκονον ἀμειβόμενοι. Diod. Sic. l. v, p. 304.

2. Μεθυσθέντες εἰς ὕπνον, ἢ μανιώδεις διαθέσεις τρέπονται. Diodor. Sic. l. v, p. 304.

lée¹, formaient la principale nourriture de ces peuplades. Il nous est resté des repas des Gaulois une description curieuse tracée de la main d'un homme qui souvent s'assit à leurs tables, et souvent aussi dut les intéresser par son savoir, ou les divertir par le récit de ses aventures variées : nous voulons parler de Posidonius.

« Autour d'une table fort basse, dit le célèbre
« voyageur, on trouve disposées par ordre des
« bottes de foin ou de paille : ce sont les sièges des
« convives. Les mets consistent d'habitude en un
« peu de pain et beaucoup de viande bouillie, gril-
« lée, ou rôtie à la broche : le tout servi propre-
« ment dans des plats de terre ou de bois chez les
« pauvres, d'argent ou de cuivre chez les riches.
« Quand le service est prêt, chacun fait choix de
« quelque membre entier d'animal, le saisit à deux
« mains, et mange en mordant à même; on dirait
« d'un repas de lions². Si le morceau est trop dur,
« on le dépèce avec un petit coûteau, dont la gaîne
« est attachée au fourreau du sabre. On boit à la
« ronde dans un seul vase en terre ou en métal,
« que les serviteurs font circuler; on boit peu à la
« fois, mais en y revenant fréquemment. Les ri-

---

1. Τροφὴ πλείστη μετὰ γάλακτος καὶ κρεῶν παντοίων, μάλιστα δὲ τῶν ὑῶν καὶ νέων καὶ ἁλιστῶν. Strab. l. IV, p. 184.

2. Λεοντωδῶς ταῖς χερσὶν ἀμφοτέραις αἴροντες ὅλα μέλη, καὶ ἀποδάκνοντες... Posidon. ap. Athen. l. IV, c. 13.

« ches ont du vin d'Italie et de Gaule, qu'ils pren-
« nent pur, ou légèrement trempé d'eau; la boisson
« des pauvres est la bière et l'hydromel. Près de la
« mer et des fleuves, on consomme beaucoup de
« poisson grillé, qu'on asperge de sel, de vinaigre
« et de cumin; l'huile par tout le pays est rare et
« peu recherchée.

« Dans les festins nombreux et d'apparat, la ta-
« ble est ronde, et les convives se rangent en cercle
« à l'entour; la place du milieu appartient au plus
« considéré par la vaillance, la noblesse ou la for-
« tune; c'est comme le *coryphée* du chœur[1]. A
« côté de lui s'assied le patron du logis; et succes-
« sivement chaque convive, d'après sa dignité
« personnelle et sa classe : voilà le cercle des maî-
« tres. Derrière eux se forme un second cercle
« concentrique au premier, celui des servans d'ar-
« mes; une rangée porte les boucliers, l'autre
« rangée porte les lances; ils sont traités et man-
« gent comme leurs maîtres[2]. » L'hôte étranger
avait aussi sa place marquée dans les festins gaulois. D'abord on le laissait discrètement se délas-
ser et se rassasier à son aise, sans le troubler par
la moindre question; mais à la fin du repas, on
s'enquérait de son nom, de sa patrie, des motifs

---

1. Ὡς ἂν κορυφαῖος χοροῦ. Posidon. ap. eumd.
2. Posidon. Apamens. l. XIII, ap. Athen. loc. cit.

de son voyage; on lui faisait raconter les mœurs de son pays, celles des contrées diverses qu'il avait parcourues, en un mot, tout ce qui pouvait piquer la curiosité d'un peuple amoureux d'entendre et de connaître[1]. Cette passion des récits était si vive, que les marchands arrivés de loin se voyaient accostés au milieu des foires et assaillis de questions par la foule. Quelquefois même les voyageurs étaient retenus malgré eux sur les routes, et forcés de répondre aux passans[2].

« Après des repas copieux, continue le voyageur
« que nous venons de citer, les Gaulois aiment à
« prendre les armes et à se provoquer mutuelle-
« ment à des duels simulés. D'abord, ce n'est
« qu'un jeu; ils attaquent et se défendent du bout
« des mains; mais leur arrive-t-il de se blesser, la
« colère les gagne; ils se battent alors pour tout
« de bon, avec un tel acharnement, que, si l'on
« ne s'empressait de les séparer, l'un des deux
« resterait sur la place. Il était d'usage autrefois,
« que la cuisse des animaux servis sur table appar-
« tînt au plus brave, ou du moins à celui qui se
« prétendait tel; si quelqu'un osait la lui dispu-

---

1. Καλοῦσι δὲ καὶ τοὺς ξένους ἐπὶ τὰς εὐωχίας, καὶ μετὰ τὸν δεῖπνον ἐπερωτῶσι τίνες εἰσί, καὶ τίνων χρείαν ἔχουσιν. Diod. Sic. l. v, p. 306.

2. Est autem hoc Gallicæ consuetudinis, ut et viatores etiam invitos consistere cogant;... et mercatores in oppidis vulgus circumsistat. Cæs. bell. Gall. l. iv, c. 5.

« ter, il en résultait un duel à outrance¹. » Ils poussaient si loin le mépris de la mort et l'ostentation du courage, qu'on en voyait s'engager pour telle somme d'argent ou pour tant de mesures de vin à se laisser tuer : montés sur une estrade, ils distribuaient la liqueur ou l'or entre leurs plus chers amis, se couchaient sur leurs boucliers, et tendaient sans sourciller la gorge au fer². D'autres, de peur de sembler fuir, se faisaient un point d'honneur de rester sous leurs toits croulans, et de ne se retirer, ni devant l'incendie, ni devant le flux de l'Océan, ni devant les débordemens des fleuves³. C'était à ces folles bravades que les Gaulois devaient leur fabuleux renom de race impie, en guerre déclarée avec la nature, qui tirait l'épée contre les vagues, et lançait ses flèches dans la tempête.

L'exploitation des mines et certains monopoles exercés par les chefs de tribus avaient concentré en quelques mains d'énormes capitaux ; de là la réputation d'opulence dont la Gaule jouissait, lors

---

1. Posidon. Apam. l. xiii, ap. Athen. l. iv, c. 13.

2. Ἄλλοι δ' ἐν θεάτρῳ λαβόντες ἀργύριον ἢ χρυσίον, οἱ δὲ οἴνου κεραμίων ἀριθμόν τινα, καὶ πιστωσάμενοι τὴν δόσιν, καὶ τοῖς ἀναγκαίοις φίλοις διαδωρησάμενοι, ὕπτιοι ἐκταθέντες ἐπὶ θυρεῶν κεῖνται· παραστὰς δέ τις ξίφει τὸν λαιμὸν ἀποκόπτει. Posidon. ap. eumd. loc. cit.

3. Οὕτως αἰσχρὸν νομίζουσι τὸ φεύγειν, ὡς... Ælian. l. xii, c. 23. — Aristot. de Morib. l. iii, c. 10.

de l'arrivée des Romains, et, beaucoup plus tard encore : c'était le *Pérou* de l'ancien monde. La richesse gauloise passa même en proverbe [1]. La vue des nombreux objets plaqués et étamés dont ce peuple se servait, soit pour les usages domestiques, soit pour la guerre, tels qu'ustensiles de cuisine, armures, harnais des chevaux, joug des mulets, et jusqu'à des chars entiers [2], cette vue, disons-nous, dut exagérer chez les premiers voyageurs l'idée de l'opulence du pays, et contribua sans doute à jeter une couleur romanesques sur des récits faits de bonne foi. A cela se joignaient les habitudes magnifiques et la prodigalité des chefs, qui versaient à pleines mains la fortune de leur famille et de leurs cliens, pour parvenir au pouvoir suprême, ou pour capter la multitude. Posidonius parle d'un certain Luern ou Luer [3], roi des Arvernes, qui faisait tomber sur la foule une pluie d'or et d'argent chaque fois qu'il paraissait en public [4]. Il donnait aussi de ces festins grossièrement somptueux, dont nous avons re-

---

1. Plutarch. et Sueton. in Cæsar. passim. — Cicer. Philipp. xii et passim. — Strab. l. iv. — Diod. Sicul. l. v. — Τί οὖν ὑμεῖς πλουσιώτεροι Γαλατῶν, ἰσχυρότεροι Γερμανῶν, Ἑλλήνων συνετώτεροι; Joseph. l. ii, c. 28.

2. Carpentum argenteum. Flor. l. iii, c. 2.

3. Λουέρνιος. Posidon. ap. Athen. l. iv, c. 13. — Λουέριος. Strab. l. iv, p. 191.

4. Ὁ Ποσειδώνιος... φησί, δημαγωγοῦντα αὐτὸν τοὺς ὄχλους, ἐν ἅρματι

marqué le goût parmi les Gaulois de la Phrygie, faisant enclore un terrain de douze stades carrées, et creuser dans l'enceinte, des citernes qu'il remplissait de vin, d'hydromel et de bière '.

Nulle vie de famille n'existait chez les nations gauloises; les femmes y étaient tenues dans cet asservissement et cette nullité qui dénotent un état social très-imparfait. Le mari avait droit de vie et de mort sur la femme comme sur les enfans'. Lorsqu'un homme de haut rang venait à mourir de mort subite ou extraordinaire, on saisissait sa femme ou ses femmes (car la polygamie était en usage parmi les riches), et on les appliquait à la torture; s'il y avait le moindre soupçon d'attentat aux jours du défunt, les malheureuses victimes périssaient toutes au milieu des flammes, après d'effroyables supplices; d'ordinaire c'étaient les parens du mari qui poursuivaient ces cruelles exécutions'. Une coutume en vigueur vers le milieu du premier siècle, annonce pourtant qu'à

φέρεσθαι διὰ τῶν πεδίων, καὶ σπείρειν χρυσὸν καὶ ἄργυρον ταῖς ἀκολουθούσαις τῶν Κελτῶν μυριάσι. Athen. l. iv, c. 13. — Strab. l. iv, p. 191.

1. Φράγμα τε ποιεῖν δωδεκαστάδιον τετράγωνον, ἐν ᾧ πληροῦν ληνοὺς πολυτελοῦς πόματος... Posidon. l. xxiii, ap. Athen. l. iv, c. 13.

2. Viri in uxores, sicuti in liberos vitæ necisque habent potestatem. Cæs. bell. Gall. l. vi, c. 19.

3. Quùm pater familias illustriore loco natus decessit, ejus propinqui conveniunt; et de morte si res ad suspicionem venit, de uxoribus, in servilem modum quæstionem habent... Cæs. loc. cit.

cette époque, la condition des femmes avait déjà subi des améliorations notables : la communauté des biens était admise entre époux. Autant le mari recevait de sa femme, à titre de dot, autant il déposait de son propre avoir; un état des deux valeurs était dressé, et les fruits mis en réserve : le tout appartenait au survivant[1]. Les enfans restaient sous la tutelle des femmes jusqu'à l'âge de puberté; un père eût rougi de laisser son fils paraître publiquement en sa présence, avant que ce fils pût manier un sabre et figurer sur la liste des guerriers[2].

Chez quelques nations de la Belgique, où le Rhin était l'objet d'un culte superstitieux, on trouvait une institution bizarre; c'était ce fleuve qui éprouvait la fidélité des épouses. Lorsqu'un mari dont la femme était en couches avait quelques raisons de douter de sa paternité, il prenait l'enfant nouveau-né, le plaçait sur une planche, et l'ex-

---

1. Viri quantas pecunias ab uxoribus dotis nomine acceperunt, tantas ex suis bonis, æstimatione factâ, cum dotibus communicant. Hujus omnis pecuniæ conjunctim ratio habetur, fructusque servantur. Uter eorum vitâ superârit, ad eum pars utriusque cum fructibus superiorum temporum pervenit. Cæs. bell. Gall. l. vi, c. 18.

2. Suos liberos, nisi quùm adoleverint, ut munus militiæ sustinere possint, palàm ad se adire non patiuntur, filiumque in puerili ætate, in publico, in conspectu patris assistere, turpe ducunt. Idem, ibid.

posait au courant du fleuve. La planche et son précieux fardeau surnageaient-ils librement, l'épreuve était réputée favorable, tous les soupçons s'évanouissaient, et le Gaulois retournait plein de joie et de confiance au foyer domestique. Si au contraire la planche commençait à enfoncer, l'illégitimité de l'enfant paraissait démontrée, et le père, devenu impitoyable, laissait s'engloutir un être dont l'existence le déshonorait [1]. Cette folle et inhumaine superstition inspira à un poète grec inconnu quelques vers pleins de grace, qui méritent de trouver place ici.

« C'est le Rhin, ce fleuve au cours impétueux,
« qui éprouve, chez les Gaulois, la sainteté du lit
« conjugal..... A peine le nouveau-né, descendu du
« sein maternel, a poussé le premier cri, que l'é-
« poux s'en empare; il le couche sur son bouclier,
« il court l'exposer aux caprices des flots : car il ne
« sentira point, dans sa poitrine, battre un cœur
« de père, avant que le fleuve, juge et vengeur du
« mariage [2], n'ait prononcé le fatal arrêt. Ainsi
« donc aux douleurs de l'enfantement succèdent
« pour la mère d'autres douleurs : elle connaît

1. Julian. epist. xv ad Maxim. philos. — Idem, Orat. ii, in Constant. imper.

2. Οὔπω γὰρ γενέταο φέρει νέον, πρίν γ' ἐσαθρήσῃ
Κεκρυμμένον λουτροῖσιν ἐλεγχιγάμου ποταμοῖο.

Anthol. l. 1, c. 43, ep. 1.

« le véritable père, et pourtant elle tremble; dans
« de mortelles angoisses, elle attend ce que déci-
« dera l'onde inconstante[1]. »

Les femmes de la Gaule étaient généralement blanches, d'une taille élégante et élevée; leur beauté était célèbre chez les anciens[2]. Cependant ces mêmes anciens, soit à tort, soit à raison, accusent les Gaulois d'un vice honteux que produisent trop souvent, dans cet état de société, la grossièreté des mœurs unie à la séquestration des femmes[3].

Deux ordres privilégiés dominaient en Gaule le reste de la population : l'ordre électif des prêtres, qui se recrutait indistinctement dans tous les rangs, et l'ordre héréditaire des nobles ou chevaliers; celui-ci se composait des anciennes familles souveraines des tribus et des notabilités récentes créées, soit par la guerre, soit par l'influence de la richesse[4]. La multitude se partageait

---

1. Ἡ δὲ μετ' Εἰλείθυιαν ἐπ' ἄλγεσιν ἄλγος ἔχουσα
Μήτηρ, εἰ καὶ παιδὸς ἀληθέα οἶδε τοκῆα,
Ἐκδέχεται, τρομέουσα, τί μήσεται ἄστατον ὕδωρ.
   Anthol. l. 1, c. 43, ep. 1.

2. Γυναῖκας ἔχοντες εὐειδεῖς... Diod. Sic. l. v, p. 309. — Idem, l. v, p. 308. — καλλίστας... Athen. l. XIII, c. 8. — Ammian. Marcel. l. xv, c. 12.

3. Diod. Sicul. l. v, p. 309. — Strab. l. IV, p. 199. — Athenæ. l. XIII, c. 8.

4. In omni Galliâ, eorum hominum qui aliquo sunt numero at-

en deux classes : le peuple des campagnes et le peuple des villes. Le premier formait les tribus ou la clientelle ¹ des nobles familles ; le client appartenait au patron dont il cultivait les domaines, dont il suivait l'étendard à la guerre, sous lequel il était membre d'une petite autocratie patriarcale ; son devoir était de le défendre jusqu'à la mort envers et contre tous : abandonner son patron dans une circonstance périlleuse passait pour le comble de la honte et pour un crime ². Le peuple des villes, par sa situation en dehors de la vieille hiérarchie des tribus, jouissait d'une plus grande liberté, et se trouvait heureusement placé pour la soutenir et pour l'étendre. Au-dessous de la masse du peuple, venaient les esclaves qui ne paraissent pas avoir été fort nombreux.

Les deux ordres privilégiés firent peser tour-à-tour sur la Gaule le joug de leur despotisme ; tour-à-tour ils exercèrent l'autorité absolue et la perdirent par suite de révolutions politiques. L'histoire du gouvernement gaulois offre donc trois périodes bien distinctes : celle du règne des prêtres ou de la *théocratie* ; celle du règne des chefs

---

que honore, genera sunt duo... alterum est Druidum, alterum Equitum. Cæs. bell. Gall. l. vi, c. 13-15.—Et passim.

1. Clientes ; clientela. Cæs. bell. Gall. passim.
2. Clientibus nefas, etiam in extremâ fortunâ, deserere patronos. Cæs. bell. Gall. l. vii, c. 40.

de tribus ou de l'*aristocratie militaire*; enfin celle des *constitutions populaires*, fondées sur le principe de l'élection et de la volonté du plus grand nombre. L'époque dont nous nous occupons vit s'accomplir cette dernière et grande révolution; et des constitutions populaires, quoique encore mal affermies, régissaient enfin toute la Gaule au milieu du premier siècle. Mais avant d'entrer dans le détail des événemens de cette époque, nous devons exposer la situation antérieure du pays, et faire connaître d'abord ses croyances et ses rites religieux, qui furent toujours liés d'une manière plus ou moins intime à son état politique.

Lorsqu'on examine attentivement le caractère des faits relatifs aux croyances religieuses de la Gaule, on est amené à y reconnaître deux systèmes d'idées, deux corps de symboles et de superstitions tout-à-fait distincts, en un mot, deux religions : l'une toute sensible, dérivant de l'adoration des phénomènes naturels, et par ses formes ainsi que par la marche libre de son développement rappelant le polythéisme de la Grèce; l'autre, fondée sur un panthéisme matériel, métaphysique, mystérieuse, sacerdotale, présentant avec les religions de l'Orient la plus étonnante conformité. Cette dernière a reçu le nom de *druidisme*, à cause des Druides qui en étaient les fondateurs et les prêtres; nous donnerons à la première le nom de *polythéisme* gaulois.

Quand bien même aucun témoignage historique n'attesterait l'antériorité du polythéisme gaulois sur le druidisme, la progression naturelle et invariable des idées religieuses chez tous les peuples du globe suffirait pour l'établir. Mais il n'en est pas ainsi. Les antiques et précieuses traditions des Kimris attribuent à cette race, de la manière la plus formelle et la plus exclusive, l'introduction de la doctrine druidique dans la Gaule et dans la Grande-Bretagne, ainsi que l'organisation d'un sacerdoce souverain. Suivant elles, ce fut le chef de la première invasion, Hu, Heus ou Hesus, surnommé *le puissant*, qui implanta sur le territoire conquis par sa horde le système religieux et politique du druidisme; guerrier, prêtre et législateur durant sa vie, Hésus jouit en outre d'un privilège commun à tous les fondateurs de théocraties, il fut dieu après sa mort.

Maintenant si l'on demandait comment le druidisme prit naissance chez les Kimris, et de quelle source découlaient ces frappantes similitudes entre sa doctrine fondamentale et la doctrine fondamentale des religions secrètes de l'Orient, entre plusieurs de ses cérémonies et les cérémonies pratiquées à Samothrace, en Asie, dans l'Inde, on ne trouverait point cette question éclaircie par l'histoire. Ni les documens recueillis par les écrivains étrangers, ni les traditions nationales n'en donnent une solution positive. Mais on peut raisonnablement supposer que les Kimris, durant leur long séjour soit en Asie, soit sur la frontière de l'Asie et de l'Europe, furent initiés à des idées et à des institutions qui, circulant alors d'un peuple à l'autre, parcouraient toutes les régions orientales du monde.

Le druidisme, importé en Gaule par la conquête, s'organisa dans les domaines des conquérans plus fortement que partout ailleurs; et après qu'il eut converti à sa croyance toute la population gallique et probablement une partie des Ligures, il continua d'avoir au milieu des Kimris, dans l'Armorike et l'île de Bretagne, ses collèges de prêtres les plus puissans et ses mystères les plus secrets.

L'empire du druidisme n'étouffa point cette religion de la nature extérieure qui régnait avant lui en Bretagne et en Gaule. Toutes les religions savantes et mystérieuses tolèrent au-dessous d'elles un fétichisme grossier propre à occuper et à nourrir la superstition de la multitude, et qu'elles ont soin de tenir toujours stationnaire. Tel il resta dans l'île de Bretagne. Mais en Gaule, dans les parties de l'est et du midi, où le druidisme n'avait pas été imposé par les armes, quoiqu'il fût devenu le culte dominant, l'ancien culte national conserva plus d'indépendance, même sous le ministère des Druides, qui s'en constituèrent les prêtres. Il continua d'être cultivé, si j'ose employer ce mot; et suivant la marche progressive de la civilisation et de l'intelligence publique, il s'éleva graduellement du fétichisme à des conceptions religieuses de plus en plus épurées.

Ainsi l'adoration immédiate de la matière brute, des phénomènes et des agens naturels, tels que les pierres, les arbres[1], les vents et en particulier le terrible *Kirk* ou *Circius*[2], les lacs et les rivières[3], le tonnerre, le soleil, etc., fit place avec le temps à la notion abstraite *d'esprits* ou divinités réglant ces phénomènes, imprimant une volonté à ces agens : de là le dieu *Tarann*[4], esprit du tonnerre; le dieu *Vosège*[5], déification des

---

1. Maxim. Tyr. Serm. xxxviii. Dans la religion gauloise, comme dans toutes les religions du monde, le fétichisme resta toujours la croyance des classes ignorantes du peuple, aussi voit-on très-tard les prêtres et les conciles chrétiens tonner encore contre les adorateurs des *pierres* et des *arbres*. Nous reviendrons sur ce sujet dans la suite de cet ouvrage.

2. Senec. Quæstion. natur. l. v, c. 17.

3. Posidon. ap. Strab. l. iv, p. 188.—Oros. l. v, c. 16.—Gregor. Turon. de Glor. confess. c. 5.

4. *Taranis*. Lucan. Pharsal. l. i, v. 446.—*Torann* (gaël.), *Tarann* (cym. corn. et arm.) *Tonnerre*.

5. Inscript. Grut. p. 94, num. 10.

Vosges, le dieu *Pennin*[1] des Alpes, la déesse *Arduinne*[2] de la forêt des Ardennes; de là le *Génie des Arvernes*[3], la déesse *Bibracte*[4], déification de la ville capitale des Edues, le dieu *Némausus*[5] chez les Arécomikes, la déesse *Aventia*[6] chez les Helvètes, et un grand nombre d'autres.

Par un degré d'abstraction de plus, les forces générales de la nature, celle de l'ame humaine et de la société furent aussi déifiées. *Tarann* devint le dieu du ciel, le moteur de l'univers, le juge suprême qui lançait sa foudre sur les mortels. Le soleil, sous le nom de *Bel* et de *Belen*[7], fut une divinité bienfaisante, qui faisait croître les plantes salutaires et présidait à la médecine. *Heus* ou *Hesus*[8], malgré son origine druidique, prit

---

1. Tit. Liv. l. xxi, c. 38.
2. *Ardoinne.* Inscript. Gruter. p. 40. num. 9. — In al. Inscript. *Deana Arduinna.* D. Martin. Diction. topog. V° Arduenna.
3. *Genio Arvernorum.* Reines. append. 5.
4. *Deæ Bibracti:* in duab. Inscr. Cf. Dom Bouquet, p. 24.
5. Grut. p. 111, num. 12.—Spon. p. 169.
6. *Deæ Aventiæ et gen. incolar.* Grut. p. 110, num. 2.
7. *Belenus.* Auson. carm. 11, de profess. Burdigal.—Tertullian. Apolog. c. xxiv.—Hérodien rapporte que ce Dieu était adoré à Aquilée. Βέλιν δὲ καλοῦσι τοῦτον σέβουσί τε ὑπερφυῶς Ἀπόλλωνα εἶναι ἐθέλοντες. — Inscript. div. Ritter. p. 257.
8. *Hesus.* Luc. Phars. l. 1, v. 445.—*Heusus.* Lactant. Divin. Inst. l. 1, c. 21.—*Esus.* Inscr. aræ. Paris. — *Hu-Cadam* (Hu-le-Puissant), dans les traditions et poésies du pays de Galles: Archæolog. of Wales. Passim.

place dans le polythéisme gaulois, comme dieu de la guerre et des conquêtes; ce fut probablement une intercalation des Druides. Un bas-relief nous montre ce prêtre-législateur couronné de feuillages, à demi nu, une cognée à la main et le genou gauche appuyé sur un arbre qu'il coupe, donnant à ses sujets l'exemple des travaux rustiques[1]. Dans les traditions des Kimris, Heus a quelquefois le caractère du dieu par excellence, de l'*être-suprême*[2]. Le génie du commerce reçut aussi les adorations des Gaulois sous le nom de *Teutatès*[3], inventeur de tous les arts et protecteur des routes. Les arts manuels avaient leurs divinités particulières et une divinité collective. Enfin le symbole des arts libéraux, de l'é-

---

1. Fameux bas-relief trouvé sous l'église de Notre-Dame de Paris en 1711.

2. Welsh Archæolog. ap. Edw. Davies. p. 110.

3. *Teutatès*. Lucan. Phars. l. e.—Lactant. loc. cit.—Minuc. Felix. c. 30.—Le nom de Teutatès rappelle le dieu *Theut* des Phéniciens et d'une grande partie de l'Orient. Si l'on songe que les Phéniciens propageaient volontiers leur religion chez les peuples au milieu desquels ils s'établissaient, et qu'ils introduisirent ainsi le culte de ce même Teutatès en Espagne (Mercurium-Teutaten. Tit. L. l. xxvi, c. 44); si l'on songe en outre qu'ayant commercé les premiers avec les Gaulois encore sauvages, ils ont dû chercher à leur inspirer du respect pour les relations commerciales et pour les voyageurs, en répandant le culte d'un dieu qui protégeait les routes et l'industrie; on sera tenté, peut-être avec quelque raison, d'attribuer au Teutatès gaulois une origine phénicienne.

loquence et de la poésie, fut déifié sous la figure d'un vieillard armé, comme l'Hercule grec, de la massue et de l'arc, mais que ses captifs suivaient gaiement, attachés par l'oreille à des chaînes d'or et d'ambre qui sortaient de sa bouche : il portait le nom d'*Ogmius*[1]. On voit qu'avec de légères différences, c'était l'olympe des Grecs et des Romains presque complet.

Des rapports si frappans ne furent pas sans étonner les observateurs romains, qui retrouvaient en Gaule tous leurs dieux. « Les Gaulois, « dit César, reconnaissent *Mercure*, *Apollon*, « *Jupiter*, *Mars* et *Minerve*. Mais ils ont pour « Mercure une vénération particulière. Leur « croyance à l'égard de ces divinités est presque « la même que la croyance des autres peuples : « ils regardent Mercure comme l'inventeur de « tous les arts; ils pensent qu'il préside aux chemins et qu'il a une grande influence sur le commerce et les richesses, qu'Apollon éloigne les « maladies, qu'on doit à Minerve les élémens de « l'industrie et des arts mécaniques, que Jupiter « régit souverainement le ciel, et que Mars est le « Dieu de la guerre[2]. »

1. Ὄγμιον ὀνομάζουσι φωνῇ τῇ ἐπιχωρίῳ..... Δεσμὰ δέ εἰσιν οἱ σειραὶ λεπταὶ χρυσοῦ καὶ ἠλέκτρου εἰργασμέναι. Lucian. Hercul. Gall.

2. Deum maximè Mercurium colunt... Post hunc, Apollinem et Martem et Jovem et Minervam : de his eamdem ferè quam reliquæ

La ressemblance se changea même en une entière identité, lorsque la Gaule, soumise à la domination de Rome, eut subi, quelques années seulement, l'influence des idées romaines. Alors le polythéisme gaulois honoré et favorisé par les empereurs, après un règne brillant, finit par se fondre dans le polythéisme de l'Italie, tandis que le druidisme, ses mystères, sa doctrine, son sacerdoce étaient cruellement proscrits et furent éteints dans des flots de sang. Cette fortune si différente des deux religions et les rapports qu'elle eut avec la situation politique du pays, nous occuperont plus en détail dans la suite de cet ouvrage; qu'il nous suffise pour le moment d'avoir marqué leur séparation et fait connaître leurs caractères distinctifs : nous allons passer à l'examen du druidisme.

Les Druides enseignaient que la matière et l'esprit sont éternels; que l'univers, bien que soumis à de perpétuelles variations de forme, reste inaltérable et indestructible dans sa substance; que l'eau et le feu sont les agens tout-puissans de ces variations et, par l'effet de leur prédominance successive, opèrent les grandes révolutions

---

gentes habent opinionem; Apollinem morbos depellere, Minervam operum atque artificiorum initia transdere; Jovem imperium cælestium tenere, Martem bella gerere. Cæs. bell. Gall. l. vi, c. 17.

PARTIE II, CHAPITRE I.

de la nature [1]; qu'enfin l'ame humaine au sortir du corps va donner la vie et le mouvement à d'autres êtres [2]. L'idée morale de peines et de récompenses n'était point étrangère à leur système de métempsycose : ils considéraient les degrés de transmigration inférieurs à la condition humaine comme des états d'épreuve ou de châtiment; ils avaient même un *autre monde* [3] semblable à celui-ci, mais où la vie était constamment heureuse. L'ame qui passait dans ce séjour d'élection y conservait son identité, ses passions, ses habitudes; le guerrier y retrouvait son cheval, ses armes et des combats; le chasseur avec ses chiens continuait à y poursuivre le buffle et le loup dans d'éternelles forêts; le prêtre à instruire les fidèles; le client à servir son patron. Ce n'étaient point des

---

1. Ἀφθάρτους λέγουσι τὰς ψυχὰς καὶ τὸν κόσμον· ἐπικρατήσειν δέ ποτε καὶ πῦρ καὶ ὕδωρ. Strab. l. iv, p. 197.—In primis hoc volunt persuadere non interire animas. Cæs. bell. Gall. l. iv, c. 14.— Æternas esse animas. Mela. l. iii, c. 2.—Animas esse immortales. Ammian. Marc. l. xv, c. 9.—Valer. Maxim. l. ii.

2. Animas... ab aliis post mortem transire ad alios. Cæs. l. vi, c. 14.—Ἐνισχύει παρ' αὐτοῖς ὁ Πυθαγόρου λόγος, ὅτι τὰς ψυχὰς τῶν ἀνθρώπων ἀθανάτους εἶναι συμβέβηκε, καὶ δι' ἐτῶν ὡρισμένων πάλιν βιοῦν, εἰς ἕτερον σῶμα τῆς ψυχῆς εἰσδυομένης. Diodor. Sicul. l. v, p. 306. — Idem senserunt... quod Pythagoras. Valer. Max. l. ii, c. 9.

3. . . . Regit idem spiritus artus
    Orbe alio : longè (canitis si cognita) vitæ
    Mors media est.   Lucan. Pharsal. l. i, v.
— Vitam alteram *ad manes.* Mel. l. iii, c. 2.

ombres, mais des hommes vivant d'une vie pareille à celle qu'ils avaient menée sur la terre. Toutes relations ne cessaient pas entre les habitans du pays des ames, et ceux qu'ils avaient laissés ici-bas, et la flamme des bûchers pouvait leur porter des nouvelles de notre monde : aussi durant les funérailles on brûlait des lettres que le mort devait lire ou qu'il devait remettre à d'autres morts [1].

Cette croyance, en augmentant chez les Gaulois le mépris de la vie, entretenait leur ardeur guerrière. Comme toutes les superstitions fortes, elle donna naissance à des dévouemens admirables et à des actions atroces. Il n'était pas rare de voir des fils, des femmes, des cliens, se précipiter sur le bûcher pour n'être point séparés du père, du mari, du patron qu'ils pleuraient. La tyrannie s'empara de ces touchantes marques d'affection et les transforma en un devoir affreux. Dès qu'un personnage important avait fermé les yeux, sa famille faisait égorger un certain nombre de ses cliens et les esclaves qu'il avait le plus aimés [2]; on

---

1. Διὸ καὶ κατὰ τὰς ταφὰς τῶν τετελευτηκότων ἐνίους ἐπιστολὰς γεγραμμένας τοῖς οἰκείοις τετελευτηκόσιν ἐμβάλλειν εἰς τὴν πυράν, ὡς τῶν τετελευτηκότων ἀναγνωσομένων ταύτας. Diodor. Sicul. l. v, p. 306.

2. Omnia quæ vivis cordi fuisse arbitrantur in ignem inferunt, etiam animalia : ac paulò suprà hanc memoriam servi et clientes, quos ab iis dilectos esse constabat, unà cremabantur. Cæs. bell. Gall. l. vi, c. 19.—Cum mortuis cremant et defodiunt apta viventibus olim. Mel. l. iii, c. 2.

les brûlait ou on les enterrait à ses côtés, ainsi que son cheval de bataille, ses armes et ses parures, afin que le défunt pût paraître convenablement dans l'autre vie et y conserver le rang dont il jouissait dans celle-ci. La foi des Gaulois en ce monde à venir était si ardente et si ferme, qu'ils y renvoyaient souvent la décision de leurs affaires d'intérêt; souvent aussi ils se prêtaient mutuellement de l'argent payable après leur commun décès [1].

Ces deux notions combinées de la métempsycose et d'une vie future formaient la base du système philosophique et religieux des Druides, mais leur science ne se bornait pas là. Ils prétendaient connaître la nature des choses, l'essence et la puissance des dieux ainsi que leur mode d'action sur le monde, la grandeur de l'univers, celle de la terre, la forme et les mouvemens des astres, la vertu des plantes, les forces occultes qui changent l'ordre naturel et dévoilent l'avenir: en un mot ils étaient métaphysiciens, physiciens, astronomes, médecins, sorciers et devins [2].

Malheureusement pour l'histoire rien n'est resté

---

1. Negotiorum ratio etiam et exactio crediti differebatur ad Inferos. Mel. l. III, c. 2.—Valer. Maxim. l. II, c. 9.

2. Multa de sideribus atque eorum motu, de mundi ac terrarum magnitudine, de rerum naturâ, de Deorum immortalium vi ac potestate disputant. Cæs. bell. Gall. l. VI, c. 13.—Mel. l. III, c. 2.—Plin. l. XVI, c. 44.

de toutes ces discussions métaphysiques qui agitaient si vivement les prêtres de la Gaule dans leurs solitudes. Le peu que nous savons de leur astronomie fait penser qu'ils ne s'étaient pas appliqués sans succès à cette science, du moins à sa partie pratique; l'observation des phénomènes planétaires jouant un rôle important dans tous leurs rites religieux comme dans beaucoup d'actes de leur vie civile. Leur année se composait de lunaisons. Leur mois commençait non à la syzygie ou nouvelle lune, ni à la première apparition de cet astre, mais au premier quartier, lorsque près de la moitié de son disque est éclairée [1]; phénomène invariable, tandis que la syzygie dépend toujours d'un calcul et que le temps de la première apparition est sujet à des variations.

Leur plus longue période d'années ou siècle était de trente ans [2], au bout desquels il y avait concordance entre l'année civile et l'année solaire; c'est-à-dire que les points cardinaux des équinoxes et des solstices, chaque trentième année civile, revenaient au même quantième des mêmes lunes. Ce retour suppose nécessairement dans le calendrier une intercalation de onze lunes en

---

1. Sexta luna principia annorum mensiumque his facit et sæculi. Plin. l. xvi, c. 44.
2. Sæculum post tricesimum annum... Plin. l. xvi, c. 44.

trente ans, ou, ce qui est la même chose, sur les trente années, onze années de treize lunes. Par le moyen de cette intercalation les lunaisons demeuraient attachées sensiblement aux mêmes saisons, et à la fin du siècle gaulois il s'en fallait seulement d'un jour et de dix heures que la concordance de l'année civile avec la révolution solaire fût complète; différence qui pouvait se corriger aisément [1], et qu'ils faisaient sans doute disparaître. Ces résultats prouvent que les Druides recueillaient des observations et se livraient à des études suivies. Le sixième jour de la lune était donc chez les Gaulois un jour sacré qui ouvrait le mois, l'année et le siècle, et présidait aux plus augustes solennités de la religion. On représentait souvent les Druides tenant dans leurs mains un croissant pareil au croissant de la lune à son premier quartier [2]. Cette supputation du temps par lunaisons fit dire aux Romains que les Gaulois mesuraient la durée par nuits et non par jours; usage qu'ils attribuaient à l'origine infernale de ce peuple et à sa descendance du dieu Pluton [3].

---

1. Fréret. OEuvres complètes. t. xviii, p. 226. — Edit. in-12. Paris, 1796.

2. Bas-relief d'Autun.—Montfaucon. Antiquité dévoilée.

3. Ob eam causam (quòd à Dite patre sint prognati) spatia omnis temporis, non numero dierum sed noctium finiunt : dies na-

La médecine des Druides était fondée presque uniquement sur la magie, quoique les herbes qu'ils employaient, telles que la sélage et la jusquiame, ne fussent point dénuées de toute propriété naturelle. Mais leur recherche et leur préparation devaient être accompagnées d'un cérémonial bizarre et de formules mystérieuses, d'où elles étaient censées tirer, au moins en grande partie, leurs vertus salutaires. Ainsi il fallait cueillir le *samolus* à jeun et de la main gauche, l'arracher de terre sans le regarder, et le jeter de la même manière dans les réservoirs où les bestiaux allaient boire; c'était un préservatif contre leurs maladies [1]. La sélage, espèce de mousse qui croît dans les lieux ombragés des montagnes et dans les fentes des rochers, et qui agit assez violemment comme purgatif, demandait pour être récoltée bien plus de précautions encore. On s'y préparait par des ablutions et une offrande de pain et de vin; on partait nu-pieds, habillé de blanc; sitôt qu'on avait aperçu la plante, on se baissait comme par hasard, et glissant sa main droite sous son bras gauche, on l'arrachait sans jamais employer le fer, puis on l'enveloppait d'un linge qui ne de-

---

tales et mensium et annorum initia sic observant, ut noctem dies subsequatur. Cæs. l. vi, c. 18.

1. Plin. l. xxiv, c. 11.—On croit que le *samolus* est la plante aquatique que nous nommons *mouron d'eau*.

vait servir qu'une fois [1]. C'était un autre cérémonial pour la verveine, très-estimée comme un remède souverain contre les maux de tête. Mais de tous les spécifiques de la médecine druidique, aucun ne pouvait être mis en parallèle avec le fameux gui de chêne; il réunissait à lui seul plus de vertus que tous les autres ensemble, et son nom exprimait l'étendue de son efficacité : les Druides l'appelaient d'un mot qui signifiait *guérit-tout* [2].

Le gui est une plante vivace et ligneuse qui ne croît point dans la terre, mais sur les branches des arbres où elle semble greffée; elle y végète dans toutes les saisons et s'y nourrit de leur sève par ses racines fixées dans leur écorce. Ses fleurs taillées en cloche, jaunes et ramassées par bouquets, paraissent à la fin de l'hiver, en février ou en mars, quand les forêts sont encore dépouillées de feuilles : elles produisent de petites baies ovales, molles et blanches, qui mûrissent en automne. Le gui se trouve communément sur le pommier, le poirier, le tilleul, l'orme, le frêne, le peuplier, le noyer, etc., rarement sur le chêne dont ses radicules ont peine à pénétrer l'écorce [3].

---

1. Plin. l. xxiv, c. 11.
2. *Omnia sanantem* appellantes suo vocabulo. Plin. l. xvi, c. 44.
3. Est autem id rarum admodum inventu. Plin. l. xvi, c. 44. — M. Decandolle, qui a beaucoup herborisé en France et dans les pays

A cette rareté qui avait mis en grand crédit le gui né sur cet arbre, se joignait la vénération dont le chêne lui-même était l'objet, car les Druides habitaient des forêts de chêne, et n'accomplissaient aucun sacrifice où le chêne ne figurât [1]. Ils croyaient qu'il y était semé du ciel par une main divine [2]. L'union de leur arbre sacré avec une plante dont la verdure perpétuelle rappelait l'éternité du monde, était à leurs yeux un symbole qui ajoutait aux propriétés naturelles du gui des propriétés occultes. On le cherchait avec soin dans les forêts; et lorsqu'on l'avait trouvé, les prêtres se rassemblaient pour l'aller cueillir en grande pompe. Cette cérémonie se pratiquait en hiver, à l'époque de la floraison, lorsque la plante est le plus visible, et que ses longs rameaux verts, ses feuilles et les touffes jaunes de ses fleurs, enlacés à l'arbre dépouillé, présentent seuls l'image de la vie au milieu d'une nature stérile et morte [3].

voisins, n'a jamais rencontré le gui de chêne. L'auteur de l'article *gui*, dans le Dictionnaire des Sciences médicales, énonce l'avoir vu une seule fois. Duhamel le croyait plus commun. (Valmont-Bomare. Dict. hist. nat. t. III.)

1. Jam per se roborum eligunt lucos, nec ulla sacra sine eâ fronde conficiunt. Plin. l. XVI, c. 44.

2. E cœlo missum putant. Plin. l. XVI, c. 44.

3.   Quale solet sylvis brumali frigore viscum
   Fronde virere novâ, quod non sua seminat arbor,
   Et croceo fœtu teretes circumdare ramos.
          Virg. Æneid. l. VI, v. 205.

C'était le sixième jour de la lune que le gui devait être coupé, et il devait tomber non pas sous le fer, mais sous le tranchant d'une faucille d'or. Une foule immense accourait de toutes parts pour assister à la fête ; et les apprêts d'un grand sacrifice et d'un grand festin étaient faits sous le chêne privilégié. A l'instant marqué, un Druide en robe blanche montait sur l'arbre, la serpe d'or à la main, et tranchait la racine de la plante, que d'autres Druides recevaient dans une saie blanche, car il ne fallait pas qu'elle touchât la terre [1]. Alors on immolait deux taureaux blancs dont les cornes étaient liées pour la première fois, et l'on priait le ciel de rendre son présent salutaire à ceux qu'il en avait gratifiés [2]. Le reste de la journée se passait en réjouissances [3].

Le gui de chêne, comme nous l'avons dit, était

---

[1]. Sacerdos candidâ veste cultus arborem scandit; falce aureâ demetit; candido id excipitur fago. Plin. l. xvi, c. 44.

[2]. Precantes ut suum donum deus prosperum faciat his quibus dederit. Idem, ibid.

[3]. Un usage général en France dans le moyen âge et pratiqué encore de nos jours dans quelques localités, se rattache, sans le moindre doute, à cette vieille superstition de nos pères. Le premier jour de l'année, des troupes d'enfans parcouraient les rues, en frappant aux portes et en criant *au gui l'an-né !* ou *au gui l'an-neuf !* C'était probablement dans cette forme que la récolte du gui était publiée chez les Gaulois ; probablement aussi elle se pratiquait au renouvellement de l'année qui, dans cette hypothèse, aurait eu lieu au sixième jour de la lune de mars.

aux yeux des Gaulois un remède universel; spécialement il passait pour un antidote à tous les poisons, et pris par infusion, il guérissait la stérilité¹. Tout porte à croire que les Druides faisaient commerce de cette panacée, dont la vente devait produire à leur ordre une source inépuisable de revenus².

L'Armorike, mais surtout l'île de Bretagne acquirent une haute célébrité pour tout ce qui concernait la magie; et les récits extraordinaires publiés par les voyageurs sur les prodiges dont cette île ainsi que les petites îles de l'archipel armoricain étaient le théâtre, mirent la réputation des Druides au-dessus même de celle des Mages de la Perse³. L'art de la divination ne fut

---

1. Fœcunditatem eo poto dari :... contrà venena omnia esse remedio. Plin. L. xvi, c. 44.

2. La croyance aux vertus occultes du gui se conserva en France, pendant le moyen âge, parmi le peuple et même parmi les médecins; il n'y a pas encore long-temps que l'eau distillée de gui de chêne était fort en crédit dans les pharmacies. Le gui n'est pourtant pas une substance complètement inerte. De célèbres praticiens du dernier siècle, Boerhaave, Van-Swieten et Déhean, assurent l'avoir employé avec succès dans les affections nerveuses; mais aujourd'hui l'usage en est tout-à-fait abandonné. L'écorce de ce végétal et ses baies amères et visqueuses possèdent une faculté astringente assez active; du reste le gui de chêne ne diffère en rien de celui qui pousse sur les autres arbres.

3. Britannia eam (magiam) attonitè celebrat tantis cærimoniis, ut eam Persis dedisse videri possit. Plin l. xxix, c. 1.

pas cultivé avec moins de soin par ces prêtres, qui prétendaient connaître l'avenir, moitié par conjecture, moitié par les signes mystérieux qu'ils savaient lire dans le vol des oiseaux, et dans les victimes des sacrifices [1]. Ils fabriquaient aussi des talismans, dont la vertu garantissait de tous les accidens de la vie ; tels étaient les chapelets d'ambre que les guerriers portaient sur eux dans les batailles, pour éloigner la mort, et qu'on retrouve souvent enfouis à leur côté dans les tombeaux [2]. Mais aucun de ces préservatifs sacrés ne pouvait soutenir la comparaison avec l'œuf symbolique, connu sous le nom d'*œuf de serpent* [3].

Ce prétendu œuf, qui paraît bien n'avoir été autre chose qu'une *échinite* ou pétrification d'oursin de mer [4], présentait la figure d'une pomme de moyenne grosseur dont la substance dure et blanchâtre était recouverte de fibres et d'excroissances pareilles aux tentacules du polype. La religion n'était pas étrangère au choix que les Druides avaient fait de ce fossile et à l'origine qu'ils lui supposaient, car ces idées d'œuf et de

---

1. Partim auguriis, partim conjecturâ. Cicer. divin. l. 1, p. 270.

2. L'ambre est signalé par les prêtres chrétiens comme une substance employée à la magie. S. Elig. de rectit. Cathol. fid.—Voir aussi les poëtes gallois *passim*.

3. Anguinum appellatur. Plin. l. xxix, c. 3.

4. Fréret. OEuvres compl. tom. xviii, p. 211.

serpent rappellent l'œuf cosmogonique des mythologies orientales, ainsi que la métempsycose et l'éternelle rénovation dont le serpent était l'emblème. Au reste ils répandaient sur la formation et sur la conquête de ce précieux talisman des fables absurdes, auxquelles pourtant le plus célèbre des naturalistes de l'antiquité semble ne pas refuser toute croyance. « Durant l'été, raconte-t-il, on
« voit se rassembler dans certaines cavernes de
« la Gaule des serpens sans nombre, qui se mêlent,
« s'entrelacent, et avec leur salive, jointe à l'é-
« cume qui suinte de leur peau, produisent cette
« espèce d'œuf [1]. Lorsqu'il est parfait, ils l'élèvent
« et le soutiennent en l'air par leurs sifflemens;
« c'est alors qu'il faut s'en emparer, avant qu'il ait
« touché la terre. Un homme apposté à cet effet
« s'élance, reçoit l'œuf dans un linge, saute sur
« un cheval qui l'attend, et s'éloigne à toute bride,
« car les serpens le poursuivent jusqu'à ce qu'il
« ait mis une rivière entre eux et lui. » Pour que
cet œuf fût réputé de bon aloi au jugement des
Druides, il devait surnager lorsqu'on le plongeait
dans l'eau, même entouré d'un cercle d'or ; il
fallait aussi qu'il eût été enlevé, à une certaine

---

1. Angues innumeri æstate convoluti, salivis faucium corporumque spumis artifici complexu glomerantur... Plin. l. xxix, cap. 3.

époque de la lune [1]. Quand il avait été éprouvé, on l'enchâssait précieusement, et on le suspendait à son cou ; il était doué d'une vertu miraculeuse pour faire gagner les procès et ouvrir un libre accès auprès des rois. Les Druides le portaient parmi leurs ornemens distinctifs [2]; ils ne refusaient pourtant pas de s'en défaire, à très-haut prix, en faveur des riches Gaulois qui avaient des procès ou voulaient faire leur cour aux puissans [3].

Des magiciennes et des prophétesses étaient affiliées à l'ordre des Druides, mais sans partager ni les prérogatives, ni le rang élevé du sacerdoce : elles servaient d'instrument aux volontés des prêtres; elles rendaient des oracles, présidaient à certains sacrifices, et accomplissaient des rites mystérieux, d'où les hommes étaient sévèrement exclus. Leur institut leur imposait, de la façon la plus bizarre, tantôt la violation des lois de la pudeur, tantôt la violation des lois de la nature : ici la prêtresse ne pouvait dévoiler l'avenir qu'à l'homme qui l'avait profanée; là elle se vouait à une virginité perpétuelle; ailleurs, quoique mariée, elle était astreinte à de longs célibats.

---

1. Experimentum ejus esse si contra aquas fluitet, vel auro vinctum... certâ lunâ capiendum censent... Plin. l. XXIX, c. 3.
2. Ad victorias litium et regum aditus mirè laudatur. Insigne druidum. Plin. l. c.
3. Idem, ibid.

Quelquefois ces femmes devaient assister à des sacrifices nocturnes, toutes nues, le corps teint de noir [1], les cheveux en désordre, s'agitant, dans des transports frénétiques, une torche enflammée à la main [2].

C'était sur des écueils sauvages, au milieu des tempêtes de l'archipel armoricain, que les plus renommées de ces magiciennes avaient placé leur résidence. Le navigateur gaulois n'abordait qu'avec respect et terreur leurs îles redoutées; on disait que plus d'une fois des étrangers, assez hardis pour y descendre, avaient été repoussés par les ouragans, par la foudre et par d'effrayantes visions [3].

L'oracle de *Séna*, plus que tous les autres, attirait les navigateurs de la Gaule. Cette île située vis-à-vis du cap le plus occidental de l'Armorike, renfermait un collège de neuf vierges qui, de son nom, étaient appelées *Sènes* [4]. Pour avoir le droit de les consulter, il fallait être marin, et encore

---

1. Plin. l. XXII, c. 2.
2. In modum furiarum, crinibus dejectis, faces præferebant..... in furore turbatæ. Tacit. Annal. l. XIV.
3. Plutarch. de Oracul. cess.
4. Galli Senas vocant. Mel. l. III, c. 5.— On trouve dans les manuscrits, Gallizenas, Gallisenas, Galligenas, Barrigenas et d'autres variantes plus ou moins corrompues. — *Sena* est aujourd'hui l'île de *Sain*.

avoir fait le trajet dans ce seul but[1]. On croyait à ces femmes un pouvoir illimité sur la nature : elles connaissaient l'avenir; elles guérissaient les maux incurables ; la mer se soulevait ou s'apaisait, les vents s'éveillaient ou s'endormaient à leurs paroles ; elles pouvaient revêtir toute forme, emprunter toute figure d'animaux[2].

Un autre collège de prêtresses, soumises à un autre règle, habitait un des îlots qui se trouvent à l'embouchure de la Loire. Celles-ci appartenaient toutes à la nation des Nannètes. Quoiqu'elles fussent mariées, nul homme n'osait approcher de leur demeure; c'étaient elles qui, à des époques prescrites, venaient visiter leurs maris sur le continent. Parties de l'île, à la nuit close, sur de légères barques qu'elles conduisaient elles-mêmes, elles passaient la nuit dans des cabanes préparées pour les recevoir; mais dès que l'aube commençait à paraître, s'arrachant des bras de leurs époux, elles couraient à leurs nacelles, et regagnaient leur solitude à force de rames[3].

Une fois chaque année, si l'on en croit les écri-

[1]. Non nisi deditas navigantibus, et in id tantùm ut se consulerent profectis. Mel. l. III, c. 5.

[2]. Putant ingeniis singularibus præditas, maria ac ventos concitare carminibus, seque in quæ velint animalia vertere, sanare quæ apud alios insanabilia sunt, scire ventura et prædicare. Mel. l. III, c. 5.

[3]. Ἐν δὲ τῷ ὠκεανῷ φασὶν εἶναι νῆσον μικρὰν, οὐ πάνυ πελαγίαν, προ-

vains anciens, ces femmes célébraient une fête sanguinaire, où elles-mêmes étaient meurtrières et victimes. Il leur était ordonné d'abattre et de reconstruire le toit de leur temple, tous les ans, dans l'intervalle d'une nuit à l'autre ¹; cérémonie symbolique qui retraçait sans doute le dogme fondamental du druidisme. Au jour marqué, aussitôt que le premier rayon du soleil avait brillé, couronnées de lierre et de vert feuillage ², elles se rendaient au temple; là chacune se hâtait de démolir l'ancien toit, de briser sa charpente, de disperser le chaume qui le recouvrait; puis elles travaillaient avec ardeur à porter et à poser les matériaux du nouveau. Mais si l'une d'elles, par malheur, laissait tomber à terre quelque chose de ces matériaux sacrés, elle était perdue; un horrible cri, poussé par toute la bande, était son arrêt de mort; transportées d'une frénésie soudaine, toutes accouraient se jeter sur leur compagne, la frappaient, la mettaient en pièces, et semaient çà et là ses chairs sanglantes ³. Les Grecs crurent

κειμένην τῆς ἐκβολῆς τοῦ Λείγηρος ποταμοῦ· οἰκεῖν δὲ ταύτην τὰς τῶν Σαμνιτῶν (Ναμνιτῶν) γυναῖκας... Strab. l. IV, p. 198.

1. Ἔθος δ' εἶναι κατ' ἐνιαυτὸν ἅπαξ τὸ ἱερὸν ἀποστεγάζεσθαι, καὶ στεγάζεσθαι πάλιν αὐθημερὸν πρὸ δύσεως, ἑκάστης φορτίον ἐπιφερούσης. Strab. l. IV, p. 198.

2. Dionys. perieget. v. 565 et seq.

3. Ἧς δ' ἂν ἐκπέσοι τὸ φορτίον, διασπᾶσθαι ταύτην ὑπὸ τῶν ἄλλων.... Strab. loc. citat.

retrouver dans ces abominables rites le culte non moins abominable de leur Bacchus[1]; ils assimilèrent aussi aux orgies de Samothrace d'autres orgies druidiques, célébrées dans une île voisine de la Bretagne[2], où les voyageurs n'abordaient pas, mais d'où retentissaient au loin, sur la mer, des cris furieux et l'harmonie bruyante des cymbales.

La religion druidique avait sinon institué, du moins multiplié en Gaule les sacrifices humains; elle professait que la vie d'un homme pouvait être rachetée par la vie d'un autre homme[3], comme s'il eût dépendu du prêtre de conjurer une transmigration imminente, en livrant aux agens de la métempsycose une autre créature de la même espèce. C'était donc autant par intérêt superstitieux que par vengeance barbare, que les Gaulois massacrèrent long-temps leurs prisonniers de guerre ; la même superstition leur fit chercher dans le sein d'un ennemi torturé les secrets de leur propre destinée, ou le succès d'une bataille prochaine et l'avenir de leur patrie. De vieilles femmes, aux pieds nus, aux cheveux blancs, aux

---

1.   Hìc chorus ingens
Feminei cœtûs pulchri colit orgia Bacchi.
Fest. Avien. Orbis peripl.—Dionys. perieg. v. 565 et seq.

2. Φησὶν εἶναι νῆσον πρὸ τῇ Βρεταννικῇ, καθ᾽ ἣν ὅμοια τοῖς ἐν Σαμοθράκῃ περὶ τὴν Δήμητραν καὶ Κόρην ἱεροποιεῖται. Strab. l. IV, p. 198.

3. Cæs. bell. Gall. l. IV, c. 16.

vêtemens blancs, retenus par une ceinture garnie d'airain [1], accompagnaient chez les Kimris trans-rhénans toutes les expéditions militaires; et dressaient au milieu du camp leur appareil de sorcellerie, consistant en une énorme chaudière de cuivre, de longs couteaux et un escabeau. Lorsque ces hideuses prêtresses avaient choisi une victime parmi les captifs, elles la garottaient, et la suspendaient au-dessus de la chaudière; une d'elles, montant sur l'escabeau, la frappait à la gorge, et recevait le sang dans une coupe: la couleur de ce sang, sa rapidité, sa direction faisaient autant de signes prophétiques qu'on interprétait; ses compagnes se partageaient ensuite les membres et les entrailles palpitantes [2].

En Gaule, c'étaient des hommes qui présidaient à ces superstitions barbares; ils perçaient la victime au-dessus du diaphragme, et tiraient leurs pronostics de la pose dans laquelle elle tombait, des convulsions de ses membres, de l'abondance et de la couleur de son sang [3]; quelquefois ils la crucifiaient à des poteaux dans l'intérieur des

---

1. Πολιότριχες, λευκείμονες, ζῶσμα χαλκοῦν ἔχουσαι, γυμνοπόδες. Strab. l. vii.

2. Strab. loc. cit.

3. Ἄνθρωπον κατασπείσαντες τύπτουσι μαχαίρᾳ κατὰ τὸν ὑπὲρ τὸ διάφραγμα τόπον · καὶ πεσόντος τοῦ πληγέντος, ἐκ τῆς πτώσεως καὶ τοῦ σπαραγμοῦ τῶν μελῶν, ἔτι δὲ τῆς τοῦ αἵματος ῥύσεως, τὸ μέλλον νοοῦσι. Diod. Sicul. l. v, p. 308.

temples, ou faisaient pleuvoir sur elle, jusqu'à la mort, une nuée de flèches et de dards [1].

Le cérémonial le plus usité et le plus solennel, pour les sacrifices humains, était aussi le plus affreux. On construisait en osier ou en foin un immense colosse à figure humaine, on le remplissait d'hommes vivans, on le plaçait sur un bûcher, un prêtre y jetait une torche brûlante, et le colosse disparaissait bientôt dans des flots de fumée et de flammes [2]. Alors le chant des Druides, la musique des bardes, les acclamations de la foule, couvraient les cris des victimes, et le Gaulois crédule croyait avoir sauvé les jours de sa famille, prolongé les siens, affermi la gloire de sa patrie, et fait monter vers le ciel un encens de prédilection. Au reste le polythéisme gaulois n'était pas moins cruel que le druidisme : les autels de Tarann et de Teutatès ne virent pas couler moins de sang que le chêne consacré à Hésus ou les orgies de l'Armorike [3].

Détournons nos regards de ces horreurs qui, hâtons-nous de le dire, n'étaient heureusement

---

1. Strab. l. IV, p. 198.
2. Immani magnitudine simulacra habent, quorum contexta viminibus membra vivis hominibus complent, quibus succensis circumventi flammâ exanimantur homines. Cæs. bell. Gall. l. VI. c. 16.—Κατασκευάσαντες κολοσσὸν χόρτου καὶ ξύλον ἐμβαλόντες εἰς τοῦτον. Strab. l. IV, p. 198.
3. Lucan. Phars. l. I, v. 444 et seq; l. III, v. 400 et seq. — Lactant. Divin. Instit. l. I, c. 21. — Minuc. Felix. c. 30.

plus qu'un souvenir, à l'époque dont nous retraçons le tableau. A cette époque, si le colosse d'osier s'ouvrait encore, si des voix humaines sortaient encore du milieu des flammes, c'étaient les voix des malfaiteurs condamnés par la justice à la peine capitale; car la loi, chez les Gaulois, dérivant d'une source céleste, le châtiment était infligé au nom de la religion, par le ministère des prêtres. Les meurtriers, les brigands, les voleurs, subissaient ainsi le supplice du feu [1]. Un historien affirme, il est vrai, qu'à défaut de criminels, le bûcher recevait quelquefois des innocens [2]; mais les victimes volontaires ne manquaient jamais chez ce peuple, prodigue de sa vie; et les fanatiques qui se tuaient pour accompagner au pays des ames un père, un ami, un patron, ne reculaient pas devant quelques souffrances de plus, quand il s'agissait de sauver ses jours. C'était aux Druides qu'appartenait la garde des condamnés réservés aux sacrifices privés et publics; ils les tenaient quelquefois jusqu'à cinq années en prison, pour en disposer plus avantageusement; et lorsque, par l'adoucissement des mœurs,

---

1. Supplicia eorum, qui in furto aut latrocinio, aut aliquâ noxâ sunt comprehensi, gratiora Diis immortalibus esse arbitrantur. Cæs. bell. Gall. l. vi, c. 16.

2. Sed quùm ejus generis copia deficit, etiam ad innocentium supplicia descendunt. Cæs. bell. Gall. l. iv, c. 16.

les immolations humaines devinrent très-rares, ils firent payer chèrement aux riches malades le privilège de pareilles victimes. Pour la foule qui n'y pouvait prétendre, des dons votifs les remplacèrent, et d'immenses richesses en lingots d'or et d'argent, en monnaies, en vases précieux, en butin conquis sur l'ennemi, s'accumulèrent dans les temples, et dans les lacs sacrés. Elles y restaient en sûreté, quoique ces lacs et ces temples fussent la plupart du temps sans clôture ni gardien; mais nul n'eût osé porter une main sacrilège sur cette propriété des dieux [1].

Il est temps que nous exposions l'organisation du sacerdoce druidique ainsi que l'étendue de ses prérogatives; et d'abord il renfermait trois degrés de hiérarchie : les *Druides* proprement dits, les *Ovates* ou *Vates* [2] et les *Bardes* [3].

Les Druides ou *hommes des chênes* [4] devaient

---

1. Neque sæpè accidit ut, neglectâ quispiam religione, aut capta apud se occultare, aut posita tollere auderet. — Cæs. bell. Gall. l. vi, c. 17.—Diodor. Sicul. l. v, p. 305.—Strab. l. iv, p. 188.

2. Οὐάτεις. Strab. l. iv, p. 197. — *Eubages*, ou plutôt *Eubates*. Amm. Marcell. l. xv, c. 9. — Dans les traditions galloises, *Ovydd*. Archæolog. of Wal. passim. — W. Owen, pref. of Llywarç Hen. p. 21 et suiv.

3. *Bardi*, Βάρδοι, *Bard* (gaël.), *Bardd* (cymr.), *Barz.* (armor.). *Bardus* gallicè cantor appellatur. Fest. epit. col. 258.

4. *Druides*, Δρυΐδαι, *Drysidæ* : *Derwydd*, *Derwyddon*, en langue kimrique. *Derw* (cymr.), *Deru* (armor.), *Dair* (gaël.) : *chêne*. Dio-

ce nom à la vie solitaire qu'ils menaient dans de vieilles forêts consacrées au culte, et qui étaient de préférence des forêts de chênes¹. Ils formaient la classe supérieure et savante de l'ordre, car l'étude des hautes sciences religieuses et civiles, de la théologie, de la morale, de la législation leur était dévolue exclusivement². L'éducation publique faisait aussi partie de leurs attributions, et n'en était pas la moins importante. Leur enseignement tout verbal était rédigé en vers pour qu'il se gravât mieux dans la mémoire. Ils n'écrivaient rien, ou du moins, lorsque, par suite des relations commerciales avec Massalie, l'usage des caractères grecs fut devenu commun dans la Gaule³, ils ne permirent pas aux profanes de rien écrire de ce qu'ils enseignaient.

Les Ovates étaient chargés de la partie extérieure et matérielle du culte et de la célébration des sacrifices. En cette qualité, ils étudiaient spé-

---

dore de Sicile traduit en grec le mot *Druides* par Σαρωνίδαι, qui signifie aussi *hommes des chênes*.

1. Clàm in abditis saltibus. Mel. l. III, c. 2.
2. Φιλόσοφοι καὶ θεολόγοι. Diod. Sicul. l. v, p. 308. — Δρυΐδαι καὶ τὴν ἠθικὴν φιλοσοφίαν ἀσκοῦσι. Strab. l. IV, p. 197. — Druidæ ingeniis celsiores, quæstionibus occultarum rerum altarumque erecti sunt. Ammian. Marcell. l. xv, c. 9.
3. Neque fas esse existimant ea litteris mandare, quùm in reliquis ferè rebus, publicis privatisque rationibus græcis litteris utantur. Cæs. bell. Gall. l VI. c. 14.

cialement les sciences naturelles appliquées à la religion : l'astronomie, la divination par les oiseaux et par les entrailles des victimes, la médecine, en un mot, ce que les Grecs entendaient sous le nom de *physiologie*[1]. Ils vivaient dans la société, dont ils dirigeaient en grande partie les mouvemens. Au sein des villes, à la cour des chefs, à la suite des armées, dans toutes les circonstances de la vie, ils imposaient la volonté du corps puissant dont ils étaient les interprètes : aucune cérémonie publique ou privée, aucun acte civil ou religieux ne pouvait s'accomplir sans leur ministère.

Le troisième et dernier degré du sacerdoce comprenait les Bardes, qui étaient les poètes sacrés et profanes de la Gaule[2]. Comme les Ovates, ils menaient la vie séculière ; leur ministère était tout d'instruction et de plaisir : c'étaient eux qui récitaient, dans les assemblées du peuple, les traditions nationales, au foyer du chef, les traditions

---

1. Οὐάτεις ἱεροποιοὶ καὶ φυσιολόγοι. Strab. l. iv, p. 197. — Οὗτοι δὲ διά τε τῆς οἰωνοσκοπίας καὶ διὰ τῆς τῶν ἱερείων θυσίας τὰ μέλλοντα προλέγουσι. Diod. Sic. l. c. — Eubates vero scrutantes seriem et sublimia naturæ pandere conabantur. Ammian. Marcell. l. xv, c. 9 — Physiologiam Græci appellant. Cicer. de Divinat. l. 1, p. 270.

2. Βάρδοι ὑμνηταὶ καὶ ποιηταί. Strab. l. iv, p. 197. — Diodor. Sic. l. v, p. 308. — Posidon. ap. Athen. l. iv, c. 13. — Lucan. Phars. l. 1, v. 449.

de la famille ; eux qui animaient les guerriers sur le champ de bataille, célébraient leur gloire après le succès, et distribuaient à tous le blâme et l'éloge, avec une liberté que pouvait seule donner un caractère inviolable[1]. Aussi l'autorité de leurs paroles était grande et l'effet de leurs vers tout-puissant sur les ames. Souvent on les vit, dans les guerres intestines de la Gaule, désarmer, par leur seule intervention, des combattans furieux, et arrêter l'effusion du sang[2] : à l'harmonie touchante de leurs lyres, disait un écrivain de l'antiquité, les passions les plus sauvages s'apaisent, comme les bêtes féroces au charme du magicien[3]. En chantant, ils s'accompagnaient sur un instrument appelé *rotte*, qui avait beaucoup de ressemblance avec la lyre des Hellènes[4].

L'ordre des Druides était électif, et comme il possédait le monopole de l'éducation, il pouvait à

---

1. Fortia virorum illustrium facta... cantitant. Ammian. Marcel. l. xv, c. 9. — Οὓς μὲν ὑμνοῦσιν, οὓς δὲ βλασφημοῦσι. Diod. Sic. l. v, p. 308.

Vos quoque qui fortes animas belloque peremptas
Laudibus in longum, vates, dimittitis ævum,
Plurima, securi, fudistis carmina, bardi.
   Lucan. l. 1, v. 447.

2. Diodor. Sicul. l. v, p. 308. — Strab. l. iv, p. 197.
3. Ὥσπερ τινὰ θηρία κατεπᾴσαντες. Diodor. Sicul. l. v, loc. cit.
4. Ὄργανα ταῖς λύραις ὅμοια. Diod. Sicul. loc. cit. — *Chrotta* britanna canat. Fortunat l. vii, carm. 8. — *Cruit* (gaël.), *Crwdd* (cymr.). — On appelait *rotte*, dans le moyen âge, une espèce de vielle dont les ménestrels se servaient.

loisir se former des adeptes, au moyen desquels il se recrutait. Le temps du noviciat, mêlé de sévères épreuves, et passé, dans la solitude, au fond des bois ou dans les cavernes des montagnes, durait quelquefois vingt ans; car il fallait apprendre de mémoire cette immense encyclopédie poétique qui contenait la science du sacerdoce [1]. Chacune des deux classes inférieures de la hiérarchie étudiait la partie relative à son ministère; mais le Druide devait tout savoir. Un Druide suprême ou grand pontife investi, pour toute sa vie, d'une autorité absolue veillait au maintien de l'institution; à sa mort, il était remplacé par le Druide le plus élevé en dignité après lui; s'il se trouvait plusieurs prétendans dont les titres fussent égaux, l'ordre prononçait, en conseil général, à la pluralité des voix. Il n'était pas sans exemple que ces élections se terminassent pas la violence; les candidats rivaux déployaient, chacun de leur côté, l'étendard de la guerre civile, et l'épée décidait [2]. Les Druides se formaient, à certaines époques de l'année, en cours de justice. Là se rendaient

---

1. Magnum ibi numerum versuum ediscere dicuntur: itaque annos nonnulli vicenos in disciplinâ permanent. Cæs. bell. Gall. l. vi, c. 14. — In specu, aut in abditis saltibus. Mel. l. iii, c. 2.

2. Hoc mortuo, si qui ex reliquis excellit dignitate, succedit, at si sunt plures pares, suffragio druidum deligitur, nonnumquam etiam de principatu armis contendunt. Cæs. bell. Gall. l. vi, c. 13.

ceux qui avaient des différends; on y conduisait aussi les prévenus de crimes et de délits; les questions de meurtre et de vol, les contestations sur les héritages, sur les limites des propriétés, en un mot, toutes les affaires d'intérêt général et privé, étaient soumises à leur arbitrage. Ils infligeaient des peines, fixaient des dédommagemens, octroyaient des récompenses[1]. La plus solennelle de ces assemblées se tenait une fois l'an sur le territoire des Carnutes, dans un lieu consacré qui passait pour être le point central de toute la Gaule; on y accourait avec empressement des provinces les plus éloignées[2].

Qu'on s'image maintenant quel despotisme pouvait et devait exercer sur une nation superstitieuse cette caste d'hommes, dépositaires de tout savoir, auteurs et interprètes de toute loi divine et humaine, rémunérateurs, juges et bourreaux; en partie répandus dans la vie civile dont ils épiaient et obsédaient toutes les actions, en partie cachés aux regards, dans de sombres retraites, d'où

---

1. Si quod est admissum facinus, si cædes facta, si de hereditate, si de finibus controversia est, iidem decernunt, præmia pœnasque constituunt. Cæs. l. vi, c. 13. — Strab. l. iv, p. 197.

2. Certo anni tempore in finibus Carnutum, quæ regio totius Galliæ media habetur, considunt in loco consecrato: hic omnes undique qui controversias habent conveniunt. Cæs. bell. Gall. l. vi, c. 13.

partaient leurs arrêts sans appel. Malheur à qui méconnaissait ces arrêts redoutables ! Son exclusion des choses saintes était prononcée ; il était signalé à l'horreur publique comme un sacrilège et un infâme ; ses proches l'abandonnaient ; sa seule présence eût communiqué le mal contagieux qu'il traînait à sa suite ; on pouvait impunément le dépouiller, le frapper, le tuer, car il n'existait plus pour lui ni pitié, ni justice [1]. Aucune considération, aucun rang ne garantissaient contre les atteintes de l'excommunication. Tant que cette arme subsista toute-puissante dans la main des Druides, leur empire n'eut pas de bornes, et les écrivains étrangers purent dire : « que les rois de la Gaule, « sur leurs sièges dorés, au milieu de toutes les « pompes de leur magnificence, n'étaient que les « ministres et les serviteurs de leurs prêtres [2]. »

Ils ne se résignèrent pas éternellement à l'être. Les familles souveraines des tribus s'insurgèrent, et, après avoir brisé une partie de l'ancien joug, établirent une aristocratie militaire indépendante. La Gaule présenta alors un spectacle pareil à celui de l'Europe moderne durant la féodalité, ou plu-

---

[1]. Quibus ita est interdictum, ii numero impiorum ac sceleratorum habentur ; iis omnes decedunt, aditum eorum sermonemque defugiunt, ne quid ex contagione incommodi accipiant... Cæs. bell. Gall. l. vi, c. 13.

[2]. Ὑπηρέται καὶ διάκονοι. Dio. Chrysost. Orat. 49.

tôt à celui de l'Irlande et de l'Écosse sous l'autocratie des chefs de clans : ce fut le règne illimité, mais passager, de la violence et de l'anarchie. Cette anarchie était dans toute sa force pendant la première moitié du troisième siècle et la dernière moitié du second. Il ne se faisait plus d'expéditions à l'extérieur, l'intérieur étant déchiré par des guerres sans nombre et sans terme. Chaque petit chef, despote absolu chez lui, ne voulait reconnaître au-dehors de règle de subordination que la force numérique des tribus ; des coalitions se formaient pour conquérir et piller ; des monarchies éphémères, construites par le sabre en peu d'années, en moins de temps encore étaient renversées par le sabre. C'est ainsi que les rois Arvernes opprimèrent un moment tout le midi de la Gaule, depuis la Méditerranée jusqu'à l'Océan [1] ; c'est ainsi que les rois Bellovakes et Atrébates bouleversèrent, chacun à leur tour, la Belgique, et que le roi Suession Divitiac non-seulement mit la Belgique sous le joug, mais encore ouvrit pour la première fois l'île de Bretagne aux invasions de Belges et en subjugua toute la côte orientale [2].

Pourtant cette révolution ne dépouilla pas complètement le sacerdoce ; son influence comme or-

---

1. Strab. l. IV, p. 196.
2. Cæs. bell. Gall. l. II.

dre religieux et savant lui resta intacte, et avec elle une portion de ses prérogatives civiles: son rôle fut encore assez beau. Il continua d'être exempt des charges publiques et du service militaire, de diriger l'éducation, d'appliquer les lois tant civiles que criminelles. Ces privilèges, sauvés du naufrage, regardaient presque uniquement, il est vrai, le degré supérieur de l'ordre, cette classe de Druides spéculatifs qui vivait solitaire, hors du mouvement de la société ; mais les deux classes séculières, des Ovates et des Bardes, en ressentirent fortement l'atteinte, et portèrent dès lors la marque d'une dégradation profonde. Les Ovates ne furent plus que les devins des armées, et, si j'ose me servir de ce terme, les aumôniers des chefs de tribus et des rois. Le caractère du Barde se corrompit davantage; avec la considération de son ministère il perdit toute dignité personnelle. On cessa de trouver en lui ce poëte si fier qui puisait son inspiration dans une autorité supérieure au monde, dont la voix faisait taire le bruit des armes, dont l'éloge toujours véridique était une récompense enviée et le blâme un châtiment. Les Bardes du nouveau régime furent des domestiques attachés à la cour des grands, des *parasites*[1] (c'est le terme par lequel les étrangers les désignèrent), louangeurs

---

1. Οὓς καλοῦσι παρασίτους... τὰ ἀκούσματα αὐτῶν εἰσιν οἱ καλούμενοι Βάρδοι. Posidon. ap. Athen. l. VI, c. II.

officiels du maître, et satiriques gagés pour dénigrer ses ennemis.

Le trait suivant fera assez connaître combien leur condition servile fit déchoir en peu de temps ces nobles ministres de la science. Un roi des Arvernes, le fameux Luern dont nous avons raconté plus haut la magnificence et les festins somptueux, entretenait auprès de lui plusieurs de ces Bardes à gages. Un jour qu'il traitait grandement sa cour, un d'eux, ayant manqué l'heure du repas, arriva comme on quittait la table et que Luern remontait dans son char. Chagrin de ce contre-temps, le poète saisit sa *rotte*, et sur une modulation triste et grave, il célébra d'abord la générosité de son maître et la splendeur de ses festins; puis il déplora le sort du pauvre Barde que sa mauvaise fortune y amenait trop tard[1]. Tout en chantant, il courait auprès du char royal. Ses vers plurent au monarque, qui, pour le consoler, lui jeta une bourse remplie d'or. Le Barde se courba, la ramassa et reprit aussitôt ses chants: mais la modulation était bien changée; de grave elle était devenue gaie, au lieu de la tristesse c'était le contentement qu'elle respirait: « O roi! s'écriait le poète dans l'ivresse « de sa reconnaissance, l'or germe sous les roues

---

1. Ἑαυτὸν δ᾽ ὑποθρηνεῖν ὅτι ὑστέρηκε. Posidon. ap. Athen. l. IV, c. 13.

« de ton char, et tu fais naître sur ton passage
« les félicités des mortels [1]. »

Malgré les prérogatives restées aux Druides proprement dits, l'avilissement des deux classes inférieures, en désorganisant le corps sacerdotal, enlevait à la théocratie tout espoir de se relever. Et même, à mesure que le nouvel état de choses se consolida, que la civilisation fit des progrès, que les lumières apportées du dehors vinrent dissiper la nuit d'ignorance où le sacerdoce gaulois retenait la Gaule, il se vit enlever pièce à pièce quelques-uns de ses privilèges; l'autorité politique resserra chaque jour davantage la suprématie civile des prêtres. Les études et la science des Druides se ressentirent de cet état de lutte et d'infériorité : il fallut bientôt que les jeunes gens qui se destinaient au ministère sacré, passassent dans l'île de Bretagne pour y trouver une instruction plus forte, en même temps qu'une image vivante de l'organisation et de la puissance dont la Gaule n'offrait plus qu'une ombre et un souvenir [2].

Si la révolution aristocratique apporta quelque

---

[1]. Ἀναλόμενον δ' ἐκεῖνον πάλιν ὑμνεῖν λέγοντα, διὸ καὶ τὰ ἴχνη τῆς γῆς, ἐφ' ἧς ἁρματηλατεῖ, χρυσὸν καὶ εὐεργεσίας ἀνθρώποις φέρει. Posidon. ap. Athen. l. IV, c. 13.

[2]. Et nunc qui diligentiùs eam rem (disciplinam) cognoscere volunt, plerumque illò (in Britanniam) discendi causâ proficiscuntur. Cæs. bell. Gall. l. VI, c. 13.

avantage à la Gaule, c'est qu'elle y développa le germe d'une autre révolution plus salutaire. Les villes, en s'étendant et se multipliant, avaient créé un peuple à part, heureusement placé pour comprendre et pour vouloir l'indépendance. Il la voulut; et, favorisé par les dissensions des chefs de l'aristocratie, il parvint peu à peu à la conquérir. Un principe nouveau et des formes nouvelles de gouvernement prirent naissance dans l'enceinte des villes : l'élection populaire remplaça l'antique privilège de l'hérédité; les rois et les chefs absolus furent expulsés, et le pouvoir remis aux mains de magistratures librement consenties. Mais l'aristocratie héréditaire ne se laissa pas déposséder sans combat : appuyée sur le peuple des campagnes, elle engagea contre les villes une guerre longue et mêlée de chances diverses, d'abord pour défendre, ensuite pour recouvrer ses prérogatives méconnues. Les villes soutinrent cette lutte sanglante avec non moins de constance que d'enthousiasme.

L'organisation que les villes s'étaient donnée de bonne heure contribua sans doute beaucoup à leur triomphe. Soit habitude d'un vieil état social, soit besoin d'opposer à un ennemi discipliné la force d'une discipline pareille, la population urbaine s'était partagée en tribus, et formait, sous des patrons de son choix, des clientelles fictives.

Les faibles, les pauvres, les artisans s'engageaient volontairement à des hommes puissans, pour la durée de leur vie, aux mêmes conditions que les cliens de la campagne étaient engagés nécessairement au chef héréditaire de leur canton¹. Mais ces deux ordres de clientelles différaient essentiellement dans le fond. La clientelle urbaine était personnelle ; elle ne liait point les familles ; elle n'octroyait aucun droit au fils du patron ; elle n'imposait aucune charge au fils du client ; le patron mort, les cliens redevenaient libres ou se reportaient à leur volonté sous la dépendance d'un autre patron. En outre, comme une nombreuse clientelle était la preuve d'un grand crédit et conduisait par là aux plus hautes charges de la cité², les patrons avaient intérêt à traiter leurs cliens avec ménagement, et à les protéger contre les vexations soit des particuliers soit du gouvernement : un patron qui aurait opprimé ou laissé opprimer les siens, perdait toute influence dans l'état, et sa clientelle ne faisait plus que dépérir³.

1. In hos eadem omnia sunt jura quæ dominis in servos. Cæs. bell. Gall. l. VI, c. 13. — *Ambacti, clientesque.* Id. c. 15.

2. Plurimos circùm se ambactos, clientesque habent ; hanc unam gratiam potentiamque noverunt. Cæs. l. VI, c. 15.—Factionum principes sunt, qui summam auctoritatem eorum judicio habere existimantur, quorum ad arbitrium judiciumque summa omnium rerum consiliorumque redeat. Cæs. ib. c. 11.

3. Cæs. bell. Gall. l. VI, c. 11.

Cette institution utile pour les temps de lutte, parce qu'elle mettait de l'unité dans les efforts, ne fut pas sans inconvénient après la victoire. Trop souvent, comme on peut d'avance le prévoir, et comme le montrera la suite de cette histoire, elle mit en péril la liberté gauloise qu'elle avait été appelée à soutenir.

Il paraît que le sacerdoce ne resta pas neutre et inactif en face de cette révolution qui pouvait lui rendre quelque chose de son autorité passée, ou du moins le venger de ses ennemis. Dans plusieurs cités, il favorisa efficacement la cause du peuple, et s'en trouva bien : quelques constitutions admirent les prêtres parmi les pouvoirs de la cité avec des prérogatives plus ou moins étendues.

Ce serait ici le lieu de nous étendre sur la combinaison des pouvoirs politiques, dans les nouveaux gouvernemens, sur leurs balancemens et leurs luttes; mais le détail des événemens historiques exposera tout ce mécanisme d'une manière à la fois plus claire et plus vivante. Nous ferons seulement pressentir un fait. Les constitutions sorties de la révolution populaire ne portèrent point un caractère uniforme; variées presque à l'infini d'une cité à l'autre, par des circonstances particulières et locales, elles ne se ressemblèrent que par le principe : toutes invariablement reposèrent sur le droit de libre élection. Malgré cette multiplicité de formes, on peut les réunir toutes sous trois classes générales :

1° Gouvernement des *notables*[1] et des *prêtres*, formés en *sénat*, nommant un *juge* ou *Vergobret*[2], investi du droit de vie et de mort sur tous les citoyens[3]. Ce qui contre-balançait cette dictature redoutable, c'est que le Vergobret était annuel[4]; qu'il ne pouvait pas sortir des limites de la cité; qu'il ne devait avoir eu dans sa famille aucun Vergobret encore vivant; qu'aucun de ses proches ne devait siéger dans le sénat pendant la durée de sa charge[5]; enfin qu'il y avait, dans les circonstances importantes, un chef de guerre non moins puissant que lui, et nommé par la multitude. Les Édues avaient adopté cette constitution[6].

2° Gouvernement des *notables*, formés en *sénat souverain*, ou élisant des *chefs* civils ou militaires, temporaires ou à vie[7].

---

1. Principes, potentiores, nobiles, optimates, equites.

2. *Ver-go-breith* (gaël.), *homme pour le jugement*, Vergobretum appellant. Cæs. bell. Gall. l. 1, c. 16.

3. Vitæ necisque in suos habet potestatem. Cæs. loc. cit.

4. Creatur annuus. Idem, ibid.

5. Excedere ex finibus non liceret... duo ex unâ familiâ, vivo utroque, non solum magistratus creari (leges) vetarent, sed etiam in senatu esse prohiberent... Cæs. bell. Gall. l. vii, c. 33.

6. Cæs. bell. Gall. passim.

7. Cæs. bell. Gall. passim.

3° *Démocratie pure*, où le peuple en corps nommait, soit des *sénats souverains*, soit des *magistrats* et des *rois*, et où, suivant l'expression d'un de ces petits rois populaires, la multitude conservait tout autant de droits sur le chef, que le chef sur la multitude [1].

Il est impossible de fixer avec exactitude l'époque où ce grand mouvement se fit sentir dans chacune des cités de la Gaule; tout ce qu'on sait, c'est qu'il commença par les nations de l'est et du midi, et qu'au milieu du premier siècle, il avait déjà parcouru la Gaule entière, mais sans y être partout également consolidé. La nation des Arvernes est la seule sur laquelle on puisse indiquer deux dates un peu précises. L'an 121 avant notre ère, elle était gouvernée par un roi, fils de roi; vers l'an 60, les magistrats et le peuple arvernes condamnaient au supplice du feu un noble arverne, coupable d'avoir attenté à la liberté publique et voulu rétablir le régime proscrit et abhorré des rois.

Tout le système politique de la Gaule reposait sur l'esprit d'association. De même que des individus cliens se groupaient autour d'un patron, de petits états se déclaraient cliens d'un état plus

---

1. Sua esse ejusmodi imperia, ut non minus haberet juris in se multitudo, quàm ipse in multitudinem. Cæs. bell. Gall. l. v, c. 27.

puissant et s'engageaient sous son patronage ; les états également puissans s'alliaient ensuite et se fédéraient entre eux. Des lois fédérales invariables et universellement reconnues réglaient les rapports de tous ces états grands ou petits, fixaient les services mutuels, déterminaient les droits et les devoirs.

Un peuple conquis par les armes devenait sujet et était enclavé comme tel dans les frontières du peuple conquérant ; il lui payait tribut, il en recevait des lois, et lui fournissait des otages perpétuels en garantie de sa fidélité.

Au-dessus de la condition de sujet était celle de client. Le peuple client reconnaissait le gouvernement du peuple qu'il avait choisi pour patron ; il ne prenait et ne déposait les armes que par son ordre ; il n'avait d'amis que ses amis, d'ennemis que ses ennemis. En retour, il exigeait de lui une protection entière au dehors, et de grands ménagemens dans les rapports d'administration intérieure. Les liens de la clientelle n'étaient pas indissolubles, et les états cliens pouvaient pour raisons graves abandonner un patron ou trop faible ou trop tyrannique : ces désertions, lorsqu'elles étaient nombreuses, bouleversaient subitement tout l'équilibre politique de la Gaule.

Deux peuples également puissans et placés au même rang de la hiérarchie fédérale mettaient quelquefois en commun leurs intérêts, leurs lois, leur gouvernement; ils devenaient *frères*[1], suivant l'expression consacrée; c'était l'alliance la plus intime et la plus sainte. Des motifs d'une extrême gravité pouvaient seuls légitimer entre eux une rupture; mais quelle que fût la dissidence de leurs opinions, au milieu de l'animosité des guerres civiles, ils n'oubliaient jamais que des liens sacrés les avait jadis unis, et qu'ils avaient échangé le nom de frères[2].

Les petites confédérations se liaient entre elles le plus ordinairement par de simples traités offensifs et défensifs.

A des intervalles réglés, les cités de chaque confédération envoyaient des députés à une assemblée particulière qui s'occupait des affaires de la confédération. Des assemblées générales de toute la Gaule avaient lieu aussi en certaines circonstances, et toutes les cités sans exception devaient s'y faire représenter.

Chaque membre admis dans ces assemblées s'obligeait par serment à garder le plus profond silence sur les matières mises en délibération; l'indiscret et le traître eussent encouru un châtiment rigoureux.

Dans quelques cités, les magistrats étouffaient,

---

1. Fratres, cousanguinei. Cæs. bell. Gall. l. ii.
2. Cæs. bell. Gall. passim.

par des précautions sévères, les rumeurs fausses ou imprudemment répandues qui auraient pu agiter la multitude. Tout voyageur ou étranger apportant d'un autre lieu des nouvelles qui intéressaient la cité, devait les déclarer d'abord aux magistrats; et, si le secret paraissait nécessaire, il lui était enjoint de le garder sous des peines graves [1].

Au milieu de cette société troublée par tant d'intérêts et de passions, où les moindres accidents avaient quelquefois une grande importance, on avait imaginé un moyen de correspondance aussi ingénieux que rapide. Les paysans occupés aux travaux de la campagne se communiquaient la nouvelle en la criant de l'un à l'autre, et elle volait ainsi de bourg en bourg et de cité en cité avec la rapidité du son [2]. Un événement passé à Genabum des Carnutes, au lever du soleil, dans le mois le plus court de l'année, pouvait être connu à cent soixante milles de là, chez les Arvernes, avant la fin de la première veille de nuit [3].

---

1. Cæs. bell. Gall. l. vi, c. 20.
2. Ubi major atque illustrior incidit res, clamore per agros regionesque significant, hunc alii deinceps excipiunt et proximis tradunt. Cæs. bell. Gall. l. vii, c. 3.
3. Quæ Genabi oriente sole gesta essent, antè primam confectam vigiliam, in finibus Arvernorum audita sunt: quod spatium est millium circiter clx. Idem, ibid.

Voilà ce que nous avions à dire sur les mœurs, la religion, la politique des nations gauloises, pour faciliter l'intelligence des récits qui vont suivre. Nous compléterons maintenant ce tableau général de la Gaule transalpine, au deuxième et au premier siècle, en parlant de la *famille grecque-ionienne*, laquelle se composait de Massalie et de ses dépendances.

III. FAMILLE GRECQUE-IONIENNE.

Il faut que le lecteur remonte avec nous en arrière l'espace de quatre siècles, et qu'il se rappelle par quelle aventure Massalie dut sa fondation à l'amour d'une jeune Gauloise pour un voyageur phocéen; quel rapide accroissement la colonie naissante prit d'abord sous le patronage des Ségobriges; puis ses guerres, ses dangers, sa ruine imminente, au moment où Bellovèse et la horde qu'il conduisait arrivèrent sur les bords de la Durance[1], et comment leur assistance la sauva[2]. A partir de cette époque, les Ligures, plus inquiets et plus occupés des bouleversemens qui agitaient l'intérieur de la Gaule que de l'existence de la petite ville grecque, la laissèrent vivre et se relever en pleine sécurité.

1. V. ci-dessus, t. 1, c. 1, p. 26 et seq.
2. Ibidem, p. 41.

Tandis que, dans un recoin d'une terre sauvage et lointaine, les colons phocéens éprouvaient ces alternatives de bonheur et de revers, leur métropole, à l'autre bout de la Méditerranée, se voyait réduite aux plus extrêmes périls : Cyrus, roi de Perse, conquérant d'une partie de l'Asie mineure, faisait assiéger Phocée par Harpagus, un de ses lieutenans. Une résistance longue et héroïque, tout en couvrant de gloire les assiégés, épuisa enfin leurs dernières ressources; ils parlèrent alors de se rendre, et pour examiner, disaient-ils, les conditions qu'Harpagus prétendait leur imposer, ils demandèrent et obtinrent une trêve de quelques heures. Mais ce n'était point réellement pour un tel acte, honteux à leurs yeux, qu'ils sollicitaient une suspension d'armes; et la capitulation n'était qu'un prétexte. Profitant de ce peu d'heures, ils tirèrent, à la hâte, des arsenaux et des hangars, tous leurs navires, les mirent à flot, y transportèrent leurs meubles, leurs vivres, leurs familles, leurs dieux, et levèrent l'ancre. Quand les Perses impatiens, voyant la trêve expirée, rompirent les portes et se précipitèrent dans la ville, ils ne trouvèrent plus que des rues solitaires, et des maisons désertes et dépouillées [1].

De Phocée, les fugitifs firent voile première-

---

[1]. Herod. l. 1, c. 165 et seq.

ment vers Chio; ils voulaient acheter, des Chiotes qui en étaient propriétaires, les îlots appelés OEnusses, situés entre leur île et la terre ferme. Ceux-ci, anciens rivaux des Phocéens, envieux et ombrageux, les repoussèrent sans pitié, tandis que les peuples du continent qui redoutaient la vengeance d'Harpagus n'osaient pas les recevoir. Sans amis et sans refuge dans toute l'Asie, les Phocéens résolurent de gagner les parages de l'occident et l'île de Corse, où, vingt ans auparavant, ils avaient fondé la colonie d'Alalia [1], sur la recommandation d'un oracle.

Pourtant, avant de quitter pour jamais la mer et la terre de leurs aïeux, ils voulurent revoir Phocée. Leur flotte fit force de voiles et de rames, entra à l'improviste dans le port, et surprit la garnison ennemie qui fut massacrée : en un moment, tout ce peuple se dispersa pour aller fouler encore, en pleurant, le foyer domestique, les temples, les places publiques; au bout de quelques heures il fallut repartir. Alors un des chefs prit une masse de fer, la fit rougir au feu, et la précipita au fond de la mer : « Que nul de nous, « s'écria-t-il, ne reparaisse dans ces murailles, avant « que ce fer n'ait reparu aussi, rouge et ardent,

---

1. Herodot. l. r, c. 165. — Sur le nom et l'histoire de la colonie d'Alalia, v. Diodor. Sicul. l. v, c. 13.

« au-dessus des flots! » Tous répétèrent après lui le même serment, en chargeant d'imprécations la tête des parjures. Mais à peine commencèrent-ils à perdre de vue le port et la côte, que leurs cœurs s'émurent plus fortement. Vaincue enfin dans ce dernier adieu, la moitié d'entre eux vira de bord, et rentra, sous le poids de ses propres malédictions. L'autre moitié, inébranlable, continua sa route et aborda dans l'île de Corse [1].

Les Phocéens furent reçus en frères par les Alaliotes; mais la Corse était inculte; il fallut que cette population émigrée se procurât de force sa subsistance; et comme elle avait une flotte nombreuse et bien armée, elle fit la piraterie. Ce métier n'avait alors rien de déshonorant [2], et aucune différence n'était encore établie entre les entreprises de mer et les conquêtes sur la terre ferme. Pendant cinq ans, ils coururent tous les parages de l'Italie et de l'Espagne, enlevant les convois, pillant les côtes, et troublant fortement le commerce des Étrusques et des Carthaginois, qui se coalisèrent enfin pour mettre un terme à ces ravages. Leur flotte combinée, forte de cent vingt vaisseaux, vint provoquer la flotte phocéenne dans les eaux de la Sardaigne; et quoique celle-ci n'en comp-

1. Herodot. loc. cit.
2. *Latrocinio maris, quod illis temporibus gloriæ habebatur, vitam tolerabant.* Justin. l. XLIII, c. 3.

tât que soixante, elle n'hésita pas à accepter le combat[1].

Il fut sanglant et acharné; les Grecs restèrent vainqueurs; mais leur victoire même les avait tellement affaiblis, qu'ils désespérèrent de pouvoir soutenir une seconde attaque; ils s'embarquèrent donc de nouveau, et, se disséminant par bandes, ils allèrent chercher fortune soit du côté de l'Italie, soit du côté de la Gaule[2]. La plus considérable de ces divisions vint demander asile aux Massaliotes. Par cet accroissement subit de population, de richesse et de force maritime, Massalie s'éleva du rang de colonie à celui de métropole; et même elle ne tarda pas à laisser loin derrière elle sa propre métropole, l'antique Phocée.

Des travaux habilement dirigés[3], rendirent Massalie presque inexpugnable. Elle avait été construite, comme nous l'avons dit, sur un petit promontoire, attenant à la terre ferme dans une

---

[1]. Herodot. l. 1, ub. sup. — Thucyd. l. 1, c. 13. — Pausan. l. x, c. 8.

[2]. Herodot. l. 1, c. 167. — Strab. l. vi, p. 252. — Plin. l. iii, c. 5. — Aul. Gell. l. x, c. 16. — Ammian. Marcel. l. xv, c. 19. — Scymn. Chius. v. 246. — Solin. c. 11, p. 12.

[3].   Labos et olim conditorum diligens
        Formam locorum atque arva naturalia
        Evicit arte...

                            Fest. Avien. v. 703 et seq.

largeur de quinze cents pas[1]: une muraille, flanquée de tours, garnie d'un fossé[2] et défendue en outre par une citadelle[3], isola ce promontoire du continent, et prolongée du côté de la mer, enveloppa dans une seule enceinte toute la ville et le port. Le port vaste et de forme à peu près circulaire était creusé naturellement au milieu d'un amphithéâtre de rochers, regardant le midi[4]; des ouvrages faits de main d'homme le rendirent plus régulier et plus commode; on y éleva un grand arsenal et des chantiers[5]. La ville, commencée sur ces roches en amphithéâtre, s'agrandit successivement et bientôt couvrit tout le promontoire de ses maisons de bois et de chaume, car les Massaliotes n'en eurent pas d'autres jusqu'à l'époque de la domination romaine[6]. Ils réservaient pour les édifices publics et sacrés le marbre et une espèce de tuile qu'ils savaient fabriquer, d'une légèreté si

---

[1]. Civitas penè insula est. Fest. Avien. v. 701. — Solis MD passibus terræ cohæret. Paneg. Eumen. in Constant. c. 19.

[2]. Firmissimus et turribus frequens murus. Eumen. loc. cit. — Vallis altissima. Cæs. bell. civil. l. II, c. 1.

[3]. Cæs. bell. civil. l. II, c. 1 et seq. — Strab. l. IV, p. 179.

[4]. Munitissimo accincta portu in quem angusto aditu meridianus refluit sinus. Eumen. paneg. ad Constantin. c. 19. — Θεατροειδεῖ πέτρα. Strab. l. IV, p. 179.

[5]. Νεώσοικοι καὶ ὁπλοθήκη. Strab. l. IV, p. 180.

[6]. Massiliæ animadvertere possumus sine tegulis, subactâ cum paleis terrâ, tecta. Vitruv. l. I, c. 1.

étonnante que, plongée dans l'eau, elle surnageait et flottait¹.

Massalie fut gouvernée d'abord par une aristocratie héréditaire, peu nombreuse et absolue, en d'autres termes, par une *oligarchie*². Ces familles souveraines étaient issues, à ce qu'il paraît, des fondateurs et des premiers habitans de la colonie; les Protiades, une d'entre elles, remontaient à Protis, fils d'Euxène et de la Gauloise Aristoxène ou Petta³. Cette forme de gouvernement ne subsista pas long-temps. La paix extérieure et le commerce, en enrichissant un grand nombre de citoyens, amenèrent une révolution. L'oligarchie dépossédée fit place à une aristocratie fondée sur le cens, à une *timocratie;* ou pour parler plus exactement, il y eut compromis et alliance entre la puissance fondée sur des droits héréditaires et celle de la fortune. Premièrement, les familles possédant un certain revenu obtinrent l'accession de leurs aînés aux charges et dignités publiques; ensuite elles l'exigèrent pour leurs seconds fils⁴.

---

1. In Galliis Massilia ubi lateres cùm sunt ducti et arefacti, projecti natant in aqua. Vitruv. l. 1, c. 3.

2. Ὅταν ὀλίγοι σφόδρα ὦσιν οἱ ἐν ταῖς τιμαῖς, οἷον ἐν Μασσαλίᾳ... Arist. Polit. l. v, c. 6.

3. Ἔστι γένος ἐν Μασσαλίᾳ ἀπὸ τοῦ ἀνθρώπου (Εὐξένου) μέχρι νῦν Πρωτιάδαι καλούμενον· πρῶτις γὰρ ἐγένετο υἱὸς Εὐξένου καὶ Ἀριστοξένης. Arist. Massil. resp. ap. Athen. l. xiii, c. 5.

4. Οἱ γὰρ μὴ μετέχοντες τῶν ἀρχῶν ἐκίνουν, ἕως μετέλαβον, οἱ πρεσ-

Dans tout cela, il ne fut point question du peuple dont les droits et l'autorité restèrent sous la timocratie ce qu'ils étaient avant elle, c'est-à-dire complètement nuls. « Bien qu'à Massalie la puissance « des notables citoyens soit équitable et douce, « écrivait Cicéron dans le plus célèbre de ses ou- « vrages politiques, pourtant la condition du « peuple y paraît voisine de la servitude[1]. » Un peu plus bas, revenant sur ce gouvernement, il le compare à ce qu'avait été jadis dans Athènes la *tyrannie* des trente[2].

L'exercice de la souveraineté résidait dans une assemblée de six cents magistrats[3] nommés *Ti-*

6ύτεροι πρότερον τῶν ἀδελφῶν, ὥστε ρονδ' οἱ νεώτεροι πάλιν. Aristot. Polit. l. v. c. 6.

1. Si Massilienses, nostri clientes, per selectos et principes cives summâ justitiâ reguntur ; inest tamen in eâ conditione populi similitudo quædam servitutis. De republic. l. 1, c. 27.

2. Ibid. l. 1, c. 28. — Cicéron était loin de désapprouver cette nullité du peuple dans le gouvernement républicain ; il écrivit et parla toute sa vie dans ce sens ; son idée favorite était la formation d'une aristocratie timocratique du même genre que celle de Massalie. Aussi ne laisse-t-il échapper aucune occasion d'exalter les institutions de cette ville. « Massalie ! s'écrie-t-il dans son plaidoyer « pour Flaccus, république admirable, qu'il est plus facile de louer « que d'imiter ! »

3. Ἀνδρῶν χ' συνέδριον. Strab. l. IV, p. 179. — *Sexcenti ;* id enim senatus hujus nomen est. Valer. Maxim. l. II, c. 6. — Οἱ ἑξακόσιοι. Lucian. Toxar. siv. amicit. — Οὓς Τιμούχους καλοῦσι. Strab. l. IV, p. 179.

moukhes; ils étaient choisis, pour la vie [1], parmi les familles possédant le revenu déterminé; il fallait en outre qu'ils fussent mariés, qu'ils eussent des enfans; et que leur maison jouît du droit de cité depuis trois générations au moins [2]. Deux membres de la même famille, par exemple, deux frères, ou un père et son fils ne pouvaient siéger ensemble au conseil [3]. On ne sait pas positivement comment et par qui se faisaient les remplacemens; mais le peuple n'était pour rien dans l'élection, et il est probable que l'assemblée elle-même choisissait parmi des candidats présentés par les familles. La loi qui défendait qu'une famille pût avoir deux de ses membres dans l'assemblée des Timoukhes avait été dirigée primitivement contre l'oligarchie; et elle fut, à ce qu'il paraît, une garantie suffisante pour la conservation du régime timocratique.

Au sein de ce conseil suprême existait un second conseil, composé de quinze membres [4]; et, au-dessus de celui-ci, un triumvirat, en qui résidait ce que, dans le langage politique moderne,

---

1. Διὰ βίου ταύτην ἐχόντων τὴν τιμὴν... Idem, ibid.
2. Τούτων δὲ εἰς Τιμοῦχος οὐ γίνεται μὴ τέκνα ἔχων, μηδὲ διὰ τριγονίας ἐκ πολιτῶν γεγωνώς. Strab. l. IV, p. 179.
3. Aristot. Polit. l. v, c. 6.
4. Πεντεκαίδεκα εἰσὶ τοῦ συνεδρίου προεστῶτες. Strab. l. IV, p, 179.
— Quindecim primi. Cæs. bell. civil. l. 1, c. 35.

on appelle le *pouvoir exécutif*¹. Le conseil des quinze paraît n'avoir été qu'une commission des six cents, renouvelée par intervalle, dont les fonctions consistaient à expédier, pour plus de diligence, les affaires courantes², et à présenter aux délibérations du grand conseil celles qui se recommandaient par leur gravité. Dans les conjonctures importantes, telles que le cas de paix ou de guerre, c'étaient les quinze, et non les triumvirs, qui traitaient avec l'ennemi, et toujours d'après les instructions et sous la sanction de l'assemblée générale³. Nous avons dit que le peuple était déshérité de toute participation au gouvernement; cependant son nom, le mot *Démos*, se lit sur quelques inscriptions⁴, ce qui pourrait faire présumer qu'il exerçait, en certains cas, une action collective et publique. Il y aurait erreur : *Démos* désigne évidemment, dans ces monumens, ou la cité tout entière, ou les pouvoirs politiques réunis. Une seule révélation nous est faite sur la condition de la masse plébéienne, c'est qu'elle était divisée en tribus⁵.

1. Πάλιν δὲ τῶν πεντεκαίδεκα προκάθηνται Τρεῖς οἱ πλεῖστον ἰσχύοντες. Idem, ibid.
2. Τούτοις δὲ τὰ πρόχειρα διοικεῖν δέδοται. Strab. l. iv, p. 179.
3. Cæs. bell. civil. l. 1, c. 35.
4. Grosson. p. 143 et seq. — Spon. miscel. erud. ant. p. 350.
5. Η ΤΕΥΤΑΛΕΩΝ ΦΥΛΗ. Inscript. ap. Spon. miscel. p. 349.— Spanh. de præst. et us. Num. 1, p. 574.

Les Massaliotes conservèrent la législation ionienne, non pas toutefois sans quelques changemens[1]. Cette législation nous est peu connue ; mais on y peut remarquer, comme dans toutes les institutions aristocratiques, un grand caractère de modération, ainsi que cette apparence séduisante d'égalité sociale, qui dissimule et sauve l'inégalité politique.

Des tables d'airain ou de marbre contenant le texte des lois étaient exposées en public[2], afin que chaque citoyen pût connaître ses devoirs et ses droits, et tenir l'œil sur ses magistrats. De même que la plupart des législations grecques, celle-ci infligeait deux peines graves, l'*infamie*[3] et la mort. L'infamie était, comme on sait, une espèce d'excommunication politique et civile; elle entraînait avec elle la confiscation des biens et la dégradation de la noblesse et des honneurs publics. Sous le poids de cet arrêt terrible, mais dont la tache pouvait s'effacer, une famille, riche et puissante hier, aujourd'hui se trouvait pauvre, mendiante, reniée de ses proches, repoussée même par la plus vile populace : tel était à Massalie le sort des magistrats prévaricateurs. Une anecdote curieuse et touchante, que nous a transmise le Grec Lucien,

---

[1]. Strab. l. IV, p. 179. — Valer. Maxim. l. II, c. 6.
[2]. Οἱ νόμοι Ἰωνικοὶ πρόκεινται δὲ δημοσίᾳ. Strab. loc. cit.
[3]. Ἀτιμία.

exposera plus complètement au lecteur la situation du Massaliote déclaré *infame*, et fera connaître en passant quelques traits de la vie sociale et du caractère de ce peuple.

« Je me trouvais en Italie, chargé d'une mis-
« sion de mes compatriotes, dit le spirituel narra-
« teur, lorsqu'on me fit remarquer un homme
« beau, d'une taille majestueuse, dont les ma-
« nières et l'entourage annonçaient l'opulence. Il
« voyageait; et, près de lui, était assise dans le
« char une femme difforme de visage, paralysée
« de tout le côté droit du corps, borgne; en un
« mot, un monstre, un véritable épouvantail[1].
« Surpris, je demandai comment il se pouvait faire
« qu'un tel homme se fût choisi une telle femme;
« alors celui qui me les avait montrés m'expliqua
« l'origine et les raisons de ce mariage; il con-
« naissait parfaitement toute la chose, étant Mas-
« saliote, ainsi que les deux voyageurs. — Cet
« homme-ci, me dit-il, est de Massalie, et se
« nomme Zénothémis, fils de Charmoléus. Une
« vive et étroite amitié l'unissait au père de cette
« femme si laide, appelé Ménécrate : tous deux
« étaient également riches, également élevés en
« dignité. Il arriva que Ménécrate fut accusé d'a-

1. Παρεκάθητο δὲ αὐτῷ γυνὴ ἐπὶ ζεύγους ὁδοιπορoῦντι, τά τε ἄλλα εἰδεχθὴς, καὶ ξηρὰ τὸ ἥμισυ τὸ δεξιὸν, καὶ τὸν ὀφθαλμὸν ἐκκεκομμένη, πανλώ-
βητόν τι καὶ ἀπρόσιτον μορμολυκεῖον. Lucian. Toxar. siv. amicitia.

« voir rendu une sentence inique; les six cents
« le jugèrent, et le reconnurent coupable. Déclaré
« infame, on le dégrada, et on le dépouilla de ses
« biens [1]; car c'est le châtiment dont on punit,
« dans ma patrie, les juges corrompus. Ménécrate
« déplorait sa condamnation; il déplorait cette
« pauvreté qui avait succédé si rapidement à sa
« richesse, cet opprobre, à sa noblesse et à ses hon-
« neurs. Mais ce qui, sur toutes choses, lui déchi-
« rait l'ame, c'est qu'il entrainait dans sa misère
« une fille déjà nubile, puisqu'elle touchait à ses
« dix-huit ans; à peine, au temps de sa prospérité,
« avait-il espéré de lui faire épouser quelque
« homme bien né, quoique pauvre; car elle était
« hideuse à voir : on disait même qu'elle tombait
« du haut mal vers la croissance de la lune [2].

« Zénothémis n'avait pas abandonné son ami;
« il écouta ses plaintes et essaya de le consoler.
« — Ne perds point courage, lui dit-il, jamais le
« nécessaire ne te manquera, et ta fille trouvera
« un époux digne de sa naissance. Il le prit ensuite
« par la main, le conduisit dans sa maison et par-
« tagea avec lui ses trésors : puis il commanda un

---

1. Χρόνῳ δὲ ὁ Μενεκράτης ἀφῃρέθη τὴν οὐσίαν ἐκ καταδίκης, ὅτε περ καὶ ἄτιμος ἐγένετο ὑπὸ τῶν ἑξακοσίων, ὡς ἀποφηνάμενος γνώμην παράνομον. Idem, ibid.

2. Ἐλέγετο δὲ καὶ καταπίπτειν, πρὸς τὴν σελήνην αὐξανομένην. Lucian. loc. cit.

« grand souper, où il convia tous ses amis, ainsi
« que Ménécrate, auquel il fit entendre qu'il s'oc-
« cupait de marier sa fille. Le repas finissait, et
« les pieuses libations avaient coulé en l'honneur
« des dieux, quand Zénothémis, remplissant une
« coupe, la présenta à son malheureux ami : —
« Prends cette coupe, lui dit-il, prends-la de la
« main d'un gendre, en signe de parenté et d'al-
« liance, car aujourd'hui j'épouse ta fille Cydima-
« ché; j'ai reçu de toi autrefois vingt-cinq talens
« pour sa dot. A ces mots Ménécrate se récrie :
« — Non, Zénothémis, non, tu ne le feras pas!
« Je ne suis pas assez insensé pour souffrir que
« toi, qui es un beau jeune homme, tu épouses
« une pauvre fille disgraciée.—Il parlait en vain;
« Zénothémis avait saisi la main de Cydimaché et
« l'entraînait vers sa chambre : ils disparurent
« un instant; quand ils revinrent, elle était sa
« femme.

« De ce jour il vit avec elle, l'aimant par-dessus
« tout, et, comme tu vois, ne la quittant jamais.
« La fortune a récompensé sa constante et ver-
« tueuse amitié : cette femme si laide lui a donné
« le plus beau des fils. Il n'y a pas long-temps que
« le père, prenant ce bel enfant dans ses bras,
« l'apporta au milieu du conseil des six-cents; il
« l'avait couronné de branches d'olivier et enve-
« loppé d'un vêtement noir, afin d'inspirer pour

« l'aïeul une commisération plus vive¹. Le petit
« suppliant souriait à ses juges et leur battait des
« mains. L'assemblée tout entière fut émue ; et
« levant la sentence qui pesait sur Ménécrate, elle
« lui rendit ses dignités et sa fortune². »

La législation massaliote ne prodiguait point la
peine capitale. Un seul et même glaive, depuis la
fondation de la ville, servait à l'exécution des criminels ; il était rongé par la rouille et presque hors
de service³. La vente du poison était sévèrement
interdite, et le suicide frappé de réprobation ;
néanmoins, dans certains cas, la mort volontaire pouvait devenir innocente et même légale.
L'homme qui, se voyant poursuivi par une adversité ou une prospérité trop opiniâtre, souhaitait
de goûter enfin le repos ou de prévenir un revers
inévitable⁴, se rendait au conseil des six-cents ;
là, il exposait son histoire ; il plaidait les raisons
qu'il avait de mourir ; il s'efforçait de toucher la
pitié des juges, avec la même chaleur que le

---

1. Καὶ πρώην γε, ἐπεὶ ἀράμενος αὐτὸ εἰσεκόμισεν ὁ πατὴρ τὸ βουλευτήριον, θαλλῷ ἐστεμμένον, καὶ μέλανα ἀμπεχόμενον, ὡς ἐλεεινότερον φανείη ὑπὲρ τοῦ πάππου. Lucian. loc. cit.

2. Ἡ βουλὴ δ' ἐπικλασθεῖσα πρὸς αὐτὸ, ἀφίησι τῷ Μενεκράτει τὴν καταδίκην, καὶ ἤδη ἐπίτιμός ἐστι... Idem, ibid.

3. A conditâ urbe gladius est ibi, quo noxii jugulantur ; rubigine quidem exesus et vix sufficiens ministerio. Valer. Maxim. l. II, c. 6.

4. Vel adversâ, vel prosperâ nimis usus fortunâ. Idem, l. II, c. 7.

condamné prie pour sa vie. Le sénat examinait et prononçait. Si la demande paraissait juste, il faisait délivrer au réclamant de la ciguë déposée en un lieu public, sous la garde des magistrats [1]; et alors l'homme trop heureux ou trop malheureux, à son jugement et au jugement de ses concitoyens, pour rester dans ce monde, pouvait en sortir sans ignominie et sans remords. « Loi excellente! dit, « à ce sujet, un poète grec, puisqu'elle dispense « de mal vivre celui qui ne saurait vivre bien [2]. »

Deux bières étaient placées en permanence aux portes de la ville, l'une destinée aux morts de condition libre, sans distinction de rang, l'autre aux esclaves; de là, elles étaient conduites sur des chariots au lieu de la sépulture. On ne pleurait point les morts; les funérailles se passaient sans lamentations, sans cris; le deuil finissait avec elles; un sacrifice domestique suivi d'un repas entre les parens, composait tout le cérémonial funèbre [3].

Nul étranger ne pouvait entrer dans la ville avec des armes; il les déposait aux portes, entre les

---

1. Venenum cicutâ temperatum publicè custoditur, quod datur ei qui causas sexcentis exhibuit, propter quas mors sit illi expetenda. Idem, loc. cit.

2.
Καλὸν τὸ Κήων νόμιμόν ἐστι, Φανία,
Ὁ μὴ δυνάμενος ζῆν καλῶς, οὐ ζῇ κακῶς.

Menandr. Frag. — La même loi était aussi en vigueur dans l'île de Céos, du temps de Valère-Maxime. (l. II, c. 7.)

3. Valer. Maxim. l. II, c. 7.

mains des gardes, qui les lui remettaient à sa sortie[1]. L'usage était aussi de fermer les portes, les jours de fête, de monter la garde, de garnir les remparts de sentinelles, d'avoir l'œil sur les étrangers, en un mot, de déployer, au milieu des joies de la paix, toute la surveillance d'un état de guerre[2]. Les historiens rapportent cette institution aux premiers temps de la colonie; ils la font remonter jusqu'à cette *fête des fleurs*, durant laquelle Massalie n'échappa que par miracle aux embûches du roi Coman et de ses sept mille Ségobriges[3]. Ce qui est certain, c'est que de telles précautions n'avaient rien de superflu dans le voisinage de tant de tribus belliqueuses et ennemies dont les Massaliotes avaient toujours à craindre quelques surprises.

La loi concernant les affranchissemens était peu humaine, et laissait au maître un droit presque indéfini sur l'esclave libéré. On pouvait révoquer jusqu'à trois fois successives la liberté qu'on avait concédée à son esclave, sous prétexte qu'on s'était trompé, ou que celui-ci manquait de reconnaissance. La quatrième manumission était pourtant

---

1. Valer. Maxim. l. II, c. 9.
2. Festis diebus portas claudere, vigilias agere, stationem in muris observare, peregrinos recognoscere, curas habere, ac veluti bellum haberent, sic urbem pacis temporibus custodire. Justin. l. XLIII, c. 5.
3. Justin. l. XLIII, c. 5. — V. ci-dessus, t. I, c. I, p.

irrévocable, moins, il est vrai, pour que la condition du malheureux affranchi fût enfin garantie, que pour châtier le maître de son inconstance ou de son irréflexion¹.

Les Massaliotes se recommandaient généralement par un caractère affable, une vie tempérante, des mœurs honnêtes et graves. L'amitié était à leurs yeux la première des vertus. Pendant longtemps une loi somptuaire fixa à cent écus d'or la dot la plus riche, et à cinq la plus riche parure d'une femme². Les femmes ne buvaient pas de vin³. Les spectacles des mimes étaient sévèrement proscrits⁴ comme pernicieux à la morale. Avec non moins de rigueur, on repoussait ces magiciens et ces prêtres mendians qui, pour nous servir des paroles d'un écrivain romain, « par faux-semblant « de religion et sous le masque d'une superstition « menteuse, circulaient de ville en ville, engrais- « sant leur paresse⁵. » Un seul mot fera connaître

---

1. Tres in eodem manumissiones rescendi permittunt, si ter ab eodem deceptum dominum cognoverint: quarto errori subveniendum non putant, quia suâ jàm culpâ injuriam accepit, qui ei se toties objecit. Valer. Maxim. l. ii, c. 6.

2. Ἡ μεγίστη προὶξ αὐτοῖς ἐστιν ἑκατὸν χρυσοῖ... καὶ πέντε εἰς χρυσοῦν κόσμον. Strab. l. iv, p. 181.

3. Παρὰ Μασσαλιώταις νόμος, τὰς γυναῖκας μὴ ὑδροποτεῖν. Athen. l. x, c. 8. — Ælian. Var. hist. l. ii, c. 38.

4. Valer. Maxim. l. ii, c. 6.

5. Omnibus autem qui per aliquam religionis simulationem ali-

de quel haut degré d'estime la nation massaliote jouit long-temps à l'étranger. Deux siècles avant notre ère, à l'époque de la seconde guerre punique, l'expression *mœurs de Massalie* était proverbiale à Rome pour signifier [1] l'idéal de la gravité, de la fidélité, de l'honnêteté. Quatre cents ans plus tard, le même proverbe subsistait encore, mais sa signification avait bien changé; il réveillait alors l'idée de ce qu'il y a de plus honteux dans les excès de la corruption [2]. Ce peuple fut durement puni du mal qu'il attira sur la Gaule. En se ravalant au rôle d'instrument des Romains; en corrompant, en asservissant ses voisins au profit d'une tyrannie étrangère, il perdit tout, sa puissance, sa liberté, ses mœurs. Massalie, devenue ville romaine, fit rougir la Rome d'Héliogabale.

Trois grandes divinités dominaient tout le culte massaliote, et, protectrices de la ville, avaient leurs temples dans la citadelle; c'étaient Artémis ou Diane l'Éphésienne, Apollon Delphinien et Minerve, appelée par les Grecs Athênê [3].

---

menta inertiæ quærunt, clausas portas habet, et mendacem, et fucosam superstitionem submovendam esse existimans. Valer. Maxim. l. II, c. 6.

1. Ubi tu es, qui colere mores massilienses postulas?
Plaut. Casin. act. 5, sc. 4.

2. Athen. l. XII, c. 5. — Suid. Lexic. t. I, p. 695, 869.

3. Ἐν τῇ ἄκρᾳ τὸ Ἐφέσιον ἵδρυται, καὶ τὸ τοῦ Δελφινίου Ἀπόλλωνος ἱερόν. Strab. l. IV, p. 179. — Arx Minervæ. Just. l. XLIII, c. 5.

La Diane d'Éphèse n'était point une création du polythéisme grec ; elle tirait son origine des religions symboliques de l'Asie, dont on l'avait surnommée la *Grande Reine*. Elle représentait la nature ; et ses images, couvertes de mamelles et de formes variées d'animaux, figuraient cette puissance mystérieuse éternellement occupée de créer et de nourrir ; son culte était secret. On a vu ci-dessus comment il fut introduit à Massalie par l'Éphésienne Aristarché, qui, avertie par un songe, suivit la seconde émigration phocéenne dans les parages de la Gaule[1]. Diane avait donc présidé à la naissance de Massalie, aussi eut-elle le premier rang parmi ses divinités nationales. Son temple fut construit sur le modèle du grand temple d'Éphèse, et son culte prescrit à toutes les colonies massaliotes, conformément au rite éphésien[2]. Aristarché remplit jusqu'à sa mort les fonctions de prêtresse de la déesse ; et après elle, les Massaliotes continuèrent à tirer soit d'Éphèse, soit de Phocée, les femmes qui devaient occuper ce suprême sacerdoce[3]. Il paraît que Massalie était regardée, même en Asie, comme un des sièges les plus honorables et les

---

1. V. ci-dessus, t. I, c. I, p.
2. Strab. l. IV, p. 179, 180.
3. Celeberr. inscrip. ap. Spon. miscell. erud. ant. p. 349... Ἀρχιέρειαν Ἀσίας ναοῦ τοῦ ἐν Ἐφέσῳ πρύτανιν στεφανηφόρον δὶς καὶ ἱέρειαν Μασσαλίας...

plus lucratifs du culte de Diane, car une inscription nous montre une archi-prêtresse d'un des temples d'Éphèse ne dédaignant pas d'aller au-delà des mers desservir la colonie phocéenne[1]. S'il faut en croire Strabon, ce fut Massalie qui eut l'honneur insigne d'initier Rome aux mystères de la Diane d'Éphèse[2].

La seconde place dans la hiérarchie des divinités massaliotes appartenait de droit à Minerve; car, si Diane avait veillé sur le berceau de la colonie naissante, Minerve aussi l'avait couvert de son égide; et voici à quelle occasion. Dans une des nombreuses guerres que Massalie eut à soutenir contre les Ligures, et dont le détail ne nous est pas resté, le roi Catumand[3], à la tête d'une formidable armée, en faisait le siége et la pressait vivement. Aucun effort humain ne pouvait plus la sauver, lorsque Catumand eut, dit-on, une vision : une femme, dont l'aspect était majestueux mais terrible, lui apparut pendant son sommeil : « Je suis déesse, lui dit-elle d'une voix « irritée, et je protège cette ville[4]. » Dès le point

---

1. Inscript. sup. cit.
2. Strab. l. IV, p. 180 : cum not. Casaub.
3. Dux consensu omnium Catumandus regulus eligitur. Justin. l. XLIII, c. 5.
4. Per quietem specie torvæ mulieris quæ se deam dicebat exterritus. Idem, ibid.

du jour, Catumand, tout troublé de ce rêve, s'empressa d'offrir la paix aux Massaliotes; il demanda aussi qu'il lui fût permis d'entrer dans la ville, pour en adorer les dieux. Au moment donc où il mettait le pied sur le seuil de la citadelle, il aperçut, sous le portique, cette même figure que la frayeur avait si profondément empreinte dans son souvenir. « C'est elle! s'écria-t-il, voilà celle « que j'ai vue cette nuit, et qui m'a ordonné de « lever le siège[1]! » Détachant alors son collier d'or, il le passa au cou de la déesse, et après avoir vanté le bonheur des Massaliotes, objet d'une si haute et si vive protection, il fit avec eux une alliance durable.

Apollon, surnommé *Delphinius* ou Delphinien, était la troisième grande divinité des Massaliotes. Tout ce que nous savons de lui, c'est qu'il présidait à la mer et à la navigation, et que son culte florissait dans plusieurs villes commerçantes de l'Asie mineure[2]. Massalie, comme tous les états grecs de quelque importance, avait à Delphes un *trésor* particulier où étaient déposées ses offrandes à Apollon Pythien[3]; et, comme Athènes, la métropole des cités ioniennes, elle se souillait d'une

---

1. Illam esse quæ se nocte exterruisset; illam quæ recedere ab obsidione jussisset. Just. loc. cit.
2. Mueller, Ægin., p. 150 et seq.
3. Justin. l. XLIII, c. 5.

superstition barbare qui paraît se rapporter au culte de ce dieu [1]. Chaque fois que la ville était attaquée de la peste, un pauvre se présentait pour être nourri, toute une année, délicatement, aux frais du trésor public. Ce temps écoulé, on le couronnait de verveine, on le couvrait de vêtemens sacrés, et après l'avoir promené par les rues et les places publiques, en le chargeant d'exécrations, afin que tous les maux de la ville retombassent sur lui, on le précipitait à la mer [2]. La religion des Massaliotes admettait encore la plupart des grandes divinités du polythéisme grec [3], mais rien de particulier ne nous est connu sur le culte qu'on leur rendait.

De bonne heure, les lettres et les sciences jetèrent sur cette république une brillante lumière. La littérature grecque dut à des grammairiens massaliotes une des premières et plus correctes révisions des poëmes homériques [4]. Travailler pour Homère

---

1. Meursii. fer. Græc. — Mueller, Orchom. p. 166 et seq. — Doriens. t. 1, p. 326 et seq. — Tzetzes in Chiliad. v, c. 25.

2. Massilienses quoties peste laborabant, unus ex pauperibus se offerebat, alendus anno integro publicis et purioribus cibis. Hic posteà, ornatus verbenis et vestibus sacris, circumducebatur per totam civitatem cum execrationibus ut in eum reciderent mala civitatis : et sic de rupe projiciebatur. Petron Satyric. ad Fin.

3. Plin. l. IV, c. 1. — Justin. l. XLIII. — Cons. les Inscriptions et les monnaies massaliotes.

4. Wolf. Proleg. in Homer. p. CLXXV.

était, aux yeux de Massalie, une œuvre en quelque sorte nationale, car la colonie phocéenne devait soutenir les prétentions de sa métropole au titre de véritable patrie du grand poète. Les sciences exactes et d'observation, les mathématiques, l'astronomie, la physique, la géographie, la médecine, y furent cultivées avec autant d'éclat qu'en aucun lieu de la Grèce. Le Massaliote Pythéas, contemporain d'Alexandre, détermina la latitude de sa ville natale d'après l'ombre du gnomon, et l'exactitude de ses calculs a surpris les savans modernes [1]. Il fut aussi le premier qui constata la relation des marées avec les phases de la lune. Obscur encore et sans fortune, Pythéas par son infatigable persévérance trouva le moyen d'accomplir un voyage prodigieux pour son temps : il parcourut dans toute leur longueur les côtes orientale et occidentale de l'Europe, depuis l'embouchure du Tanaïs dans la mer Noire, jusqu'à la presqu'île Scandinave dans l'océan du Nord. Il est vrai que des récits exagérés, fruit d'une imagination qui s'enivrait de ses propres découvertes, ou qui, brûlant de tout connaître et de tout expliquer, tantôt accueillait des contes populaires, tantôt s'égarait dans des hypothèses trop hardies, décréditèrent chez les anciens les travaux et le

---

[1]. La différence avec les calculs modernes n'est que de quarante secondes.

nom de Pythéas ¹. Mais ceux même qui le poursuivirent avec le plus d'amertume ne purent s'empêcher de reconnaître sa profonde science, et se parèrent sans scrupule de ses dépouilles. Il avait composé un *Périple du monde*, et un *Livre sur l'Océan* ; ces ouvrages ont été perdus à l'exception de fragmens peu nombreux ². Tandis que Pythéas faisait le tour de l'Europe, son compatriote Euthymènes, auteur également d'un Périple ³, partait des colonnes d'Hercule pour explorer la côte d'Afrique ⁴. Toutes les sciences ap-

1. Polyb. et Strab. l. ii; l. iv, p. 190. — Conf. Bougainville, mem. de l'académ. des Inscript. tom. xix, p. 146 et suiv. — D'Anville, ibid. tom. xxxvii, p. 436 et suiv. — Murray, Nov. Comm. Societ. Gott. t. vi, p. 59-98. — Mannert, Geog. der Gr. und Rœm. t. i, p. 71 et seq.—Uckert. Geogr. t. i, p. 112 ; t. ii, p. 298 et suiv.

2. On en compte vulgairement trois : 1° Orbis Periplus (Artemid. ap. Marcian. Heracl. p. 63); 2° Terræ Periodus (Apoll. Rhod. iv, 761); 3° De Oceano liber (Gemin in Petav. Uranol. p. 22). Les deux premiers probablement ne font qu'un.

3. Marcian. Heracl. ap. Uckert. Geog. t. i, p. 235.

4. Euthymenes Massiliensis testimonium dicit : Navigari, inquit, Atlanticum mare. Senec. N. Q. iv, 2.—Plutarch. de Plac. Philosoph. iv, 1.—On attribue généralement à Euthymènes deux assertions dont les anciens même se sont moqués; la première que les eaux de l'océan méridional sont douces parce que la proximité du soleil leur donne une espèce de coction ; la seconde, que les inondations périodiques du Nil proviennent des vents étésiens, qui refoulent pendant un certain temps les eaux du fleuve vers sa source, puis, en cessant de souffler, les laissent retomber avec violence. Ces opinions, ridicules en effet, avaient été professées par nombre de philosophes et

plicables à l'art nautique et à la construction des vaisseaux, la mécanique entre autres, avaient atteint chez les Massaliotes un très-haut degré de perfection [1].

En général ce peuple possédait plutôt la finesse et la rectitude propres aux découvertes scientifiques et à la critique littéraire que cette verve d'imagination qui crée les chefs-d'œuvre des arts. Ni poètes, ni grands orateurs, ni peintres célèbres, ne sortirent de ses écoles. Sa part fut belle néanmoins, puisqu'il a produit deux hommes dignes peut-être de prendre place à côté d'Aristote et d'Euclide, si le temps n'avait pas effacé leurs titres de gloire.

L'habileté et le goût des Massaliotes dans le travail des métaux sont assez prouvés par leurs médailles, généralement élégantes et pures. Elles étaient frappées au coin ou fondues en bronze et en argent; jusqu'à ce moment, il n'en a été trouvé aucune en or [2]. Leurs types ordinaires étaient le lion et le taureau menaçant.

de physiciens avant Euthymènes qui n'a fait que les répéter. Cf. Uckert. Geogr. II.

1. Περὶ τὰς ὀργανοποιίας, καὶ τὴν ναυτικὴν παρασκευήν. Strab. l. IV, p. 180.—Νῆες ταχυπλοοῦσαι Μασσαλιωτικαί. Polyb. l. III.

2. Cette absence complète de monnaie d'or est une singularité d'autant plus remarquable, qu'on trouve une grande quantité de pièces massaliotes fourrées, c'est-à-dire fabriquées en mauvai

Dès que Massalie se vit assez peuplée et assez forte pour ne plus redouter les attaques des Ligures, elle s'appliqua à étendre son commerce et ses colonisations. Elle trouvait les choses merveilleusement préparées. Bornés à leurs établissemens du midi de l'Espagne, les Phéniciens et les Carthaginois ne visitaient plus que rarement les eaux de la Gaule; Rhode, en pleine décadence, abandonnait les deux seules colonies qui lui restaient dans ces parages, Rhodanousia, située près de l'embouchure occidentale du Rhône, et Rhoda, en Espagne, à peu de distance des Pyrénées[1]; quant aux Etrusques, leur puissance maritime était tombée : assaillis d'un côté par la république romaine, de l'autre par les invasions gauloises, ils n'étaient plus occupés que de la défense de

---

métal recouvert d'une lame d'or ou d'argent : falsification qui prouve du moins l'existence de la monnaie qu'on avait intérêt à falsifier. Quelques savans, il est vrai, attribuent la fraude aux Massaliotes eux-mêmes, et peuvent s'appuyer du mauvais renom qu'avait chez les anciens la monnaie phocéenne; puisque *or de Phocée* avait passé en proverbe pour signifier de l'or détestable. Φωκαῖς, ὄνομα ἔθνους, καὶ τὸ κάκιστον χρυσίον. Hesych. — Erasm. adag. p. 291. — Cf. Ekhel. Doctr. num. t. 1, p. 68; t. 11, p. 535. — Mionnet. t. 1, p. 67, et Suppl. t. 1, p. 133. — Pappon. p. 647. — Gross. p. 24-36. — Bouche. p. 79; etc.

1. Scymn. Chi. orb. descript. v. 207. — Plin. 111, c. 4. — Steph. Byzant. — Isidor. orig. l. xiii, c. 21. — Hieronym. Comm. epist. ad Galat. c. 3. — Strab. l. iii, p. 141 ; l. xiv, p. 957. — Rhoda, aujourd'hui *Roses*.

leurs foyers. Les Massaliotes héritèrent donc des débouchés créés par ces nations, et dominèrent sans concurrence sur toute la côte gauloise entre les Alpes et les Pyrénées, et même assez avant sur le littoral ibérien.

Livrées à la discrétion de cette puissante ville[1], Rhoda et Rhodanousia préférèrent en être les alliées plutôt que les sujettes; elles s'empressèrent de reconnaître Massalie pour leur protectrice et leur nouvelle métropole. C'est du moins ce que semblent nous révéler les types symboliques de leurs médailles, où la rose, emblème de Rhode et de ses colonies, est placée ordinairement à côté du lion massaliote. Quelquefois, par une allégorie pleine de poésie et de grace, cette rose est suspendue à l'oreille de Diane, comme une parure précieuse qui embellit la Déesse de Massalie et relève encore l'éclat de sa majesté[2].

Progressivement et tantôt par des concessions obtenues des indigènes, tantôt à main armée, les Massaliotes occupèrent les points importans du rivage; ils y construisirent des forts et des comp-

---

1. Ταύτην μὲν οὖν οἱ πρὶν κρατοῦντες ἔκτισαν
Ῥόδιοι· μεθ' οὓς ἐλθόντες εἰς Ἰβηρίαν,
Οἱ Μασσαλίαν κτίσαντες ἔσχον Φωκαεῖς.

Scymn. Ch. orb. desc. v. 164, 105, 106. — Strab. l. III, p. 141; l. XIV, p. 967. — Ptol. Géogr.

2. Grosson. Tab. 9 et 89.--Eckhel P. I, v. I, p. 70. — Mionnet. t. I, p. 48. — Cf. Creuzer. Symbol. p. I, p. 115-118.

toirs qui, pour la plupart, devinrent des villes florissantes. Au temps de sa plus haute prospérité, Massalie prolongeait la ligne de ses établissemens, depuis le pied des Alpes maritimes jusqu'au grand promontoire qui porte aujourd'hui le nom de cap Saint-Martin ; de ce côté elle s'enchevêtrait avec les colonies carthaginoises, de l'autre elle touchait à la république romaine. Le petit port d'Hercule *Monœcus* [1], sous les derniers escarpemens des Alpes, formait à l'est la tête de cette ligne; ensuite venaient *Nicæa* [2] dont le nom signifiait *Victoire*, bâtie sur la rive gauche du Var, après quelque combat contre les Italo-Ligures; puis en-deçà du Var, sur le territoire des Gallo-Ligures, *Antipolis* [3], destinée à contenir les Décéates, les Oxybes et les Néruses; *Athenopolis* [4]; *Olbia* [5]; le petit fort de *Tauroentum* [6] et Massalie. A l'ouest,

---

1. Ὁ Λιμὴν Ἡρακλέους Μονοίκου, Portus Herculis Monœci : aujourd'hui *Monaco*. Strab. l. iv, p. 202.—Plin. l. iii, c. 5.

2. Νίκαια, aujourd'hui *Nice*. Strab. l. iv, p. 184.—Plin. l. iii, c. 5.—Tzschuck. ad Mel. ii, 5, 3.

3. Ἀντίπολις, aujourd'hui *Antibes*. — Strab. l. iv, p. 180-184. — Tzschuck. ad Mel. v. iii, p. 2, p. 466.—Ptolem. l. ii, c. 10.

4. Athenopolis Massiliensium. Plin. l. iii, c. 4.—Cf. Tzschuck. ad Mel. loc. cit.

5. Ὀλβία, aujourd'hui *Eaube*.—Strab. l iv, p. 180-184.—Scymn. c. 215.—Ptolem. l. ii, c. 10.

6. Ταυροέντιον, Ταυρόεις, Ταυρέντιον. Tauroentum, aujourd'hui le *Bras de Saint-Georges et l'Evescat*.—Strab. l. iv, p. 180-184.—Ptol. l. ii, c. 10.—Steph. Byzant.—Castellum Massiliensium. Cæs. bell.

entre Massalie et les Pyrénées, se trouvaient *Heraclæa Cacabaria* ¹ qui paraît avoir été un ancien comptoir phénicien; *Rhodanousia* dont nous avons parlé précédemment; et *Agatha* ou *Agathé Tyché* ², *Bonne-Fortune*, construite à l'embouchure de l'Hérault; enfin au-delà des Pyrénées, sur le littoral espagnol, *Rhoda*, *Emporiæ*³, *Halonis* ⁴ et *Hemeroscopium* ou *Dianium* ⁵ ainsi appelé d'un temple de Diane qui dominait tout le promontoire et la mer.

Les îles situées au large, à trois lieues du cap d'Olbia, et que les Massaliotes nommaient *Stœchades* ⁶, servirent long-temps de repaire aux pi-

---

civil. l. II, c. 4.—Cons. Marin: Mem. sur l'ancienne ville de Tauroentum. Avignon, 1782.—Thibaudeau: Mem de l'acad. de Mars. t. III, p. 108; et l'excellente Statistique des Bouches-du-Rhône.

1. Plin. l. IV, c. 4.—Aujourd'hui *Saint-Gilles* : Hist. gén. du Langued. v. 1, p. 4.

2. Ἀγαθή et Ἀγαθὴ Τύχη, Agatha. Strab. l. IV, p. 180-182.— Tzschuck, ad Mel. II, 5, 6, p. 487. — Scymn. c. 207. — Steph. Byzant. Aujourdhui *Agde*.

3. Emporiæ et Emporium. Strab. l. III, p. 159, 160. — Tit. Liv. l. XXVII, c. 42; XXI, c. 60; XXXIV, c. 8. — Aujourd'hui *Ampurias*.

4. Ἀλωνίς. Steph. Byz. — Ἀλωναί. Ptolem. l. II, 6.—Alone. Mel. l. II, c. 6.—On ignore la position de cette ville.

5. Aujourd'hui *Dénia*. — Ἡμεροσκοπεῖον et Ἀρτεμίσιον. Strab. l. III, p. 159.—Cicer. Verr. 1, 2, 3.

6. Στοῖχος, ordre, rangée. Les anciens en comptaient cinq, trois grandes et deux petites. Les grandes se nommaient *Prote* (aujourd'hui Porqueroles), *Mese* (plus tard Pomponiana et aujourd'hui Portecroz), et *Hypæa* (aujourd'hui l'île du Levant). Strab. l. IV,

rates liguriens qui infestaient ce golfe; Massalie dut s'en rendre maîtresse pour la sûreté de son commerce. Sous la protection de quelques forts, elle y forma des exploitations de culture¹ et des pêcheries pour le corail². L'extirpation de la piraterie ligurienne lui coûta beaucoup de temps et de fatigues, et ne fut pourtant jamais complète.

Tout en assurant ainsi, par tous les moyens, la prospérité de leur commerce extérieur, les Massaliotes ne négligeaient pas le commerce intérieur; ils s'étendaient progressivement du côté de la terre ferme, mais par des conquêtes toutes pacifiques. De la libre volonté des indigènes, ils fondaient d'abord un comptoir dans quelque ville gauloise ou ligurienne; d'année en année le nombre de leurs agens s'y multipliait, et chacun de ces établissemens devenait un centre de civilisation, d'où se propageaient le goût des mœurs de Massalie, l'intelligence de sa langue et le besoin de ses marchandises. C'est ainsi que Cabellio et Avenio, chez les Cavares, ressemblèrent, à quelques égards, à de petites villes grecques, et purent passer, aux yeux de voyageurs superficiels, pour des colonies

p. 184. — Scholiast. Apollon. iv, 553. — Plin. l. iii, c. 5. — Mel. l. ii, c. 7.

1. Strab. l. iv, p. 184.
2. Curalium laudatissimum circà Stœchadas insulas. Plin. l. xxxii, c. 2.

massaliotes [1]. Arelate surtout, si heureusement située, avait attiré dans son sein une multitude de ces colons traficans. On y parlait le grec autant que les idiômes indigènes; l'antique nom d'Arlath fut même changé par les nouveaux venus en celui de *Théliné* [2], qui signifiait la *nourricière*, la *féconde*; mais cette dénomination étrangère ne prévalut point, elle n'eut guère cours que parmi les Grecs, et périt avec leur comptoir. Les Massaliotes élevèrent des tours, pour servir de phare, à la barre dangereuse du Rhône [3]; ils construisirent aussi sur l'île triangulaire que forment ses bouches un temple à Diane, leur grande déesse [4]: c'était une sorte de prise de possession du fleuve.

1. Καβελλίων πόλις Μασσαλίας. Artemidor. Geogr. l. 1, ap. Steph. Byz. — Λουενίων πόλις Μασσαλίας, πρὸς τῷ Ῥοδανῷ. Steph. Byz.
2. Θηλὴ, mamelle.
        Theline vocata, sub priori sæculo,
        Graio incolente.   Fest. Avien. v. 682.
3. Strab. l. IV, p. 184.
4. Καὶ δὴ καὶ τῆς Ἐφεσίας Ἀρτέμιδος κἀνταῦθα ἱδρύσαντο ἱερὸν, χωρίον ἀπολαβόντες, ὃ ποιεῖ νῆσον τὰ στόματα τοῦ ποταμοῦ. Strab. l. IV, p. 184. Aux possessions maritimes ou continentales des Massaliotes, il faut joindre encore les suivantes dont l'importance était moindre et dont la position n'est pas bien certaine : *Abarnus* (Steph. Byz.); *Trœzene* (Steph. Byz. — Eustath. Il. II, v. 566) aujourd'hui *Tretz* ; *Cyrène* (Steph. Byz.) peut-être aujourd'hui *Courens* ou *Correns*; *Citharista* (Plin. l. III, c. 5 ; Ptolem. l. II, 10) aujourd'hui la *Ciotat* : en Espagne, *Mænace*; et quelques îles sur les côtes gauloise et italienne. Cons. la Statistique des Bouches-du-Rhône déjà citée.

Le Rhône en effet par la direction de son cours et par ses nombreux affluens était le grand véhicule du commerce avec l'intérieur de la Gaule, et de là avec les îles britanniques. Voici comment se pratiquaient, aux second et premier siècles avant notre ère, les communications d'une mer à l'autre, à travers le continent. Les Massaliotes avaient renoncé de bonne heure à la communication maritime par le détroit de Gadès, soit à cause de la longueur du voyage, soit à cause des obstacles qu'opposaient les colonies carthaginoises : c'étaient les indigènes bretons qui apportaient eux-mêmes l'étain et les autres articles d'échange sur la côte de la Gaule; et lorsque la marine gauloise armoricaine eut pris un grand développement, elle s'empara de ce service d'exportation [1]. L'étain était déposé dans des entrepôts aux embouchures de la Seine, de la Loire et de la Garonne. Là se rendaient les traficans massaliotes par plusieurs routes qui coupaient du sud-est au nord-ouest tout le continent de la Gaule. Tantôt ils remontaient le Rhône et la Saône, dans une certaine portion de son cours; des transports par terre les conduisaient ensuite à la Seine où ils s'embarquaient de nouveau [2]; chemin faisant, ils

---

1. Cæs. bell. Gall. l. III, c. 8. — Strab. l. IV, p. 194. — Diodor. Sicul. l. v, p. 302-314.
2. Strab. l. IV, p. 189.

traitaient avec les indigènes riverains. Une communication pareille était ouverte entre le Rhône et la Loire. Pour éviter même le trajet du Rhône que les frêles bateaux massaliotes et gaulois ne remontaient qu'avec beaucoup de temps et de danger, une route de terre fut établie directement entre la côte de la Méditerranée et la haute Loire, en traversant les Cévennes [1]. La route par la Loire était la plus fréquentée de toutes ; sur les bords de ce fleuve se trouvaient les principaux comptoirs de la Gaule : Noviodunum des Edues, Genabum des Carnutes et Corbilo des Nannètes. Quelquefois on remontait l'Aude à Narbonne, puis un portage conduisait à la Garonne qu'on descendait jusqu'à Burdigala [2] ; cette voie était plus courte que les précédentes, mais moins lucrative à cause du peu d'abondance de la traite à l'intérieur. Enfin un service de terre, organisé entre l'Océan et la Méditerannée, se faisait partie à dos de cheval [3], partie par ces mulets du Rhône que leur

---

1. Ἐπεὶ δ'ἐστὶν ὀξὺς καὶ δυσανάπλους ὁ Ῥοδανός, τινὰ τῶν ἐντεῦθεν φορτίων πεζεύεται μᾶλλον ταῖς ἁρμαμάξαις, ὅσα εἰς Ἀρουέρνους κομίζεται καὶ τὸν Λείγηρα ποταμὸν, καίπερ τοῦ Ῥοδανοῦ καὶ τούτοις πλησιάζοντος ἐκ μέρους. Strab. l. IV, p. 189.

2. Ἐκ δὲ Νάρβωνος ἀναπλεῖται μὲν ἐπὶ μικρὸν τῷ Ἀτακι πεζεύεται δὲ πλέον ἐπὶ τὸν Γαρούναν ποταμόν. Idem, loc. citat.

3. Πολὺς δὲ καὶ (κασσίτερος) ἐκ τῆς Βρεταννικῆς νήσου διακομίζεται πρὸς τὴν καταντικρὺ κειμένην Γαλατίαν, καὶ διὰ τῆς μεσογείου Κελτικῆς ἐφ' ἵππων

force et leur intelligence¹ avaient déjà rendus fameux ; le trajet était de trente jours.

On peut se figurer aisément l'influence exercée par le commerce massaliote sur la civilisation des indigènes. Il fallut que ces nations apprissent à connaître les monnaies et les signes numériques, par conséquent l'alphabet du peuple avec lequel elles étaient en relation continuelle et nécessaire. Des traités politiques durent être conclus, des conventions particulières passées entre les gouvernemens et les individus des deux races ; et ces écrits furent rédigés dans la langue des Massaliotes. Aussi les Romains trouvèrent-ils les nombres et l'alphabet grecs employés même parmi les tribus barbares du nord². Ils trouvèrent également, ce qui les surprit davantage, la coutume de rédiger certains contrats en langue hellénique³ ; mais ils attribuèrent faussement à une influence littéraire ce qui n'était que de pure nécessité commerciale. Les érudits modernes se sont perdus en contestations et en suppositions ridicules sur ce fait, l'un des plus simples de l'histoire de la Gaule : comme si nous n'avions pas chaque jour

---

ὑπὸ τῶν ἐμπόρων ἄγεται παρὰ τοὺς Μασσαλιώτας. Diodor. Sicul. l. ɪᴠ, p. 314.—Πορευθέντες ἡμέρας ὡς τριάκοντα... Idem, p. 302.

1. Claudian. epigr. de Mulabus Gallicis.
2. Cæs. bell. Gall. l. ɪ, c. 29 ; l. ᴠɪ, c. 14.
3. Τὰ συμβόλαια Ἑλληνιστὶ γράφειν. Strab. l. ɪᴠ, p. 181.

sous les yeux des faits analogues; comme si, chaque jour, nos gouvernemens et nos marchands ne traitaient pas, par écrit et dans nos langues européennes, avec des sauvages qui ignorent ces langues et l'usage même de l'écriture.

Nous avons peu de chose à dire sur le commerce extérieur de Massalie. Dès sa naissance, elle se trouva rivale de Carthage, moins, il est vrai, par son importance que par sa situation. L'enlèvement de quelques barques de pêcheurs occasiona entre les deux républiques une guerre qui se termina à l'avantage de la première; battus dans plusieurs rencontres, les Carthaginois demandèrent la paix [1], et Massalie étala avec orgueil, sur ses places, les dépouilles de sa superbe ennemie [2]. Il fallait pourtant que la guerre ne fût pas très-sérieuse de la part de Carthage, car Massalie, pendant bien des siècles, resta médiocre et infiniment au-dessous d'elle. De la lutte entre Carthage et Rome data seulement l'essor de sa puissance maritime et de sa prospérité commerciale; ce fut l'ère véritable de sa grandeur.

Dans cette lutte, qui intéressait tout l'univers civilisé, le rôle de Massalie était marqué d'avance:

---

[1]. Carthaginiensium quoque exercitus, cùm bellum captis piscatorum navibus ortum esset, sæpè fuderunt pacemque victis dederunt. Justin. l. XLIII, c. 6. — Cf. Strab. l. IV, p. 180.

[2]. Ἀνάκειται δ' ἐν πόλει συχνὰ τῶν ἀκροθινίων... Strab. l. IV, p. 180.

alliée naturelle de Rome, elle la servit avec chaleur et fidélité¹. Ce fut elle qui, à l'approche de la seconde guerre punique, avertit le sénat des projets hardis d'Annibal; elle reçut à différentes fois, dans ses murs, des troupes romaines; elle travailla pour les intérêts de Rome auprès des nations gauloises ². Par ses soins et à ses frais, la vieille route phénicienne, qui conduisait du pied des Alpes en Espagne, fut restaurée en partie et garnie de bornes milliaires pour les étapes des légions³. En outre, elle rendit par mer à cette république des services de tout genre.

Pour appuyer, s'il se pouvait, cette alliance sur une base plus ferme encore que des services présens, les Massaliotes imaginèrent de la vieillir : ils la reculèrent de quatre siècles, la faisant remonter au berceau de leur ville et presque au berceau de Rome. De là un prétendu voyage du marchand Euxène dans la ville aux sept collines, et un prétendu traité passé entre lui et le roi Tarquin l'ancien⁴; de là la relation non moins fabuleuse d'un

---

1. Strab. l. IV, p. 180. — Polyb. l. III, p. 246. — Cicer. Philip. VIII, c. 6, etc.

2. Voy. ci-dessus, t. I, c. VIII.

3. Polyb. l. III, p. 292.—V. ci-dessus, t. I, c. I.

4. Temporibus Tarquinii regis, ex Asiâ Phocensium juventus, ostio Tiberis invecta, amicitiam cum Romanis junxit. Justin. l. XLIII, c. 3.—Trogus-Pompeïus, dont Justin n'a fait qu'abréger l'ouvrage, était, comme on sait, originaire du pays des Voconces;

deuil général pris spontanément à Massalie, lors de l'incendie de Rome par les Gaulois, et d'une collecte publique et privée faite aussitôt pour subvenir à la rançon du Capitole[1]. Un seul fait avéré indique quelques rapports de bon voisinage entre ces deux villes, antérieurement aux guerres puniques : c'est que le sénat voulant envoyer au temple de Delphes la dîme du butin conquis à Véies, obtint des Massaliotes qui y possédaient un *trésor*, que son offrande y serait déposée[2]. Au reste Rome ne s'amusa point à contester les prétentions historiques de sa nouvelle alliée; elle avait un besoin trop pressant de ses services. Prenant donc à la lettre leur vieille amitié, elle accorda à ses citoyens une place parmi les sénateurs, dans les fêtes publiques et les représentations théâtrales ; et aussi l'exemption de tout droit de navigation et de commerce dans les ports de la république[3].

Les résultats de la seconde guerre punique furent immenses pour la colonie phocéenne.

il avait recueilli les traditions massaliotes, et écrit d'après elles la partie de son histoire relative à la Gaule.

1. Quam rem domi nunciatam publico funere Massilienses prosecuti sunt, aurumque et argentum publicum privatumque contulerunt, ad explendum pondus Gallis, à quibus redemptam pacem cognoverant. Just. l. XLIII, c. 5.

2. Tit. Liv. l. v, c. 25.—Diod. Sicul. l. XIV, c. 93.

3. Immunitas illis decreta et locus spectaculorum in senatu datus. Justin. l. XLIII, c. 5.

Les établissemens carthaginois en Espagne étaient détruits, la Campanie et la Grande-Grèce horriblement saccagées et esclaves, la Sicile épuisée ; Massalie hérita du commerce de tout l'occident. Durant et après la troisième guerre punique, elle suivit en Afrique, en Grèce, en Asie, les Romains conquérans. Partout où l'aigle romaine dirigeait son vol, le lion massaliote accourait partager la proie. La ruine de Carthage, la ruine de Rhode, l'assujettissement des métropoles marchandes de l'Asie mineure livrèrent à cette ville le monopole de l'orient, comme elle avait celui de l'occident. Un instant, le commerce de l'univers entier fut concentré dans ses murs. Mais toute cette grandeur était factice, toute cette prospérité précaire, Massalie le sentait bien. Afin de se prémunir contre des revers inévitables, elle songea à conquérir pour son compte ; elle voulut devenir puissance territoriale en Gaule, comme la république de Carthage l'avait été en Afrique et en Espagne. La narration suivante exposera par quelles manœuvres Massalie essaya d'atteindre à ce but, et quel en fut le résultat final pour elle et pour la Gaule.

CHAPITRE II.

PLAINTES des Massaliotes au sénat de Rome contre les Ligures Oxybes et Décéates; première guerre des Romains dans la Gaule transalpine. — Nouvelles plaintes des Massaliotes au sujet des Ligures-Salies; C. Sextius soumet une partie de la Ligurie cis-rhodane; fondation de la ville d'*Eaux-Sextiennes;* commencement de la fraternité des Édues avec les Romains.— Ligue défensive des Allobroges et des Arvernes contre Rome; les Allobroges sont vaincus par Cn. Domitius, les Arvernes par Q. Fabius Maximus. —Domitius s'empare du roi Bituit par trahison.— Établissement d'une *Province romaine* transalpine. — Trophées de Domitius et de Fabius dans la Gaule; leur triomphe à Rome. —Accroissement progressif de la Province. — Les Romains s'emparent des routes des Alpes; héroïsme de la nation des Stœnes. — Défaite de C. Caton par les Scordisques.—Crassus conduit une colonie romaine à Narbonne. — Organisation d'une Province romaine.

L'AN 154 avant notre ère, les empiètemens des Massaliotes sur la rive droite du Var soulevèrent les Ligures Oxybes et Décéates à qui ce pays appartenait: ils investirent Antipolis et Nicæa; et comme ils étaient en force, le siège marcha vive-

154. ment. Les deux villes allaient succomber, lorsque Massalie envoya à Rome des ambassadeurs pour se plaindre des attaques des Ligures, exposer la détresse de ses colonies et demander du secours. Le sénat accueillit favorablement le message; il fit partir aussitôt avec les ambassadeurs massaliotes trois commissaires romains, chargés d'examiner sur les lieux les causes de la guerre, et de décider entre les combattans. Le vaisseau qui les conduisait vint aborder au port d'Ægitna, ville oxybienne, très voisine d'Antipolis.

A peine le bruit se fut-il répandu dans Ægitna que des députés romains arrivaient pour forcer les Oxybes à mettre bas les armes, que tous les habitans coururent au port, afin d'empêcher leur débarquement: mais Flaminius, chef de la députation, était déjà à terre, occupé à faire descendre son bagage. Les Ægitniens lui ordonnèrent de se rembarquer et de sortir de leur port, il leur répondit avec mépris, et leur rendit menaces pour menaces. Pendant cette altercation, quelques hommes se jetèrent sur son bagage pour le piller; ses esclaves voulurent le défendre et un combat s'engagea; deux des Romains furent couchés sur la place, les autres, battus, firent retraite vers la mer. Flaminius tira son épée; mais meurtri de coups, blessé même assez gravement, il remonta à grand peine dans son vaisseau, fit couper les cables des ancres et s'éloigna de la ville à toutes voiles ¹. Il alla se faire guérir à Massalie, où rien sans doute ne fut négligé pour exagérer les torts des Ægitniens, les blessures du député et les soins donnés à sa guérison.

Le sénat jeta de grands cris à cette nouvelle; il déclara que le droit des gens avait été indignement violé, et qu'une vengeance exemplaire devait être tirée des Oxybes et des Décéates, quoique le crime fût uniquement celui des habitans d'Ægitna. Les légions destinées à cette guerre se rassemblèrent en toute hâte à Placentia, sous la conduite du consul Q. Opimius, et de là, en suivant l'Apennin et le littoral du golfe, elles se rendirent dans le pays des Oxybes, sur les rives de l'Apron. Elles y attendirent l'armée ligurienne qui se réunissait dans les montagnes; mais comme celle-ci tardait à paraître, le consul alla camper devant la ville d'Ægitna, la prit d'assaut, en réduisit la population à l'esclavage et envoya liés et garottés à Rome les auteurs de l'insulte ². Il marcha ensuite au-devant de troupes ennemies.

Les Oxybes n'avaient sur pied que quatre mille

---

1. Ὥστε τὸν Φλαμίνιον μόγις, ἀποκόψαντα τ' ἀπόγαια καὶ τὰς ἀγκύρας, διαφυγεῖν τὸν κίνδυνον. Polyb. excerpt. Legat. cxxxiv, p. 962.

2. Τὴν πόλιν κατὰ κράτος ἑλὼν, ἐξηνδραποδίσατο, καὶ τοὺς ἀρχηγοὺς τῆς ὕβρεως ἀπέστειλε δεσμίους εἰς τὴν Ῥώμην. Polyb. excerpt. Legation. cxxxiv.

hommes [1], les Décéates vraisemblablement pas davantage, et la jonction des deux peuples n'était point encore opérée, lorsque le consul arriva en présence des Oxybes. Malgré la disproportion du nombre, les Oxybes, irrités par le sac et la destruction de leur ville, se préparèrent à attaquer aussitôt sans attendre leurs alliés. Tant de hardiesse effraya d'abord le consul; puis réfléchissant qu'il avait de son côté, outre la supériorité numérique, celle de la tactique, il harangua les légions, fit sonner la charge et s'avança au petit pas. Le choc fut rude et soutenu vigoureusement; mais après une lutte opiniâtre, les Oxybes enfoncés commencèrent à se débander. Les Décéates survenant, dans l'instant même, arrêtèrent les fuyards et les ramenèrent au combat qui reprit avec un acharnement nouveau. Pour la seconde fois les Ligures furent vaincus; afin d'éviter à leurs malheureux villages la destinée d'Ægitna, ils demandèrent la paix et se mirent à la discrétion du peuple romain. Opimius octroya aux Massaliotes les terres qu'il venait de conquérir, et mit sous sa dépendance les peuplades qui venaient de se soumettre [2]; pour plus de sûreté, il les désarma et régla qu'elles livreraient à perpétuité aux Mas-

---

1. Περὶ τετρακισχιλίους. Polyb. excerpt. Legat. cxxxiv.
2. Ὁ δὲ Κόϊντος κύριος γενόμενος τούτων τῶν ἐθνῶν, παραυτίκα μὲν τῆς χώρας, ὅσην ἐνεδέχετο, προσέθηκε τοῖς Μασσαλιήταις. Polyb. ub. supr.

saliotes des otages qui seraient changés de temps à autre[1]. Tout en paraissant n'avoir vaincu que pour ses alliés, Rome n'avait point négligé son propre intérêt ; elle laissa des troupes en quartier d'hiver dans les villes principales; elle occupa les principales positions militaires, enlevant sans doute aux Oxybes et aux Décéates, avec leurs armes et leur liberté, tout ce qu'ils ne pouvaient plus défendre.

La générosité de Rome releva les affaires des Massaliotes; ils s'organisèrent dans le pays ; et les intrigues de la politique consolidèrent graduellement l'œuvre de la violence. Cet accroissement prodigieux de territoire autour de leurs colonies orientales, leur inspira un vif désir de s'agrandir pareillement autour de leur métropole ; ils convoitèrent les dépouilles des Salytes, leurs plus proches voisins, et, pour que les prétextes ne leur manquassent pas dans l'occasion, ils eurent soin d'aigrir ce peuple et de fomenter entre eux et lui de continuels sujets de brouillerie. Puis lorsqu'ils virent Rome à peu près débarrassée de ses guerres lointaines dans l'Orient, ils implorèrent de nouveau son assistance contre les Ligures saliens qui les harcelaient, disaient-ils, sans

---

[1]. Polyb. ub. sup.

relâche, jaloux qu'ils étaient de cette prospérité que Massalie devait au peuple romain [1].

Rome s'inquiéta peu si les plaintes des Massaliotes étaient bien ou mal fondées et si ses alliés, dans cette circonstance, étaient agresseurs ou provoqués : elle avait des armées disponibles, elle en envoya une en Ligurie. Le consul M. Fulvius Flaccus la conduisit. Il défit les Salyes dans une première campagne, il les défit encore dans une seconde ; puis il attaqua les Voconces, dont Massalie ne se plaignait pas [2]. Son successeur C. Sextius Calvinus écrasa, dans une troisième campagne, les restes des tribus saliennes, saccagea tout ce territoire et fit vendre à l'encan la population des villes [3]. Le roi de ce malheureux peuple, nommé Teutomal, pour avoir défendu son pays avec constance contre ces brigands étrangers, fut mis hors la loi des nations ; poursuivi de retraite en retraite par les armes et par les menaces des Romains, il ne trouva de refuge qu'au-delà de l'Isère, sur les terres des Allobroges. Sextius ne se borna pas à la conquête politique du pays salien. Promenant ses légions le long du littoral entre le

---

1. Florus. l. III, c. 2.
2. Tit. Liv. epitom. l. LX.—Florus. ub. supr.—Fast. Capit.
3. Diodor. Sicul. Fragm. ap. Vales. p. 376.—Tit. Liv. epitom. l. LXI.

Rhône et le Var, il en balaya la population dans les montagnes de l'intérieur, en lui défendant d'approcher à plus de quinze cents pas des lieux de débarquement et à plus de mille du reste de la côte. Ayant assuré ainsi d'Italie en Gaule les routes de terre et de mer, il concéda toute cette bande de terrain aux Massaliotes, qui la colonisèrent et l'exploitèrent à leur profit[1]. Sextius voulut outre cela essayer ses armes contre les Voconces; il les vainquit en bataille rangée[2].

Pendant l'un des hivers que le général romain passa en Gaule, il avait choisi, pour l'emplacement de ses quartiers, une colline située à quelques lieues au nord de Massalie, et baignée par la petite rivière que les Romains appelèrent Cænus, et qui se nomme aujourd'hui l'Arc. L'abondance des sources d'eaux vives, et surtout d'eaux thermales[3], si recherchées des Romains, la pureté de l'air, la beauté du site entrecoupé de collines que revêtaient alors de vieilles forêts, tous ces agrémens réunis charmèrent Sextius[4]. Il projeta d'y bâtir une ville à laquelle il donnerait son nom.

---

1. Ἐκ τῆς παραλίας, τῆς εἰς τὴν Ἰταλίαν ἀγούσης ἀπὸ Μασσαλίας, ἀνέστειλε τοὺς βαρβάρους... Strab. l. IV, p. 180.

2. Fast Capitol.

3. Calidis et frigidis fontibus. Tit. Liv. epit. LXI. — Strab. loc. cit. — Solin. c. 2.

4. Ἡδονὴ καὶ θαῦμα τοῦ τόπου. — Plut. in Mario. p. 416.

123. Les palissades et les terrasses militaires firent donc place à des murailles [1], des maisons s'élevèrent dans l'intérieur, et le camp retranché fut transformé en une petite ville, où successivement on construisit des aqueducs et des bains. *Eaux-sextiennes, Aquæ sextiæ* [2] (ce fut le nom qu'elle porta) embellie par toute la délicatesse italienne et grecque, devint un lieu de plaisance où les officiers romains et les riches Massaliotes se réunissaient, soit pendant les chaleurs de l'été, soit pendant les repos de la guerre. Telle fut la première fondation romaine sur le territoire transalpin.

Que l'argent et les troupes massaliotes aient coopéré puissamment à cette rapide conquête de la Ligurie gauloise, c'est ce qu'on peut raisonnablement supposer. Quelques faits donnent même à penser que des trahisons domestiques, dont les Massaliotes étaient les agens, furent en plus d'un lieu complices des armes romaines, et précipitèrent la ruine du pays. Dans une de ces villes saliennes, dont Sextius, assis sur son tribunal et entouré de marchands d'esclaves, vendait la population à l'enchère, un des captifs sortit de la foule et s'approchant de lui : « J'attendais de toi, « dit-il, et j'avais mérité une toute autre récom-

---

1. Jul. Solin. c. 2.
2. Τὰ θερμὰ ὕδατα τὰ Σέξτια καλούμενα. — Colonia aquensis. — Civitas aquensis. — Aujourd'hui *Aix* en Provence.

« pense; moi, qui non-seulement ai servi les
« Romains, mais qui ai souffert à cause d'eux; car
« le zèle que j'ai déployé pour votre triomphe
« m'a attiré de la part de mes compatriotes bien
« des outrages et bien des dangers¹. » Cet homme
se nommait Craton ², et ce nom grec paraît désigner ou le fils bâtard de quelque Massaliote, ou
du moins un Ligure gagné à la civilisation massaliote, et qui avait adopté l'amour de l'étranger
en même temps que les mœurs étrangères et un
nom étranger. Sextius ordonna que ses liens
fussent rompus, il lui rendit son patrimoine et
sa famille esclave comme lui. Il fit plus : il lui permit de délivrer à son choix plusieurs de ses compagnons d'infortune. Craton en désigna neuf
cents³ qui très-probablement se recommandaient
à la clémence du vainqueur par des sentimens et
des services pareils.

Ce fut encore à la politique massaliote que
Rome dut une alliance bien utile à son ambition,
bien funeste à la liberté gauloise, l'alliance de la
nation éduenne. Les Édues et les Allobroges étaient
en guerre; et ces derniers avaient pour eux les
Arvernes, qui tenaient alors le sceptre parmi les

---

1. Ὅτι πολλοὺς καὶ πολλάκις ὑπὸ τῶν πολιτῶν ὑποστὰς κινδύνους ὥσπερ ὑπὲρ Ῥωμαίων πολιτευόμενος... Diod. Sic. Fragm. ap. Vales. p. 376.

2. Κράτων τις ὄνομα γεγονὼς φιλορώμαιος. Idem, ibid.

3. Diod. Sicul. ub. sup.

peuples galliques. Profitant adroitement de ces circonstances, les Massaliotes se mirent à travailler la nation éduenne ; ils aigrirent ses ressentimens ; ils excitèrent sa jalousie ; ils lui firent espérer que, par l'assistance des Romains, elle pourrait écraser les Allobroges et arracher la suprématie des mains des Arvernes. Ces intrigues portèrent fruit ; un traité fut conclu entre les magistrats éduens et le sénat de Rome. Les Edues reçurent le titre d'*amis et alliés du peuple romain;* ils donnèrent en retour aux Romains celui de *frères* qui désignait, chez les Gaulois, comme nous l'avons dit, la plus intime des associations politiques. Ainsi furent prononcés pour la première fois, au milieu des nations gauloises, les mots d'alliés, d'amis, de frères du peuple romain, mots de discorde et de ruine; puissances fatales qui devaient, durant un siècle entier, isoler, opposer, affaiblir ces nations, pour les réunir enfin, toutes, sans exception, sous une commune servitude.

A peine ce traité fut-il conclu, que le consul Domitius députa chez les Allobroges pour réclamer son ennemi, le roi Teutomal, auquel ils avaient donné asile, et pour leur enjoindre de respecter désormais le territoire des Édues ses alliés [1]. A ces ordres insolens les Allobroges ne répondirent

---

1. Tit. Liv. epit. LXI. — Florus. l. III, c. 2.

que par de grands préparatifs d'armes. Tout faisait prévoir une guerre terrible. Le puissant roi des Arvernes, Bituit[1], essaya de la prévenir; il abaissa sa fierté jusqu'à demander au consul, par une ambassade solennelle, le rétablissement de Teutomal, son ami et l'hôte de ses alliés.

Bituit était fils de ce Luern qui s'était rendu si célèbre par sa magnificence et sa générosité; fils d'un tel père, Bituit se piquait de grandeur; et l'ambassade qu'il adressa à Domitius étonna les Romains par sa pompe bizarre. On y voyait la meute royale composée d'énormes dogues tirés à grands frais de la Belgique et de la Bretagne; l'ambassadeur, superbement vêtu, était environné d'une troupe de jeunes cavaliers éclatans d'or et de pourpre; à son côté se tenait un barde, la *rotte* en main, chantant par intervalles la gloire du roi, celle de la nation arverne, et les exploits de l'ambassadeur[2]. Mais l'enfant de l'harmonie perdit ses chants, comme le politique ses discours : Teutomal ne fut point restauré dans son royaume envahi; et l'ambassade mécontente retourna vers Bituit plus humilié et plus irrité qu'elle.

Bituit fit un appel à toutes les nations de la ligue arverne : les tribus arvernes proprement

---

1. Bituitus (epitom. Tit. Liv.—Florus.—Paul. Oros.). Bittos et Bititos (Strab.), Betultus (Valer. Max. et Inscript. Grut. p. 298).
2. Appian. Fulv. Ursin.

122. dites et les Ruthènes [1] leurs plus proches voisins prirent aussitôt les armes ; mais il fallut du temps pour réunir les autres et pour organiser ces masses levées à la hâte. Domitius cependant, retranché dans une position avantageuse, et attendant des secours de Rome, se préparait à soutenir l'attaque. Les Allobroges attribuèrent à la frayeur cette conduite prudente du consul, et crurent avoir bon marché de ses troupes et de lui. Sans attendre l'arrivée de Bituit, ils passent l'Isère et s'avancent à grandes journées vers le midi, en suivant la rive gauche du Rhône. C'était tout ce que pouvait souhaiter Domitius. Il part aussitôt et les rencontre au confluent du Rhône et de la Sorgue [2], près de la ville de Vindalium [3], un peu au-dessus d'Avénio. Les deux armées à peine en présence se précipitent l'une sur l'autre ; mais les Allobroges enfoncés se débandent, laissant derrière eux vingt mille morts et trois mille captifs [4]. Malgré cette victoire signalée, le consul n'osa pousser plus avant ; il retourna dans son camp

---

1. Cæs. bell. Gall. l. 1, c. 45.
2. Sulgas. — Strab. l. IV, p. 191.
3. Ad oppidum Vindalium. Tit. Liv. epitom. LXI. — Strab. l. IV, p. 185. — Paul. Oros. l. v, c. 13. — C'est la ville de *Venasque*, autrefois capitale du comtat Vénaissin auquel elle donna son nom.
4. Viginti millia ibi Allobrogum cæsa feruntur ; tria millia capta sunt. Paul. Oros. l. v, c. 13.

fortifié, d'où il observa les mouvemens des Arvernes. Ainsi se passa cette campagne. Vers la fin de l'automne arriva le nouveau consul Q. Fabius Maximus avec deux légions, représentant à cette époque vingt mille hommes, ce qui, joint à l'armée de Domitius, formait environ quarante mille Romains, sans compter les auxiliaires massaliotes, et les Édues réunis probablement sur leur frontière afin de faire diversion.

Les Romains se crurent assez forts pour prendre l'offensive. Laissant dix mille hommes au camp, le consul Fabius et le proconsul Domitius, dès les premiers jours du printemps, se dirigèrent vers la frontière allobroge; ils franchirent l'Isère, non sans quelque opposition; Fabius fut même blessé assez grièvement dans une de ces escarmouches. Mais à peine furent-ils engagés sur le territoire allobroge, que Bituit accourut pour leur couper la retraite. Les Romains, à cette nouvelle, rétrogradèrent en toute hâte; et rencontrant déjà sur la rive gauche du Rhône l'armée arverne, qui achevait de traverser; ils s'établirent sur une élévation qui dominait le lit du fleuve et la place du débarquement.

Les Arvernes, s'il faut en croire les écrivains romains, ne comptaient pas moins de deux cent mille hommes sous les armes; le passage de toute cette multitude fut long et embarrassant. Bituit avait fait construire d'abord un pont en pilotis; trouvant bientôt la marche de ses troupes trop lente, il en fit fabriquer un second avec des barques assujetties l'une à l'autre par des chaînes de fer et recouvertes d'un plancher. Les Arvernes achevaient de défiler et se formaient en colonnes dans une petite plaine sur le bord du fleuve, lorsque les enseignes romaines se montrèrent [1]. De part et d'autre on fit ses préparatifs de combat.

Sur la pente et au milieu de la colline étaient rangés les Romains, dans leur ordonnance accoutumée : au centre, les légions tout étincelantes d'airain et de fer, divisées par petits bataillons dont les archers et les frondeurs occupaient les intervalles; aux ailes, les auxiliaires et la cavalerie; et entre les ailes et le corps de bataille, les éléphans; car l'emploi de ces énormes bêtes s'était introduit dans les armées de la république depuis ses guerres en Orient. Bien plus nombreuses, mais ordonnées avec moins d'art, les troupes gauloises se déployaient le long du fleuve. On y voyait les Arvernes avec leurs cliens et leurs alliés, rangés séparement autour de leurs étendards divers, et diversement armés. Bituit, sur un char d'argent [2], parcourait le front de bataille; une armure plus

---

1. Alium compactis lintribus catenisque connexum, superstratis confixisque tabulis instruxit. Paul. Oros. l. v, c. 14.

2. Discoloribus armis, argenteo carpento. Florus. l. III, c. 2.

riche et une saie de couleurs plus brillantes le distinguaient des autres chefs. On remarquait aussi sa meute de combat, placée sur un coin de la ligne, et retenue par les lesses et les fouets des piqueurs. Un moment, le roi gaulois promena ses regards sur les faibles bataillons ennemis qui, formés en ordre serré, paraissaient plus faibles encore. « Quoi ! s'écria-t-il avec mépris ; ce n'est pas un repas de mes chiens [1] ! »

La mêlée fut affreuse ; cavaliers contre cavaliers, fantassins contre fantassins luttèrent longtemps avec furie et avec un égal succès. Fabius, souffrant de sa blessure et en outre de la fièvre quarte [2], se faisait porter en litière à travers les rangs ; quelquefois il mettait pied à terre, et soutenu sur les bras de deux soldats, il s'approchait de la mêlée pour donner des ordres [3]. Quand il crut le moment propice, il fit charger les éléphans [4]. Les soldats de Bituit voyaient pour la première fois ces prodigieux animaux, qu'ils ne connaissaient que par les récits de leurs grands-pères, témoins du passage d'Annibal ; saisis de frayeur, ils n'osèrent pas les attendre. D'ailleurs

1. Paucitatem Romanorum vix ad escam canibus, quos in agmine habebat, sufficere posse. Paul. Oros. l. v, c. 14.
2. Il fut délivré de sa fièvre quarte par la préoccupation de la bataille. Plin. l. vii, c. 50.
3. Vell. Patercul. l. ii, c. 10.
4. Maximus barbaris terror elephanti fuere. Flor. l. iii, c. 4.

ils ignoraient l'art de les combattre, et leurs chevaux, doublement effarouchés par la vue et par l'odeur, se cabraient et tournaient court. Bientôt la déroute fut générale, et les ponts se couvrirent de fuyards. Fabriqué à la hâte et peu solidement, le pont de bateaux s'affaissa, les chaînes se rompirent; hommes et chevaux, engloutis avec les barques, roulèrent entraînés par le courant [1]. Alors, la foule refluant vers l'autre pont, il se trouva complètement obstrué. Dans ce désordre épouvantable, l'épée romaine n'eut qu'à égorger. Cent vingt mille hommes périrent [2], et de ce nombre beaucoup de chefs. Bituit, assez heureux pour échapper au massacre, se sauva dans les montagnes, laissant entre les mains de l'ennemi son char et son manteau [3].

Durant plusieurs jours le roi fugitif parcourut les vallées des Allobroges, cherchant à former une nouvelle armée; mais partout il ne rencontra que découragement et terreur. Dans cette situation désespérée, il résolut de demander la paix; le message qu'il envoya au consul Fabius fut reçu avec assez de faveur, et les négociations

---

1. Coacervatis inconsultè agminibus, pontis vincula ruperunt, ac mox cum ipsis lintribus mersi sunt. Paul. Oros. l. v, c. 14.

2. Tit. Liv. epit. LXI. — Appian. bell. Gall. p. 55. — 130,000, suivant Pline (l. VII, c. 50); 150,000, suivant Orose (l. v, c. 14).

3. Flor. l. III, c. 2.

s'entamèrent ; une honteuse perfidie les rompit. Ce nouveau succès du consul était un nouveau coup de poignard pour l'ame jalouse du proconsul Domitius. Hautain et envieux, cet homme ne pouvait supporter que, dans une seule campagne, Fabius eût terminé une guerre si importante ; que, dans l'espace de quelques jours, il eût vaincu et pacifié le plus puissant royaume de la Gaule ; tandis que lui, Domitius, mis à l'écart, ne serait cité que pour rendre témoignage des triomphes d'un rival. Plutôt que de subir cette humiliation, il résolut d'entraver à tout prix l'affaire commencée. Il invita Bituit à venir traiter en personne avec lui, à son quartier, probablement à Eaux-Sextiennes, lui promettant des conditions moins dures que celles qu'exigeait Fabius. L'espoir rentra au cœur du roi déchu ; s'abandonnant sans défiance à la parole du proconsul, il se rendit en secret à sa maison. Domitius, sorti pour le recevoir, l'accueillit, comme un hôte accueille son hôte ; mais à peine eurent-ils dépassé le seuil de la porte, que des soldats appostés se jetèrent sur le Gaulois et le chargèrent de chaînes. D'Eaux-Sextiennes on le transporta, sans perdre de temps, à la côte, où un navire était préparé ; et de là à Rome [1]. En mettant

---

1. Per colloquii simulationem accersitum, hospitioque exceptum vinxit, ac Romam nave deportandum curavit. Valer. Maxim. l. vi, c. 9, n. 4.

121. Bituit à la discrétion du sénat, Domitius enlevait à son collègue l'honneur de conclure la paix.

La perfidie était trop criante pour que le sénat osât l'approuver; mais tout en la blâmant, il en profita. Sous prétexte que Bituit, de retour dans son royaume, pourrait remuer et renouveler la guerre, il le relégua à Albe, en Italie. Ce roi laissait en Gaule un jeune fils nommé Congentiat[1], qui devait être son héritier; le sénat le réclama, pour le faire instruire, disait-il, et le replacer ensuite sur le trône de son père. On ignore ce qu'il arriva de ce malheureux enfant, et s'il revint gouverner quelques années les Arvernes; mais certes on ne s'aperçoit pas qu'il ait inspiré à son peuple ni un grand goût pour les mœurs, ni surtout un grand amour pour la domination romaines.

Pourtant la république traita les Arvernes avec des ménagemens qui lui étaient peu ordinaires; elle ne confisqua rien de leur territoire, elle ne leur imposa aucun tribut[2]. Les Allobroges furent moins heureux; leur position fit leur crime. Le sénat les déclara sujets du peuple romain[3]; et les réunit, en cette qualité, aux peuplades liguriennes qu'il avait vaincues, et à d'autres auxquelles il n'a-

---

1. Decretum est etiam ut Congentiatus, filius ejus, comprehensus Romam mitteretur. Tit. Liv. epit. LXI.
2. Cæs. bell. Gall. l. 1, c. 45.
3. Tit. Liv. epit. l. LXII.

vait pas même fait la guerre, mais qui se trouvaient enclavées dans le territoire qu'il convoitait : le tout fut déclaré *province*[1]. La province romaine au-delà des Alpes comprit donc en totalité le pays situé à l'orient du Rhône, depuis l'endroit où ce fleuve se jette dans le lac Léman, jusqu'à son embouchure dans la Méditerranée. Rome dicta les lois qui devaient régir ses nouveaux sujets; elles ne furent pas égales pour tous. Tandis que les Allobroges, pour avoir défendu leur indépendance avec courage, étaient traités en nation conquise, dans toute la rigueur du terme, de grands privilèges furent octroyés aux Cavares, dont la résistance avait été faible ou nulle, et les Voconces, sous le nom de *fédérés*, eurent la liberté de conserver leurs anciennes coutumes[2]. Nous expliquerons tout à l'heure quelle était cette politique des Romains, à l'égard de leurs conquêtes, et comment ils proportionnaient l'état des peuples vaincus au plus ou moins d'obstacles que ceux-ci avaient opposés à leur défaite.

Ces opérations terminées, Fabius et Domitius, pour éterniser la mémoire de leurs succès, firent construire, chacun sur le champ de bataille où il s'était signalé, une tour en pierre blanche, et

---

1. C'est ce que les Romains appelaient *in Provinciæ formam* ou *formulam redigere*.
2. Voncontiorum civitas fœderata. Plin. l. III, c. 5.

dresser au sommet un trophée des armes enlevées aux Gaulois¹ : « chose inouïe jusqu'alors ! disent les « historiens, car jamais encore le peuple romain « n'avait reproché sa victoire aux nations subju- « guées². » Auprès de son trophée, Fabius éleva deux temples, l'un à Mars, l'autre à Hercule³. La vanité de Domitius ne fut pas tout-à-fait sans utilité pour le pays ; il prit soin de restaurer, afin d'y attacher son nom, la vieille route phénicienne qui traversait le littoral entre les Alpes et le Rhône, et qui en effet fut appelée depuis lors *voie domitienne*⁴. Il voulut aussi parcourir la Province, en grand appareil, à la tête de son armée, et monté sur un de ces éléphans à qui lui et son collègue devaient une bonne partie de leur gloire⁵. Après ce premier triomphe qu'il s'était décerné de son autorité privée, il se rendit à Rome, où il en briguait un second.

Il l'obtint sans peine. Fabius et lui triomphèrent le même jour, celui-ci des Allobroges,

---

1. Τρόπαιον λευκοῦ λίθου. Strab. l. iv, p. 185. — Saxeas exexere turres et desuper exornata armis hostilibus tropæa fixere. Flor. l. iii, c. 2.

2. Hic mos inusitatus nostris; nunquam enim populus romanus hostibus domitis victoriam suam exprobravit. Flor. l. c.

3. Ἕστησε καὶ νεὼς δύο, τὸν μὲν Ἄρεος, τὸν δ' Ἡρακλέους. St. l. iv, p. 185.

4. Via Domitii, ou Via Domitia.

5. Elephanto per Provinciam invectus est, turbâ militum, quasi inter solemnia triumphi prosequente. Suet. in Neron. c. 2.

celui-là des Arvernes[1]. On fit venir d'Albe, pour cette humiliante solennité, l'infortuné Bituit; on le revêtit de ses armes royales et de cette saie brillante qu'il avait portée à la fatale journée du Rhône; on le fit monter sur son char d'argent[2]; et le monarque gaulois fut ainsi promené dans les carrefours de Rome, au milieu des huées de la populace, entre l'homme qui l'avait attaqué contre tout droit et l'infame qui l'avait livré. Quand on l'eut abreuvé d'assez d'ignominie, on le reconduisit dans sa prison d'Albe, où il ne tarda pas à finir ses jours. Fabius, pour avoir réuni le territoire allobroge aux domaines de Rome, reçut du sénat le surnom d'*allobrogique*[3].

La province transalpine fut déclarée *consulaire*; c'est-à-dire que tous les ans un des consuls dut s'y rendre avec son armée: honneur qui prouvait peu de confiance dans la soumission du peuple vaincu. Les consuls qui succédèrent à Q. Fabius, P. Manlius en 120, Aurelius Cotta en 119 et Q. Marcius Rex en 118 continuèrent les conquêtes de leurs prédécesseurs; ils agrandirent la Province de

---

1. Marmor. Capit. Pigh. t. III, p. 74 et 78. — Vell. Paterc. l. II, n. 10.—Flor. l. III, c. 2.

2. Nil tàm conspicuum in triumpho quàm rex ipse Bituitus, discoloribus in armis, argenteoque carpento, qualis pugnaverat. Flor. l. c.

3. Vell. Paterc. l. c. — Valer. Maxim. l. VI, c. 9, n. 4. — Juvenalis, etc.

118. tout le pays situé au couchant du Rhône, entre ce fleuve, la frontière arverne et les Pyrénées; ce qui comprenait les territoires des Helves, des Volkes arécomikes et des Sordes. Cette nouvelle acquisition paraît leur avoir coûté peu de peine. Ils firent aussi une alliance étroite avec les Volkes Tectosages [1] et leur donnèrent le titre de *fédérés*, sans que ce peuple pourtant fût considéré comme sujet de Rome et eût son territoire enclavé dans les limites de la Province.

Les Romains possédaient donc au-delà des Alpes une province importante, mais ils n'étaient point maîtres des chemins qui pouvaient y conduire. Ils suivaient pour passer d'Italie en Gaule le sentier étroit et difficile qui longe le golfe Ligurien, entre la mer et les derniers escarpemens des montagnes. Quant aux routes intérieures des Alpes, elles étaient au pouvoir de tribus gauloises et liguriennes qui les gardaient à main armée. Le sénat tourna son attention de ce côté; il donna ordre à ses généraux de s'emparer du passage des Alpes maritimes, et d'un autre passage, dans cette partie de la chaîne que les Gaulois appelaient *Craig* ou *Craïe* [2] (région des *rocs*), mot que les Romains

---

[1]. Ἐνσπονδοί τοῖς Ῥωμαίοις. Diod. Frag. ap. Vales. p. 630.

[2]. *Craig* (gaël.), *carreg* (cym.) roc. *Crau*, en patois savoyard, signifie encore aujourd'hui *pierre, rocher*.

avaient altéré en ceux de *Græcæ* et *Graiæ*[1].

C'était la petite tribu des Ligures *Stænes* qui tenait le col des Alpes maritimes. Q. Marcius, entrant avec précaution dans la montagne, vint assaillir leur village à l'improviste. Les Stænes surpris essayèrent de se défendre, mais, se voyant enveloppés de tous côtés par les troupes romaines, et sans espoir de retraite, ils mirent le feu à leurs maisons, et, après avoir égorgé leurs femmes et leurs enfans, ils se précipitèrent au milieu des flammes. Ceux de ces hommes héroïques qui, saisis sur les routes, ou faits prisonniers pendant le combat, n'avaient pu suivre l'exemple de leurs frères, se donnèrent tous la mort par le fer, le feu ou le lacet; quelques-uns à qui l'on enleva toutes les armes se laissèrent mourir de faim. « Il ne s'en « trouva aucun, dit un historien, même parmi les « plus jeunes, chez qui l'amour de la vie fût assez « fort pour leur faire supporter l'esclavage[2]. » La résistance ne fut guère moins belle dans les Alpes *graies;* toutefois les passages, après des chances

---

1. *Graiæ, Alpes.* Plin. Petron. — Virgil. Æn. x. — *Græcæ,* Serv. ad Virg. loc. cit. — *Mons Graïus.* Tacit. Hist. iv. — C'est aujourd'hui le passage du *Petit-Saint-Bernard.*

2. Nullusque omninò vel parvulus superfuit, qui servitutis conditionem vitæ amore toleraret. Paul. Oros. l. v, c. 14. — Epit. Tit. Liv. LXII. — Fast. Capit. Fragm. Pigh. t. III, p. 85.

diverses, tombèrent au pouvoir des Romains[1].

En même temps qu'ils perçaient à l'ouest et au nord la chaîne des Alpes, ils la franchirent aussi à l'orient pour aller combattre sur les bords de la Save et du Margus une nation kimro-gallique, ces *Scordisques* qui, après le pillage du temple de Delphes, s'établirent au pied du mont Scordus et dominaient alors dans les Alpes illyriennes. Depuis vingt ans, ces peuplades turbulentes fatiguaient les gouverneurs romains de la Grèce par des guerres continuelles où elles avaient été tantôt vaincues et tantôt victorieuses. Pour y mettre un terme, le consul C. Porcius Caton alla les attaquer au cœur de leur pays; mais s'étant laissé envelopper dans leurs forêts, il y périt avec toute son armée[2]. Fiers de ce succès, les Scordisques se mirent en route vers l'Italie, et descendirent comme un torrent sur la côte illyrienne de l'Adriatique. On rapporte qu'irrités à la vue de cette mer qui s'opposait à leur marche, ils l'insultèrent et déchargèrent dans ses flots leurs gais et les flèches de leurs carquois[3]. Ce peuple était sauvage et féroce; il buvait dans le crâne de ses ennemis, il égorgeait

---

1. Dion. Cass. Fragm. p. 617. — Tit. Liv. epit. LXIII. — Paul. Oros. l. v, c. 4.
2. Tit. Liv. epit. LXIII. — Eutrop. l. IV, p. 524.
3. Flor. l. III, c. 4.

ses prisonniers, il mutilait et défigurait les cadavres ; dans les villes prises d'assaut, il ouvrait les entrailles des femmes et en arrachait leur fruit, afin que toute créature humaine fut marquée à l'empreinte de sa vengeance. Les légions romaines accoururent pour garantir l'Italie de l'invasion de ces barbares; mais elles n'en garantirent pas la Grèce, dont les parties septentrionales furent horriblement saccagées [1].

Cependant une question intéressante pour la province transalpine occupait vivement le sénat de Rome. Le jeune L. Licinius Crassus, déjà célèbre par son éloquence, avait proposé d'envoyer à Narbonne une colonie de citoyens romains et briguait l'honneur de l'y conduire : la mesure était grave non moins par sa nouveauté que par ses conséquences éventuelles, car une seule colonie de ce genre avait encore été fondée hors de l'Italie, et elle l'avait été sur les ruines de l'ancienne Carthage. On objectait surtout à Crassus l'imprudence d'exposer, en quelque sorte, des citoyens romains « aux flots de la barbarie [2] », dans un pays à peine conquis, à la merci de peuples farouches, qui n'étaient façonnés à aucun joug. L'orateur et ses partisans répondaient qu'une ville romaine

---

1. Tit. Liv. epit. LXIII. — Vell. Paterc. l. II, c. 8. — Flor. l. III, c. 4. — Fast. Capitol.

2. Barbariæ fluctibus. Cicer. pro Flac. p. 364.

pouvait seule adoucir ces peuples et les briser à l'obéissance, par sa prépondérance, par l'exemple de ses mœurs, par la communication de son langage ; qu'elle deviendrait pour la république un boulevard contre les dangers du dehors, et une sentinelle vigilante au sein de sa conquête ; ils firent valoir encore d'autres motifs, et entraînèrent à leur opinion la majorité du sénat. La colonie décrétée, Crassus eut mission de l'établir'.

Mais, dans les prévisions profondes de la politique romaine, Narbonne n'était pas dirigée uniquement contre les indigènes de la Gaule; on la plaçait, comme une surveillante et une rivale, auprès de Massalie, dont la puissance, devenue inutile, commençait à inspirer de l'ombrage. A peine la colonie fut-elle installée, que des travaux immenses révélèrent le secret de ses fondateurs. L'ancien port fut changé; un bras de l'Aude, détourné de son lit par une chaussée de sept milles de long, contribua à former une rade plus sûre et plus vaste; et des ponts furent jetés à grands frais dans une étendue de quatre milles sur les étangs et les ruisseaux, qui, très-nombreux à l'est de la ville,

---

1. Crassus voluit adolescens in coloniâ Narbonensi causæ aliquid popularis attingere, eamque coloniam ut fecit ipse deducere. Cicer. Brut. p. 223.—Eutrop. l. iv.

inondaient fréquemment les alentours¹. Narbonne vit s'élever dans son enceinte un capitole, une curie, lieu où se réunissait le sénat local, des temples magnifiques, des thermes, et plus tard une monnaie, un amphithéâtre et un cirque². Elle devint le lieu de station de la flotte militaire qui observait ces parages. Le commerce de l'Italie, de l'Espagne, de l'Afrique, de la Sicile, oubliant le chemin de Massalie, vint s'y concentrer peu à peu; le commerce intérieur de la Gaule y reflua aussi en partie: de la fondation de Narbonne Massalie put dater l'ère de sa ruine.

Une colonie romaine était une image ou, pour parler comme un écrivain ancien, un rejeton de la cité romaine transplanté sur le sol étranger³. A l'exception des droits politiques dont l'exercice exclusif appartenait à la métropole, le citoyen romain transportait dans la colonie dont il était membre toute la liberté, toutes les prérogatives dont il jouissait sur les bords du Tibre. Et même il ne perdait pas ses privilèges politiques; pour les recouvrer, il lui suffisait de se rendre à Rome; là il pouvait voter, dans les comices, sur les lois et

---

1. Marc. Hispan. p. 28 et seq; 33 et seq. — Hist. générale du Languedoc, t. 1, p. 54, 55.
2. Auson. de Clar. urbib. p. 221. — Sidon. Apol. carm xxiii.
3. Strab. l. iv, p. 181. — Auson. loc. cit. — Sulpic. Sever. Dial. 1, c. 1, 2. — Sidon. Apollin. carm. xxiii.

118. sur la nomination des magistrats, rechercher et obtenir toutes les charges de la république. Dans l'intérieur de sa ville, dans son *municipe*, il faisait partie d'un petit gouvernement qui possédait ses magistratures, son autorité, ses revenus particuliers.

Les principales attributions du gouvernement municipal étaient : 1° le culte, les cérémonies et fêtes religieuses; 2° l'administration des biens et revenus communs, la construction et l'entretien des édifices publics d'utilité ou d'agrément; 3° la police intérieure; 4° l'exercice du pouvoir judiciaire, en certains cas qui ne sont pas bien définis [2].

Les municipes modelaient leur constitution sur celle de Rome. Tous avaient une *curie* qui représentait le sénat, et presque tous des *duumvirs* correspondant aux consuls; un petit nombre remplaçaient les *duumvirs* par des *triumvirs*, des *quartumvirs* ou des *sévirs*. Des magistrats inférieurs, *édiles*, *questeurs*, *préteurs*, *censeurs*, exerçaient les mêmes fonctions que les magistrats du même nom à Rome. Les membres de la curie

---

1. Civitas ex civitate romanâ propagata. Aul. Gell. Noct. Attic. XVI, 13.

2. V. dans l'excellent ouvrage de M. Guizot, *Essais sur l'Histoire de France*, le morceau intitulé *Du régime municipal dans l'empire romain*.

s'appelaient *décurions*. Ce n'était pas seulement par la constitution et les droits qu'une colonie romaine offrait une représentation vivante de sa métropole, c'était encore matériellement par la forme et le nom de ses monumens : chaque colonie renfermait un *capitole*, un *forum*, une *curie*, un *amphithéâtre*, et souvent ces édifices rivalisèrent de grandeur et de beauté avec ceux qui ornaient la cité-mère.

Les colonies romaines tenaient le premier rang en privilèges et en honneur parmi les villes des provinces. Au second rang venaient les colonies composées d'habitans du Latium; elles jouissaient du *droit latin*[1], et portaient, comme les premières, le nom de municipes, parce qu'elles choisissaient comme elles leurs magistrats[2], et se gouvernaient par leurs propres lois; la différence des unes aux autres consistait surtout dans les droits politiques auxquels les villes latines ne pouvaient point prétendre. Il y avait outre cela des colonies *italiques*[3] dont la condition était moins favorable que celle des colonies latines, principalement sous le rapport des taxes.

Tels étaient les degrés d'hiérarchie établis par la république au sein de la population italienne

---

1. *Jus Latii*.
2. Municipia à *muneribus capiendis*.
3. La législation qui les régissait portait le nom de *Jus italicum*.

qu'elle transplantait dans ses provinces. Quant à la race subjuguée, elle ne vivait pas non plus sous une domination uniforme. Les peuples que leur peu de résistance à la conquête et la servilité de leur soumission, quelquefois leur force et l'indépendance sauvage de leurs mœurs, recommandaient aux ménagemens du vainqueur, recevaient les titres de *peuples libres* ou de *cités fédérées*[1] ; en cette qualité, ils conservaient leurs anciennes lois, et payaient seulement des redevances en terres, en argent, en hommes. Dans certaines villes, des préfets annuels étaient envoyés de Rome pour administrer la justice. Cette suspension de l'exercice de la justice était infligée d'ordinaire comme un châtiment aux colonies et autres villes privilégiées qui se montraient rebelles ou ingrates envers le peuple romain : descendues à la condition de *préfectures*[2], elles ne jouissaient plus ni des droits des colonies, ni des droits des cités libres; leur état civil dépendait des édits absolus des préfets, et leur état politique du sénat romain, qui exigeait d'elles à son gré des contributions, des terres et des levées d'hommes. Mais la condition la plus dure de toutes était celle de *sujets provinciaux*[3].

1. *Populi liberi; civitates fœderatæ*.
2. *Præfecturæ*.
3. *Jus provinciale*.

Les proconsuls ou les préteurs à qui le gouvernement des pays provinciaux était confié, cumulaient tous les pouvoirs à la fois; ils commandaient les armées, faisaient des lois, rendaient la justice, imposaient des taxes arbitrairement; ils avaient pour adjoint un questeur chargé de la levée de ces taxes et du réglement des comptes. Jamais despotisme plus dur et plus illimité ne pesa sur les peuples. Les provinces accablées sous des charges de toute nature, tantôt étaient soumises à une capitation [1], tantôt se voyaient dépouillées de leurs meilleures terres, que la république affermait pour son compte à des agriculteurs et à des nourrisseurs de bestiaux [2]. Quelquefois, outre la dîme du produit des terres [3], elles supportaient des droits considérables d'entrée et de sortie [4], des réquisitions en froment, en bestiaux, en chevaux, des corvées, des impôts sur les voyageurs, des impôts pour le déplacement des cadavres, des impôts sur les mines d'or, d'argent, de cuivre, de fer, de marbre, et sur les salines.

Cette gradation dans l'état politique des habitans des provinces était un des procédés par lesquels Rome, si savante en despotisme, les enchaî-

---

1. *Census capitis.*
2. *Pecuarii.*
3. *Census soli.*
4. *Portoria scripturæ, decumæ*, etc.

118. naît à l'obéissance; les privilégiés redoutaient de perdre ce que les autres brûlaient d'obtenir; la crainte et l'espérance contribuaient également à consolider la tyrannie. Mais, tandis que dans la province transalpine le sénat distribuait les graces et les rigueurs, que les colons romains construisaient leur ville et se partageaient les campagnes des Arécomikes, que le questeur régularisait la spoliation du pays, une des invasions les plus terribles qui aient effrayé l'occident vint fondre tout à coup au midi du Rhin, et menacer d'une commune ruine les vaincus et les vainqueurs, la Gaule et l'Italie entière.

CHAPITRE III.

Une horde de Kimris et de Teutons, partie des bords de la Baltique, assiège Noreïa; perfidie et défaite de Papirius Carbon. — Les Kimro-Teutons pénètrent en Helvétie; les Ambrons, les Tigurins et les Tughènes se joignent à eux; ces hordes envahissent la Gaule. — Résistance des Belges; ils font la paix avec les Kimris en leur cédant la forteresse d'*Aduat*. — Les hordes dévastent la Gaule centrale. — Elles attaquent la province romaine; défaites de Silanus, de Cassius, de Scaurus. — Les Tectosages se déclarent pour elles; prise et sac nocturne de Tolose par le consul Cépion. — Défaite de Cépion et de Manlius; ravage de la province; les Kimris passent en Espagne. — Malheurs de Cépion; or de Tolose. — Marius consul en Gaule; il fait creuser un canal du Rhône à la mer. — Retour des Kimris. — Marius bat les Ambro-Teutons à Eaux-Sextiennes. — Les Kimris entrent en Italie par les Alpes tridentines; terreur des Romains. — Marius arrive; bataille du champ Raudius; défaite des Kimris; héroïsme et mort de leurs femmes. — Gloire de Marius.

---

113 — 101.

Au bord de l'océan septentrional, dans la péninsule kimrique et sur la côte voisine, habitait, comme le lecteur doit se le rappeler, la plus forte des hordes kimriques restées au-delà du Rhin[1]; au-dessus d'elle, vers le nord, habitait aussi, depuis plusieurs siècles, une de ces nations teutoniques dont la race occupa bientôt la presque totalité des contrées transrhénanes. Une catastrophe terrible vint bouleverser la demeure de ces Kimris et de ces Teutons de la Baltique; par suite d'un tremblement de terre[2], la mer, sortie de son lit, engloutit une partie du rivage[3]. Effrayés, les deux peuples se retirèrent : l'épouvante les rapprocha; ils se confondirent en une seule horde, s'armèrent, et se précipitèrent vers le sud-est, non moins impétueux, non moins redoutables que cet océan débordé qui les poussait devant lui.

La horde totale comptait trois cent mille guerriers; les vieillards, les femmes, les enfans, suivaient dans des chariots[4]. Boio-rix, jeune homme d'une ame intrépide, mais violente[5], avait le commandement suprême des Kimris, et dirigeait les chefs inférieurs, Céso-rix, Luk ou Lucius, et Clod[6], appelé par les Romains Claudius. Teuto-

---

1. Part. 1, c. 1.
2. Appian. bell. Illyr. p. 751.
3. Strab. l. vii, p. 293. (Tzschucke.) — Ammian. l. xxxi, c. 6. Flor. l. iii. — Oceani supremis excita stagnis.
    Claudian. bell. Get. v. 638.
4. Plutarch. in Mario.
5. Tit. Liv. epitom. lxvii.
6. Clôd (cymr.) : louange, renommée.

bokhe[1] commandait les Teutons ; la stature et la force de ce roi tenaient du prodige, il franchissait d'un saut six chevaux rangés de front[2].

Partis des bords de la Baltique, et se dirigeant au sud-est, en remontant l'Oder ou l'Elbe, les émigrans arrivèrent aux frontières des Boïes, peuple Kimri établi, comme on l'a dit plus haut, dans le plateau des monts Sudètes[3]. Ils voulaient traverser ce pays, mais les Boïes firent une résistance si vive qu'ils les forcèrent à se détourner plus au midi[4]; la horde passa le Danube, traversa la forêt Hercynie, et vint tomber sur le Norique, qu'elle mit à feu et à sang. Après avoir dévasté toute la campagne, elle s'approcha de la capitale Noreïa, qui ferma ses portes et se défendit.

Noreïa, située au nord, sous les alpes Tridentines, était de ce côté la clé de l'Italie. Rome alarmée envoya le consul Papirius Carbon, à la tête de forces considérables, garder les défilés des montagnes, et observer de-là les mouvemens des Kimro-Teutons; il les trouva toujours occupés du blocus de Noreïa qui résistait bien, ou plutôt qu'ils ne savaient pas assiéger. Du haut des Alpes où il avait pris position, Papirius s'adressa à leurs chefs avec le

---

1. Theutobochus, Flor. l. III, c. 3. — Teutobodus, Oros, l. v.
2. Quaternos senosque equos transilire solitus. Flor. l. c.
3. Part. 1, c. 1.
4. Posid. ap. Strab. l. VII, p. 293.

ton impérieux d'un consul romain parlant à des *barbares* : « Je vous ordonne de vous retirer, leur « fit-il dire ; respectez un pays allié du peuple ro-« main. » C'était la première fois que les Kimro-Teutons se trouvaient face à face avec ce peuple romain, dont le nom sans doute avait pénétré dans leurs forêts, et dont ils entendaient tant de récits depuis qu'ils avaient quitté la Baltique. Au moment de se mesurer, ils hésitèrent ; et leur réponse aux sommations de Carbon fut humble et pacifique. Leurs ambassadeurs vinrent assurer le consul « que l'intention de la horde n'était pas « de s'établir en Norique ; et que, si les Romains « avaient des droits sur ce pays, elle porterait « ailleurs ses conquêtes. » La modération de ce message enhardit le général romain ; afin de terminer la guerre promptement et d'un seul coup, il imagina une de ces ruses dont sa nation n'était point avare, mais qu'elle qualifiait, chez ses ennemis, de perfidie et de *foi punique*. Il combla de caresses les envoyés kimris, affirmant qu'il ne désirait point la guerre, et qu'il était complètement satisfait des dispositions pacifiques de leurs frères. Ensuite, sous prétexte de les ramener à Noreïa par un chemin plus court et meilleur que celui qu'ils venaient de parcourir, il leur donna des guides qui les égarèrent. Cependant, sans un instant de retard, il fit prendre les armes à ses légions, se mit en marche, et tomba à l'improviste, au milieu de la nuit, sur le camp des assiégeans. Quoique surpris, et cernés entre deux armées, ceux-ci soutinrent l'attaque avec vigueur; le combat dura toute la nuit et à leur avantage; lorsque le jour parut, aucun des Romains n'aurait échappé sans un violent orage qui protégea leur fuite[1].

Cette victoire livrait à la horde l'entrée de l'Italie, néanmoins elle n'osa pas y pénétrer. Continuant ses courses dans l'Illyrie, elle la ravagea en tous sens, depuis l'Adriatique jusqu'au Danube, et depuis les Alpes jusqu'aux montagnes de la Macédoine et de la Thrace. Au bout de trois ans, chargée de dépouilles, elle revint sur ses pas; et par le cours supérieur du Rhin, elle entra dans les vallées des Alpes helvétiques[2].

L'Helvétie, comme on sait, embrassait le territoire montagneux que limitent au nord le Rhin, au midi la vallée du Rhône et le bassin du Léman, à l'ouest la chaîne du Jura. Enfermées par cette ceinture de montagnes et de larges fleuves, presque sans communication avec le reste de la Gaule, les six tribus[3] composant le peuple helvétien

---

1. Strab. l. v. — Tit. Liv. epit. LXIII. — Velleï. Paterc. l. II, c. 8-12.

2. Strab. l. v. — Vell. Paterc. l. II, c. 8-12 — Tit-Liv. epit. LXIII. Tacit. German. c. 37. — Quintil. Declam. pro milite Mar.

3. Strabon n'en compte que trois (l. IV, p. 193); mais César dit

110. étaient restées presque totalement étrangères au mouvement de civilisation qui se faisait sentir dans les plaines transjuranes. Cet isolement, et la vie pastorale à laquelle la nature du sol les condamnait, perpétuaient chez elles les vieilles habitudes gauloises de guerre et de vagabondage : toujours inquiètes, toujours en armes, elles passaient leur vie à faire ou à repousser des incursions du côté de leur frontière du Rhin. De grandes expéditions, dont le souvenir ne nous est pas resté, avaient valu à ce peuple un butin immense; et sa richesse, dans l'opinion des Gaulois, pouvait se comparer à sa bravoure [1]. A la vue des chariots chargés de dépouilles que les Kimro-Teutons traînaient avec eux, les Helvètes sentirent se réveiller leur passion pour les aventures; et bien loin de recevoir en ennemis les nouveaux-venus, trois de leurs tribus se levèrent en masse pour les suivre : c'étaient les *Tigurins* [2], les *Tughènes* [3], et les *Ambrons* ou *Ambra*, issus de ces anciens Galls-Ombriens qui trouvèrent un refuge en Helvétie, après leur expulsion de l'Italie circumpadane [4].

positivement que de son temps il en existait quatre, et deux avaient été détruites par Marius.

1. Φασὶ δὲ καὶ πολυχρύσους τοὺς Ἐλλουηττίους εἶναι. Strab. l. iv, p. 193.
2. Tiguri, Tigurini. — Peuple de Zurich, à ce qu'on suppose.
3. Tugheni, Toygenæ. — Peuple de Zug.
4. V. part. i, c. i.

Cette dernière tribu la plus nombreuse des trois avait sur pied trente mille hommes[1]. Les Tughènes étaient la plus faible, et s'incorporèrent avec l'une des deux autres. Les préparatifs ne furent pas longs, et la horde helvétienne reunie à la horde Kimro-Teutone tourna l'extrémité septentrionale du Jura, et se précipita sur la Gaule.

Les Belges soutinrent avec fermeté ce choc terrible, et ne laissèrent point entamer leur frontière[2]. Il paraît d'ailleurs qu'il y eut des pourparlers entre ces descendans des Kimris et les Kimris de la horde; et que la conformité de langage, le souvenir d'une commune origine, et par-dessus tout sans doute l'égalité des forces, ayant rapproché ces deux peuples, donnèrent lieu à un accommodement entre les Belges et les hordes envahissantes. Par suite de ces relations de bonne amitié, les coalisés obtinrent des Belges-Eburons la cession d'un lieu de dépôt où ils placèrent le bagage qui les gênait dans leur marche[3]. Ce lieu, nommé *Aduat*[4], et l'un des meilleurs forts de la Belgique, servait aux Eburons à déposer le butin conquis dans les

---

1. Plut. in Mario. p. 416.
2. Teutones Cimbrosque intrà fines suos ingredi prohibuerunt. Cæs. bell. Gall. l. ii, c. 4. — Strab. l. iv, p. 196.
3. Iis impedimentis quæ secum agere ac portare non poterant.... depositis.... Cæs. bell. Gall. l. ii, c. 29.
4. Cæs. bell. Gall. l. c.

guerres extérieures, ou à mettre en sûreté leurs biens-meubles durant les guerres défensives. C'était un vaste enclos, plus bas que le sol et fermé par des rocs à pic, qui ne laissaient entre eux qu'une seule issue large d'environ deux cents pieds, et aisée à intercepter au moyen de palissades et d'abatis d'arbres. Les hordes en s'éloignant y laissèrent, à la garde de leurs bagages, une garnison de six mille Kimris[1], garnison tout-à-fait insuffisante, malgré la force naturelle du lieu, si les coalisés n'eussent compté sur l'amitié des nations belgiques.

Tous les désastres de l'invasion allèrent donc s'appesantir sur la Gaule centrale, les champs furent dévastés, les villes brûlées; le peuple, désertant les campagnes, se pressa de toutes parts dans les enceintes fortifiées où la faim ne tarda pas à le suivre; mais sa résistance fut héroïque. On vit dans plus d'une ville : les assiégés réduits à une effroyable nourriture, plutôt que de se rendre, sacrifier ceux d'entre eux que l'âge ou la faiblesse rendaient inutiles à la commune défense; ces épouvantables calamités durèrent près d'un an[2].

---

1. Custodiæ ex suis ac præsidio sex millia hominum una reliquerunt. Cæs. bell. Gall. l. II, c. 29.

2. In oppida compulsi, ac inopiâ subacti, eorum corporibus qui ætate inutiles ad bellum videbantur vitam toleraverunt. Cæs. bell. Gall. l. VII, c. 77.

Voyant la Gaule, à l'exception des places de guerre, ravagée de fond en comble, les Kimro-Teutons s'acheminèrent vers la nouvelle province romaine, que gardaient les milices du pays et plusieurs légions; mais ils n'osèrent pas en toucher la frontière [1]. La puissance que le seul nom de Rome exerçait sur eux les arrêta devant la faible barrière du Rhône, comme elle les avait arrêtés, dans les Alpes noriques, devant les passages ouverts de l'Italie. Cette puissance même n'avait fait que s'accroître depuis la journée de Noreïa, malgré la défaite de Carbon; car partout, durant ses courses vers l'orient, la horde avait rencontré les Romains, en Illyrie, en Macédoine, en Thrace; et voilà qu'aux extrémités de l'occident, c'étaient encore les Romains qu'elle trouvait devant elle; une domination si gigantesque la frappait d'un respect superstitieux. Pour la seconde fois essayant de traiter avant d'en venir aux mains, les Kimro-Teutons adressèrent au commandant de la Province, M. Silanus, d'autres disent au sénat lui-même, un message par lequel ils demandaient des terres, offrant en retour à la république le service perpétuel de leurs bras [2]. Silanus renvoya

---

1. Cæs. bell. Gall. l. 1, c. 33 ; l. vii, c. 77.—Plut. in Mario.
2. Ut Martius populus aliquid sibi terræ daret quasi stipendium; cæterùm ut vellet manibus atque armis suis uteretur. Flor. l. iii, c. 3. — Tit. Liv. epit. lxv.

avec mépris ces députés : « Rome n'a, leur dit-il, « ni terre à vous donner, ni services à attendre « de vous; » puis passant le Rhône il courut attaquer les coalisés dans leur camp, mais il fut battu et mis en déroute [1]. Cependant la Province ne fut point envahie; la population gauloise, déployant une énergie admirable, défendit la ligne du Rhône et des Cévennes, jusqu'à l'arrivée de nouvelles légions.

L'année suivante se passa en tentatives infructueuses de la part des hordes alliées pour pénétrer dans la Province. Enfin, elles prirent le parti de se partager et d'attaquer simultanément sur plusieurs points. Les Tigurins, sous la conduite de Divicon, se chargèrent d'envahir le territoire allobroge, soit par le pont de Genève, soit par les gués qu'ils savaient exister dans le Rhône, un peu au-dessous de cette ville. Les autres Helvètes et les Kimro-Teutons se dirigèrent plus au midi. Ce plan obligeait les Romains à diviser aussi leurs forces. Le consul L. Cassius gagna Genève en toute hâte, et traversa le Rhône pour fermer aux Tigurins le passage du Jura, tandis que son lieutenant Aurelius Scaurus alla faire face aux Kimris. Des deux côtés la fortune fut contraire aux Romains. Cassius, prévenu dans son mouvement,

---

1. Tit. Liv.—Flor. l. c.

et assailli lui-même à l'improviste, eut son armée taillée en pièces sur les bords du Léman[1] ; il resta sur le champ de bataille avec un de ses lieutenants, L. Pison, et les plus braves légionaires[2]. En vain les débris des légions se retranchèrent dans leur camp, et cherchèrent à s'y défendre; Divicon les y força et ne leur laissa la vie qu'à des conditions si dures que Rome, au temps de ses plus grands revers, ne les avait subies qu'une fois; il les obligea à livrer la moitié de leur équipement, à fournir des otages, enfin à passer sous le joug[3]. Les Romains se résignèrent à tout ce qu'on voulut d'eux; et, le lieutenant C. Publius à leur tête, ils se courbèrent sous les lances gauloises à la vue des remparts de Genève; non moins humiliés des regards de leurs sujets que des railleries de leurs ennemis.

Les hordes n'étaient pas moins heureuses au midi qu'au nord; et, tandis que Cassius succombait, Aurelius Scaurus, après avoir été témoin de la fuite de son armée, tombait prisonnier entre les mains des Kimris. Tant de succès enhardirent ces peu-

---

1. In finibus Allobrogum. Tit. Liv. epit. LXV.—Ad oceanum (ad lacum Lemanum). Oros. l. v, c. 15.— Cæs. bell. Gall. l. 1, passim.
2. Cæs. bell. Gall. l. 1.—Tit. Liv. epit. LXV.—Oros. l. v, c. 15.
3. Obsidibus datis, et dimidiâ rerum omnium parte... Tit. Liv. epit. LXV.—Sub jugum missi. Cæs. bell. Gall. l. 1, c. 7-12.—Oros. l. v, c. 15.

107. ples; ils résolurent de passer les Alpes à tout hasard, et d'aller saisir corps à corps cette république si fameuse et qu'ils avaient toujours trouvée si faible; leur chefs, réunis en conseil, discutèrent le plan d'invasion et le sort qui devait être fait à l'Italie. Ils agitèrent si l'Italie serait saccagée seulement ou partagée; si les Romains seraient réduits en esclavage ou exterminés jusqu'au dernier, afin que la race des Kimris et des Teutons peuplât seule la ville à qui tant de contrées obéissaient[1]. Scaurus chargé de chaînes assistait, sous la tente du conseil, à cette délibération. Interrogé, par interprète sans doute, sur les forces de son pays, il s'exprima avec courage et dignité, il exalta la puissance de Rome, ses légions, son inébranlable constance, et sa fortune qui, pour s'être retirée d'elle un instant, ne l'avait point abandonnée. « Je vous le conseille, osa-t-il leur dire, ne passez pas les Alpes, ne mettez pas le pied en Italie, car ma patrie est invincible[2]! » Les paroles et le ton hardi du prisonnier offensèrent ce sénat sauvage; Boïo-rix, bouillant de colère, s'élança, l'épée à la main, et perça Scaurus sur la

---

1. An cimbricè Romæ loquendum? Quintil. pro milite Marii. — Ἔγνωσαν μηδαμοῦ γῆς ἑαυτοὺς ἱδρύειν, πρὶν ἀναστρέψουσι τὴν Ῥώμην... Plut. in Mar. p. 412.

2. Ne Alpes transirent, Italiam petituri... Romanos vinci non posse. Tit. Liv. epit. LXVII.

place ¹. Les chefs se séparèrent cependant sans avoir rien décidé, soit que la fermeté du Romain eût réveillé leurs anciennes terreurs, soit qu'ils hésitassent à s'aventurer de l'autre côté des Alpes avant d'avoir soumis ou du moins gagné à leurs intérêts la province romaine de la Gaule. Ils s'arrêtèrent définitivement à ce dernier parti.

Ce n'était pas sans une joie secrète que les Gaulois provinciaux avaient vu les défaites réitérées de leurs maîtres ; et si les vainqueurs ne s'étaient pas montrés d'abord si cruels, nul doute que les sujets de Rome, s'associant à leurs succès, n'eussent secoué le joug et peut-être tenté davantage. Mais les scènes déplorables dont la Gaule avait offert le spectacle, épouvantaient ces peuples ; quelque ardent que fût leur désir d'indépendance, la plupart ne pouvaient envisager de sang-froid une alliance avec les Kimro-Teutons. Il y en eut pourtant qui l'osèrent et prêtèrent en secret l'oreille aux chefs alliés, qui les sollicitaient de combiner leurs forces, non-seulement pour expulser les Romains, mais pour les poursuivre jusqu'en Italie ; toutefois un seul se déclara ; ce furent les Volkes Tectosages, qui, bien que n'appartenant pas à la Province, étaient liés à la république romaine par le titre de *fédérés*. Rome, interprétant à sa

---

1. Tit. Liv. l. c.

guise un titre qu'elle avait donné, sous prétexte de défendre un point militaire important, s'était emparée de leur capitale, *Tolosa* ou Tolose, dès le commencement de la guerre, et y avait mis garnison : cet acte insolent de souveraineté irrita les Tectosages ; d'ailleurs ils avaient toute raison de craindre qu'après l'éloignement du péril, leur ville ne restât à perpétuité entre les mains de ses protecteurs.

L'idée de la servitude pesait surtout aux Tectosages, elle humiliait leur orgueil assez légitimé par ces brillantes expéditions dont Tolose conservait des trophées. A cela se joignaient les mêmes motifs qui avaient agi sur les nations belgiques du nord. Les Tectosages aussi étaient Belges et Kimris ; et cette communauté de langue et d'origine avec les Kimris d'outre Rhin, fut entre les chefs des deux peuples une facilité de plus pour s'entendre et un attrait de plus pour se lier[1]. Copill[2], roi des Tectosages, conclut un traité d'amitié avec Boïo-rix ; et les Tolosates, en signe d'adhésion, faisant main-basse sur les Romains qui tenaient garnison dans leurs murs, les mirent aux fers. Mais pendant l'absence de Copill, et l'éloignement des Kimro-Teutons, avant que les Tectosages ne se fussent suf-

---

1. Πρὸς τὰς τῶν Κιμβρῶν ἐλπίδας. Dion. Cass. Frag. ap. Vales. p. 630.

2. Κόπολλος. Plut. in Sull.

fisamment organisés, des troupes arrivées d'Italie, fort à propos pour les Romains, déconcertèrent ces mesures¹. Tolose tint bon néanmoins, et le général ennemi Q. Servilius Cépion n'y pénétra que par la trahison de quelques habitans vendus au parti de l'étranger ; la ville, livrée à la faveur de la nuit, fut saccagée de fond en comble².

Il n'était bruit par toute l'Italie que des immenses richesses accumulées à Tolose. Les aventuriers Tectosages de retour du pillage de la Grèce avaient rapporté, disait-on, dans leur ville natale, tous les trésors de Delphes et la dépouille de vingt autres temples. On ajoutait qu'une maladie contagieuse s'étant déclarée presque aussitôt, les devins gaulois l'attribuèrent à la vengeance des dieux dépouillés et ordonnèrent par forme d'expiation que tout ce butin fût précipité au fond d'un lac sacré que renfermait l'enceinte de la ville³. L'histoire circonstanciée de la campagne des Gaulois en Grèce démontre suffisamment l'absurdité, ou du moins l'exagération de ces récits⁴. Ce qui paraît certain c'est que Tolose possédait beaucoup d'or et d'argent en lingots, provenant

1. Dion. Frag. ap. Vales. p. 630.
2. Dion. Fragm. ap. Vales. p. 630.
3. Strab. l. IV, p. 188.—Dion. l. c.—Aul. Gell. l. III, c. 9.—Oros. l. V, c. 15.
4. V. t. I, p.

en partie des expéditions lointaines des Tectosages, en partie des mines des Pyrénées, mais surtout de son lac[1] et de son temple de Bélen[2] dont le renom de sainteté attirait de toutes parts les offrandes des particuliers et des peuples.

Au reste quelle que fût l'origine de ces richesses, elles devinrent la proie des soldats romains; leur avarice n'épargna ni les lieux sacrés, ni les lieux profanes, et le trésor de Bélen fut enlevé de son lac par des plongeurs. Toutefois la spoliation ne put pas être complète; et lorsque, par la suite, la république s'empara des lacs sacrés des Tectosages et les vendit, les spéculateurs romains qui les desséchèrent y trouvèrent encore des masses considérables d'or et d'argent[3]. Les anciens historiens varient sur la somme que le consul Cépion ramassa dans ce pillage général; celui dont le sentiment est le plus suivi, la fait monter à cent dix mille livres pesant d'or et quinze cent mille pesant d'argent[4]. Ce butin, suivant la loi

---

1. Posidon. ap. Strab. l. IV, p. 188.
2. Apollinis. Oros. l. v. c. 15.
3. Οἱ γοῦν Ῥωμαῖοι κρατήσαντες τῶν τόπων ἀπέδοντο τὰς λίμνας δημοσίᾳ, καὶ τῶν ὠνησαμένων πολλοὶ μύλους εὗρον σφυρηλάτους ἀργυροῦς. Strab. l. IV, p. 188.
4. Justin. l. 32, c. 3.—Orose l'évalue à cent mille livres pesant d'or et dix mille d'argent. — Strabon, d'après Posidonius, à quinze mille talens (82,500,000 francs). La position de l'ancien lac sacré de Tolose a donné lieu à de grandes discussions entre les érudits;

romaine, devait appartenir à la république; mais le consul ne résista pas à la tentation de se l'approprier. Il imagina de le faire voiturer à Massalie, sous prétexte que c'était une place sûre, et en communication fréquente avec Rome; en même temps il fit dresser, dit-on, sur la route, une embuscade où l'escorte et les chariots tombèrent : l'escorte périt et l'argent fut partagé entre lui et ses complices [1].

L'année s'écoula sans de grands faits d'armes entre Cépion et les hordes; des forces considérables arrivèrent cependant de l'Italie, et le consul Cn. Manlius, qui succéda à celui-ci, voulut reprendre l'offensive et passa sur la rive droite du Rhône. Le sénat, par une faute qui lui devint fatale, avait trouvé bon de partager le commandement à égalité entre l'ancien consul et le nouveau; et ce fut dans l'armée romaine une source de discordes. Cépion, qui se croyait supérieur à Manlius par la naissance et par l'expérience de la guerre, affichait envers son collègue les prétentions les plus hautaines; il voulut avoir son département séparé, camper, manœuvrer et combattre séparément. Cette mésintelligence ne fut

---

l'opinion la plus probable le placerait dans le lieu où a été bâtie depuis l'église de Saint-Sernin. V. l'ouvrage de M. Dumège sur les antiquités des Pyrénées.

1. Oros. l. v, c. 15.—Dion. Fragm. l. c.—Aul. Gell. l. c.

pas long-temps un secret pour l'ennemi; un de ses corps d'armée composé des Kimris et des Ambrons s'approcha du camp de Manlius, afin d'observer les mouvemens des chefs et d'épier l'occasion favorable. Mais aussitôt Cépion, désireux d'enlever à son rival l'honneur d'une victoire qu'il croyait facile, changea de position, et vint placer son camp entre celui du consul et celui des hordes; les deux armées romaines se trouvaient alors non loin du Rhône, sur la rive droite. La réconciliation apparente des deux généraux fit impression sur les Kimris; ils commencèrent à hésiter, et suivant leur habitude ils envoyèrent au consul un messager de paix. Pour arriver au camp de Manlius, il fallait, comme nous venons de le dire, traverser les quartiers de Cépion. Par une basse et ridicule jalousie, ce général irrité de ce que les propositions n'étaient pas adressées à lui plutôt qu'à son collègue, arrêta au passage les députés, les injuria et les menaça même de la mort [1].

Le récit de cet outrage remplit d'un violente colère les guerriers Ambrons et Kimris; ils se rassemblèrent sur-le-champ, et, par un acte religieux qui préludait d'ordinaire chez les Kimris aux guerres à outrance et aux batailles sans quartier, ils vouèrent solennellement aux dieux tout ce que

---

[1]. Dion. excerpt. à Vales. p. 630.

la victoire ferait tomber entre leurs mains. Ils se précipitèrent alors au combat. Les Ambrons surtout montrèrent un courage terrible[1]; les camps de Cépion et de Manlius furent forcés l'un après l'autre; quatre-vingt mille soldats romains et quarante mille esclaves ou valets d'armée tombèrent sous le sabre, la hache et le javelot : tout le reste fut pris, à l'exception de dix hommes, les seuls, au rapport des historiens, qui échappèrent à cette effroyable boucherie[2]. De ce nombre se trouvait un jeune homme que nous verrons plus tard jouer dans la Gaule un rôle brillant, Q. Sertorius; on raconte que, culbuté de cheval et blessé, il eut encore assez de force pour traverser le Rhône à la nage, portant son bouclier et sa cuirasse[3]. Cépion fugitif repassa les Alpes : cette bataille eut lieu le sixième jour du mois d'octobre.

Maîtres des deux camps romains, les vainqueurs accomplirent religieusement leur vœu barbare : hommes et choses, tout ce qui avait appartenu à l'ennemi fut anéanti sans miséricorde[4]. Les prisonniers étaient pendus à des arbres; l'or et l'ar-

---

1. Plut. in Mar. p. 416.
2. Ex omni penitùs exercitu decem tantummodò homines... superfuisse referuntur. Paul. Oros. l. v, c. 16.
3. Plutarch. in Sertorio.
4. Nil prædæ victor, nil misericordiæ victus agnovit. Paul. Oros. l. v, c. 16.

gent jetés dans le Rhône ; le bagage mis en pièces, les armes et les cuirasses brisées, les brides des chevaux rompues, et les chevaux eux-mêmes précipités périssaient dans les gouffres du fleuve¹. Cette victoire mettait une partie de la Province à la discrétion des Kimris, ils en dévastèrent tout le littoral depuis le Rhône jusqu'aux Pyrénées². On ne sait ce que devinrent dans cette tempête les riches établissemens massaliotes et italiens, et surtout Narbonne avec ses citoyens romains et ses édifices commencés. Arrivés au pied des Pyrénées, et voyant le passage de l'Espagne ouvert devant eux, les Kimris furent tentés d'y porter leurs armes ; ils le firent en effet³, tandis que le reste des hordes, attendant leur retour, dressait ses tentes dans quelque canton de la Gaule.

Il serait impossible de peindre la consternation de l'Italie au récit de ces désastres ; la journée du Rhône, comme celle d'Allia, dont elle réveillait le souvenir, fut maudite et déclarée à jamais funeste. Dès la défaite de Carbon sous les Alpes

---

1. Vestis discissa et projecta est, aurum argentumque in flumen abjectum, loricæ virorum concisæ, phaleræ equorum disperditæ, equi ipsi gurgitibus immersi, homines laqueis collo inditis ex arboribus suspensi sunt. Paul. Oros. l. v, c. 16.

2. Vastatis omnibus quæ inter Rhodanum et Pyrenæum sunt. Tit. Liv. epit. l. LXVII.

3. Per saltum in Hispaniam transgressi. Tit. Liv. epit. l. LXVII.

noriques, l'imagination populaire s'était plu à se créer un tableau effrayant de ces hordes dévastatrices, de leur stature, de leur force, de leur irrésistible impétuosité; aujourd'hui que six armées romaines avaient comme disparu sous leurs pas, la réalité semblait surpasser toutes les conceptions de la peur, et un morne abattement gagnait tous les esprits[1]. Dans ces conjonctures, Rome crut pouvoir déroger aux formes les plus respectées de sa constitution[2]; elle nomma au consulat un général absent, et, durant trois années, le maintint dans cette charge: c'était le célèbre Marius, homme d'un vaste génie, mais rude, violent, inflexible dans la discipline, et, comme on l'a dit, non moins terrible au soldat romain que ces bandes farouches dont il devait arrêter les ravages.

Marius se rendit dans la Province, et avec l'aide des Massaliotes, y travailla à de grands préparatifs de défense. La longue accumulation du limon charrié par le Rhône, et du sable que la mer pousse en sens contraire, avait formé autour des bouches du fleuve une barre qui en rendait l'entrée difficile, et ce n'était pas sans beaucoup de temps et sans quelques périls que les gros navires chargés parvenaient à y pénétrer.

---

1. Cicer. de provinc. Consular.—Plutarch. in Mario. p. 412.—Eutrop. l. v. p. 526.—Oros. l. v, c. 16.
2. Plut. loc. cit.

104. Marius, qui voulait tirer ses approvisionnemens de l'Italie et avoir la mer libre, fit creuser par ses soldats un canal large et profond, qui communiquait avec le Rhône un peu au-dessus d'Arélate, traversait la plaine stérile nommée *Champ-pierreux*, et à son embouchure dans la mer offrait aux vaisseaux une rade commode[1]. Ce canal, susceptible de servir au besoin de ligne de défense, reçut le nom de *Fossæ Marianæ*, fosses de Marius. A son départ de la Gaule, le consul l'abandonna aux Massaliotes, en récompense de leurs fidèles services : ceux-ci y établirent des droits d'entrée et de sortie dont le revenu devint considérable[2]; ils bâtirent même près de l'embouchure une ville qui porta le même nom que le canal. Aujourd'hui l'ouvrage de Marius est comblé; mais le village de Foz nous offre un vestige encore subsistant de la ville massaliote et de son nom.

105. C'était par ces travaux prodigieux que Marius exerçait ses soldats durant l'absence des Kimro-Teutons; et son génie infatigable pourvoyait en même temps à tout ce qui pouvait préparer et assurer le succès. L'insurrection des Tectosages

---

1. Strab. l. iv, p. 183.—Pomp. Mela. l. ii, c. 5.—Plut. in Mario. p. 412.— Statistique des Bouches-du-Rhône. — Voyage de Millin dans le midi de la France, t. iii.

2. Ἐξ οὗ πλοῦτον ἠνέγκαντο πολυτελῆ, πραττόμενοι τοὺς ἀναπλέοντας καὶ τοὺς καταγομένους. Strab. l. iv, p. 183.

et la découverte d'intelligences secrètes entre quelques villes provinciales et les hordes avaient rendu la Province fort suspecte aux Romains. Marius désirait vivement savoir à quoi s'en tenir sur la disposition intime de chacun de ces peuples; il eût voulu profiter du relâche que lui laissait l'ennemi du dehors pour prévenir et désarmer celui du dedans. Afin d'éclaircir ses doutes, il imagina d'adresser aux principales cités une dépêche fermée et scellée avec défense expresse de l'ouvrir avant un jour déterminé; mais ayant devancé l'époque et fait redemander toutes ses lettres, il trouva que la plupart avaient été décachetées, ce qui le confirma dans sa défiance[1]. Soit que Marius, par suite de cette défiance, exerçât sur les malheureux provinciaux des rigueurs insupportables, soit qu'une conspiration préparée de longue main fût enfin venue à maturité, des soulèvemens éclatèrent dans plusieurs cantons à la fois, et les Tectosages, qui avaient le plus d'injures à venger, se mirent les premiers en campagne, sous la conduite de leur roi Copill. Le lieutenant Corn. Sylla, chargé par le consul d'étouffer ces révoltes, battit en plusieurs rencontres les insurgés[2], écrasa l'armée Tectosage, fit prisonnier

---

1. Frontin. Stratagem. l. 1, c. 2, n. 6.
2. Eminentissimos hostium duces fuderat... Velleius Patercul. l. II, c. 17. — Aurel. Vict. c. 75.

son chef'; et, pour la seconde fois, comme disaient les Romains, la nation des Volkes fut pacifiée.

Cependant le plus cruel ennemi de cette nation, l'ancien consul Servilius Cépion, retiré à Rome depuis la défaite du Rhône, ne jouissait pas sans trouble du fruit de ses brigandages. Le peuple, qui attribuait à sa conduite coupable comme général et aux profanations commises à Tolose tous les malheurs de cette journée², avait ordonné une enquête contre lui et ses complices, pour soustraction de deniers publics. Quelque temps Cépion parvint à se soustraire à cette enquête et à une condamnation inévitable, favorisé par le sénat qui protégeait en lui l'auteur de certaines lois aristocratiques, et qui d'ailleurs ne voyait jamais sans déplaisir des accusations pour fait de concussion ou de péculat. Le peuple enfin l'emporta. Dépouillé de son rang et de sa fortune, Cépion, réduit à la plus extrême pauvreté, alla finir en Asie une vie méprisée; ses filles, héritières de sa misère, ajoutèrent encore au déshonneur de son nom, et périrent comme lui dans l'opprobre³. Cette série d'infortunes qui anéantissaient toute une famille naguère puissante et illustre

---

1. Ἡγεμόνα Τεκτοσάγων Κόπιλλον εἷλε. Plut. in Sylla.
2. Quod sacrilegium causa excidii... fuit. Justin. l. xxxii, c. 3.
3. Cicer. pro L. Balbo.—Strab. l. iv.—Valer. Max. l. iv, c. 7.—Justin. l. xxxii, c. 3.

parut aux Romains un coup manifeste des vengeances du ciel; on prétendit même qu'un sort non moins rigoureux avait frappé l'un après l'autre tous les complices de Cépion¹. Cette croyance enracinée parmi le peuple, donna naissance à un proverbe fameux : quand un homme semblait poursuivi dans sa fortune ou dans sa vie par une fatalité implacable, on disait de lui : *Cet homme a de l'or de Tolose*².

Depuis deux ans, que les Kimris s'étaient jetés sur l'Espagne, ils en avaient dévasté la plus grande partie sans éprouver beaucoup de résistance; mais, ayant enfin trouvé chez les Celtibères un peuple capable de leur tenir tête, ils jugèrent à propos de battre en retraite, repassèrent les monts, et vinrent se rallier à leurs confédérés dans les plaines de la Gaule³. L'Illyrie, la Gaule, l'Espagne avaient donc été tour à tour la proie de ces hordes. De toutes les contrées de l'occident l'Italie seule avait échappé à leur avidité, et manquait seule à leur gloire ; ils se déterminèrent à l'envahir sans plus tarder, mais de deux côtés à la fois, afin de diviser les forces des Romains et inspirer une terreur plus profonde. Les Kimris,

---

1. Aulu. Gell. l. III, c. 9.
2. Aurum habet Tholosanum. Id. l. c.
3. Ibi multa loca populati, à Celtiberis fugati sunt reversique in Galliam bellicosis se Teutonis conjunxerunt. Tit. Liv. epit. LXVII.

102. réunis aux Tigurins, se dirigèrent vers les Alpes tridentines, à travers l'Helvétie et le Norique, tandis que les Ambrons et les Teutons se chargeaient de franchir les Alpes maritimes, après avoir balayé les légions de la Province ; le rendez-vous général fut fixé sur les bords du Pô¹.

Pendant ces mouvemens de l'ennemi, Marius, pour l'observer de près, était accouru au confluent de l'Isère et du Rhône². Voyant la division ambro-teutone descendre le fleuve, afin de gagner plus au midi la route de l'Italie, il rétrograda vers la mer, et plaça son camp de manière à couvrir en même temps les deux voies romaines qui, se croisant à Arelate, conduisaient en Italie, l'une par les Alpes maritimes, l'autre par le littoral de la Ligurie. Il se retrancha dans cette position, fermement résolu à ne point se départir de la défensive, jusqu'à ce que l'occasion se présentât de combattre à coup sûr ; il ne tarda pas à apercevoir l'avant-garde des Ambro-Teutons.

« Leur aspect, dit un historien, était hideux, « leurs cris effroyables, leur nombre immense³, » lorsque, se déployant dans la campagne, ils vinrent

---

1. Plutarch. in Mario. p. 413.
2. Juxtà Isaræ Rhodanique flumina, ubi in sese confluunt. Paul. Oros. l. v, c. 16.
3. Ἐφαίνοντο πλήθει τε ἄπειροι καὶ δυσπρόσωποι, τὰ εἴδη φθόγγον τε καὶ θόρυβον οὐχ ἑτέροις ὅμοιοι. Plut. in Mar. p. 413.

ranger leurs chariots et dresser leurs tentes en face des retranchemens romains. Impatiens de l'inaction où le consul se tenait, ils ne cessaient de le provoquer, par toutes sortes de défis et d'outrages, à sortir de l'enceinte de ses palissades, pour se mesurer en plaine et à armes égales[1]; mais Marius se riait également et de leurs provocations et de leurs insultes personnelles. Un chef teuton s'avança un jour jusqu'aux portes de son camp, l'appelant nominativement à un combat singulier; Marius lui fit répondre que, s'il était las de vivre, il n'avait qu'à s'aller pendre[2], et, comme le Teuton insistait, il lui envoya un gladiateur. Cependant ces outrages exaspéraient les légions qui souvent voulaient courir aux armes; Marius les arrêtait: « il ne s'agit pas ici, leur criait-il, de « triomphes à gagner, de trophées à élever; il « s'agit d'empêcher cette tempête d'aller crever « sur l'Italie. » On dit que, pour familiariser ses soldats avec l'aspect bizarre, les cris, l'armure, la tactique de l'ennemi, il les envoyait à tour de rôle sur les remparts, d'où l'œil plongeait dans les campemens ambro-teutons[3]. Le jeune Sertorius, dont il a été question plus haut, lui rendit pendant ces

---

1. Προσεκαλοῦντο τὸν Μάριον εἰς μάχην. Plut. ut supr.
2. Cupidum mortis laqueo vitam finire posse. Frontin. Str. l. IV, c. 7.
3. Plutarch. in Mar. p. 413 et 414.

102. jours d'inaction d'importans services: à l'aide de la langue gallique qu'il entendait et parlait couramment, et d'un déguisement gaulois, il s'introduisait dans le quartier des Ambrons, et tenait Marius au courant de tout ce qui s'y passait [1].

Désespérant à la fin d'attirer l'armée romaine hors du camp, les Ambro-Teutons entreprirent de l'y forcer; trois jours de suite, ils donnèrent l'assaut et toujours repoussés, après avoir fait quelques pertes, ils résolurent de continuer leur route vers les Alpes, en suivant la voie Domitienne. « Ce fut alors, dit l'historien de Marius, qu'on « put mieux estimer leur multitude; six jours « entiers, sans que leur marche fût interrompue, « ils défilèrent en vue du camp romain; et comme « ils passaient sous le rempart, on les entendait « crier en raillant aux soldats: Nous allons voir « vos femmes; n'avez-vous rien à leur mander [2]? » Ils arrivèrent bientôt à Eaux-Sextiennes, le consul les suivant à petites journées.

Eaux-Sextiennes, située près de la petite rivière d'Arc qui portait alors le nom de Cænus, était,

---

1. Ἐσθῆτι δὲ Κελτικῇ σκευασάμενος, καὶ τὰ κοινότατα τοῦ διαλέκτου πρὸς ἔντευξιν ἐπὶ καιροῦ παραλαβὼν, ἀναμίγνυται τοῖς βαρβάροις. Plut. in Sert. p. 648.

2. Εἴ τι πρὸς τὰς γυναῖκας ἐπιστέλλοιεν, αὐτοὶ γὰρ ἔσεσθαι ταχέως παρ' αὐταῖς. Plut. in Mar. — Si quid ad uxores suas mandarent. Flor. l. III, c. 3.

comme nous l'avons dit précédemment, un des lieux de plaisance des magistrats et des riches citoyens de la Province. La beauté des sites[1], et par-dessus tout l'abondance de sources thermales, si recherchées des Romains, y attiraient un assez grand concours de monde dans les jours brûlans de l'été; des bains publics avaient été construits, et rien n'y manquait de ce qui peut contribuer à l'agrément de la vie. La horde ne s'arrêta pas long-temps dans ces murs; après avoir enlevé toutes les provisions qui s'y trouvaient, elle alla, un peu plus au levant, ranger ses chariots par delà le Cænus en deux quartiers séparés; celui des Ambrons, placé très-près de la rivière, était en même temps le plus rapproché de la ville. Marius ne tarda pas à arriver, et, suivant sa tactique ordinaire, il vint prendre position sur une colline isolée qui s'élevait entre la ville et les campemens ennemis, et dominait tout le vallon. Il aperçut de là les Ambrons et les Teutons qui, dispersés autour de leurs quartiers, s'abandonnaient sans prévoyance à toutes les séductions du lieu; les uns se baignaient dans les ruisseaux d'eaux thermales, ou dans le fleuve, les autres mangeaient après le bain ou dormaient, et le plus grand nombre étaient ivres[2].

1. Ἡδονὴ καί θαῦμα τοῦ τόπου. Plut. in Mar. 416.
2. Ἔτυχον ἀριστῶντες οἱ πολλοὶ μετὰ λουτρὸν, οἱ δὲ ἐλούοντο· ῥήγνυσι

102. La colline sur laquelle Marius avait fait halte était d'une assiette très-forte, mais on remarqua qu'elle manquait d'eau : les soldats s'en plaignirent. « Vous êtes des hommes, leur dit Marius, « en leur montrant la rivière qui coulait à leurs « pieds; voilà de l'eau qu'il faut échanger contre « du sang¹. » — « Mène-nous donc au combat, « s'écria un d'entre eux, avant que ce sang soit « desséché dans nos veines ! » — « Oui, repartit le « général avec douceur, mais avant tout, fortifions « notre camp². » Les soldats se turent et se mirent au travail; et pendant ce temps les esclaves et les domestiques qui n'avaient d'eau ni pour eux ni pour leurs bêtes de somme, descendirent à la rivière, armés comme ils purent de cognées, de haches, d'épées, de piques, et portant des cruches pour puiser. Ils surprirent quelques ennemis qui se baignaient et les tuèrent; d'autres ennemis accoururent et l'on commença à se battre; les Ambrons dont le quartier était le plus voisin de la colline, se rassemblèrent et saisirent leurs armes. « Quoique leur corps fût appesanti par « les excès de la bonne chère, dit un historien, « ils n'en montraient que plus de résolution, de

γὰρ αὐτόθι ναμάτων θερμῶν πηγὰς ὁ χῶρος. Plutarch. in Mario. p. 416.

1. Viri estis... Florus. l. III, c. 3. — Εἶναι τὸ ποτὸν ὤνιον αἵματος. Plut. Mar. p. 416.

2. Plut. l. cit.

« fierté, et de gaieté[1]; » ils marchaient au bruit de leurs armes frappées en cadence, et répétaient alternativement leur nom national et leur cri de guerre *Ambra! Ambra*[2] !

Il n'était plus possible à Marius de retenir les siens, et déjà le corps des Ligures auxiliaires, descendant en toute hâte la colline, avait atteint le bord de la rivière. Quoique levés sur les terres des Ligures et confondus avec eux par les Romains, ces auxiliaires appartenaient à l'une de ces colonies d'émigrés galliques, qui se réfugièrent dans les Alpes liguriennes, lorsque les Étrusques renversèrent la domination des Ombres[3]. Établies depuis tant de siècles au milieu d'une race étrangère, ces tribus exilées avaient adopté peu à peu les mœurs et la langue des peuples qui leur avaient donné l'hospitalité; mais elles n'oublièrent point le nom de leurs ancêtres. Quand ce cri *Ambra!* vint frapper leurs oreilles, les auxiliaires romains furent saisis d'étonnement[4], car ils étaient loin de soupçonner que les hommes qu'ils allaient combattre étaient leurs frères, enfans de la même race

---

1. Plut. ut sup.
2. Ἀμβρωνες. Plut. Mar. p. 416.
3. V. p. 1, c. 1.
4. Τῶν δὲ Ἰταλικῶν πρῶτοι καταβαίνοντες ἐπ' αὐτοὺς Λίγυες, ὡς ἤκουσαν βοώντων, καὶ συνῆκαν, ἀντεφώνουν καὶ αὐτοὶ τὴν πάτριον ἐπίκλησιν αὐτῶν εἶναι. Plut. Mar. p. 416.

et expatriés par suite des mêmes malheurs. Dans leur surprise, ils répondirent aux provocations de l'ennemi en répétant ce nom qui était aussi le leur; et le même cri, s'élevant à la fois des deux armées, avec force et comme à l'envi, remplissait au loin toute la vallée du Cænus [1].

Les Ambrons n'attendirent pas que l'armée romaine traversant la rivière vînt se deployer sur la rive gauche, ils coururent l'attaquer au pied du coteau qu'elle occupait; reçus vigoureusement par les auxiliaires Ligures, ils luttèrent longtemps corps à corps avec eux dans le lit même du Cænus. Mais bientôt arrivèrent les légions, dont l'impétuosité favorisée par la pente du lieu culbuta les Helvètes jusque sur l'autre bord. Marius alors passa la rivière rouge de sang et presque comblée de cadavres, et le soldat romain put boire [2]; il continua de poursuivre dans la plaine les fuyards, qui, presque tous, battant en retraite jusqu'au quartier des Teutons, laissèrent sans défense leurs chariots et leurs équipages. Mais là le vainqueur rencontra un ennemi sur lequel il n'avait pas compté. Les femmes Ambrones, armées de haches et de sabres, s'étaient

---

1. Πυχνὸν οὖν καὶ παράλληλον ἀντήχει τὸ ἀναφώνημα... Plut. ut sup.

2. Ea cædes hostium fuit ut victor romanus de cruento flumine non plus aquæ biberit quàm sanguinis barbarorum. Flor. l. III, c. 3.

rangées devant les chariots qui contenaient leurs enfans et leurs richesses. Égarées par la douleur et la rage, elles grinçaient des dents, et, le bras levé, frappaient pêle-mêle tout ce qui se présentait, et les Romains vainqueurs et leurs maris fugitifs qu'elles appelaient des traîtres. On les voyait saisir de leurs mains nues les épées, arracher les boucliers, recevoir des blessures, se laisser mettre en pièces sans lâcher prise[1]. L'héroïsme de ces femmes arrêta la victoire et sauva ce que les hommes avaient abandonné honteusement. La nuit d'ailleurs approchait; Marius fit sonner la retraite et regagna sa colline; tandis que les Ambrones, mettant leurs chariots en mouvement, allèrent se réfugier dans les campemens Teutons.

Le succès de Marius était grand; les cadavres ennemis jonchaient la rivière et la plaine; cependant la victoire n'était pas gagnée, car la majeure partie des Helvètes s'était sauvée et les Teutons n'avaient point combattu. Aussi dans leur quartier, qui n'était ni clos, ni fortifié, les Romains passèrent une nuit inquiète, sans réjouissances et sans sommeil[2]. Cette même nuit chez les Ambro-Teutons fut une nuit de deuil; ils l'employèrent à pleurer leurs frères morts dans la bataille; et jusqu'à l'aube

---

1. Τραύματα καὶ διακοπὰς σωμάτων ὑπομένουσαι, μέχρι τελευτῆς ἀήττητοι τοῖς θυμοῖς. Plut. in Mar. p. 416.

2. Plut. in Mario. p. 416 et 417.

du jour, leurs campemens retentirent de lamentations auxquelles se mêlaient par intervalle des cris de menace. « Ce n'étaient pas, dit un historien, « des plaintes, des clameurs humaines, c'étaient « plutôt des hurlemens et des mugissemens d'a-« nimaux féroces; les montagnes, la plaine, le « canal du fleuve répétaient ce bruit épouvanta-« ble et semblaient mugir. Le cœur des Romains « en fut saisi de crainte, et Marius lui-même « frappé d'étonnement [1]. » Le consul s'attendait à quelque attaque nocturne; mais ni cette nuit, ni le lendemain, l'ennemi ne se montra; il se préparait pour une action décisive.

Derrière le camp ambro-teuton se trouvait un large ravin que masquait un bois épais; Marius, averti par ses éclaireurs, y fit passer pendant la nuit trois mille hommes d'élite, sous la conduite de Cl. Marcellus. Dès le lever du soleil (c'était le second jour après la bataille), il envoya sa cavalerie parcourir la plaine et provoquer l'ennemi; tandis que lui-même ordonnait ses légions sur la pente de la colline jusqu'au lit de la rivière. Les Ambro-Teutons ne se laissèrent point vainement provoquer; ils donnèrent la chasse à cette cavalerie, qui, cédant pied à pied, stimulait leur colère,

---

[1]. Κατεῖχε φρικώδης ἠχος τὸ πεδίον, τούς τε Ῥωμαίους δέος, αὐτόν τε τὸν Μάριον ἔκπληξις.. Plut. Mar. p. 417.

et les attira, de proche en proche, jusqu'à ce qu'ils eussent atteint le bord de la rivière; alors, passant l'eau tout à coup, elle courut prendre position sur les flancs de l'armée romaine. A cette vue et à l'aspect des fantassins dont la colline était couverte, les Ambro-Teutons, emportés par la fureur, traversent aussi la rivière, et renouvellent l'attaque qui avait si mal réussi deux jours auparavant. C'était tout ce que souhaitait Marius, qui joua dans cette grande bataille le double rôle d'un général consommé et d'un intrépide soldat[1]. Toutefois la victoire ne lui fut pas aisée, et pendant la moitié du jour, on combattit avec assez d'égalité dans la vallée du Cænus et dans les vastes plaines qui s'étendaient à l'est d'Eaux-Sextiennes. Ce fut alors que Marcellus, sortant de son embuscade, vint tomber sur l'arrière-garde ennemie, et la força de se replier en désordre vers le centre de bataille. La confusion qui régnait dans l'arrière-garde gagna bientôt toute la ligne, et l'habileté de Marius acheva de décider la fortune[2].

Une partie des vaincus resta sur le champ de bataille, l'autre fut prise ou exterminée en détail par les habitans du pays. Le roi Teutobokhe et quelques autres chefs inférieurs parvinrent à se

---

1. Plut. in Mario. p. 417.
2. Idem, ibid.

sauver jusque dans les montagnes des Séquanes, où des paysans les arrêtèrent et les amenèrent garottés aux Romains [1].

Des récits évidemment exagérés portent le nombre des morts, dans ces deux affaires, à deux cent mille, et à quatre-vingt-dix mille celui des prisonniers. Le biographe de Marius évalue le tout à cent mille hommes pris ou tués [2]. Le consul abandonna sans sépulture ces monceaux de cadavres qui pourrirent au soleil et à la pluie ; le champ de bataille en prit le nom de *Campi-Putridi*, Champ-de-la-Putréfaction, que rappelle encore celui de *Pourrières* qu'il porte aujourd'hui [3]. Engraissée de tant de débris humains, cette plaine fatale devint célèbre pour sa fertilité ; et les Massaliotes qui en étaient propriétaires employèrent, dit-on, les milliers d'ossemens couchés à sa surface, soit à enclore leurs vignes, soit à les étayer [4].

Le butin trouvé dans les chariots des Ambro-

---

1. Plut. in Mar. p. 419. — Flor. l. III, c. 3.
2. Voici les principales versions des historiens à ce sujet. Tite-Live, 200,000 hommes tués, 90,000 prisonniers. — Velleïus Paterculus, 150,000 morts. — Plutarque, 100,000 tués et pris. — Eusèbe et Eutrope, 200,000 tués ; 80,000 prisonniers. — Paul Orose, 200,000 morts ; 80,000 prisonniers ; 3,000 fugitifs.
3. V. l'intéressante Dissertation de M. Fauris de Saint-Vincent, insérée dans le Magasin encyclopédique. Année 1814. T. IV, p. 314.
4. Plut. in Mar. p. 417.

Teutons fut immense; et l'armée romaine, d'un commun consentement, en fit don à Marius; mais lui, plus avide de gloire que de richesses, après avoir mis de côté ce qui pouvait donner de l'éclat à la cérémonie de son triomphe, voulut que le reste fût brûlé en l'honneur des Dieux. Pour cela, il fit préparer un sacrifice magnifique. Déjà les soldats étaient rangés, suivant l'usage, autour du bûcher, couronnés tous de branches de laurier; et le consul, dans l'appareil le plus solennel, élevant à deux mains vers le ciel une torche enflammée, allait mettre le feu, lorsqu'on vit des courriers arriver à toute bride ; ils apportaient la nouvelle de l'élection de Marius, nommé consul pour la cinquième fois. Ce fut un nouveau surcroît de joie, et, au milieu des acclamations qu'accompagnait le cliquetis des armes, au milieu des couronnes qui pleuvaient sur lui de toutes parts, le vainqueur des Ambro-Teutons approcha la flamme, et acheva le sacrifice [1].

Tous les cantons de la Gaule habités par des Romains, et Eaux-Sextiennes était du nombre, applaudirent avec enthousiasme à la victoire de Marius. Ce fut à qui s'attacherait un souvenir de sa gloire : les lieux où il avait combattu, ceux où il avait campé s'empressèrent à l'envi d'adopter

---

1. Plut. in Mar. p. 418.

son nom. On éleva à l'extrémité du *Champ-Putride,* du côté d'Eaux-Sextiennes, une haute pyramide dont les bas-reliefs représentaient Marius, debout sur un bouclier, soutenu par des soldats, et dans l'attitude d'un général proclamé *imperator*[1]. Un temple fut construit et dédié à la victoire, sur le sommet d'une petite montagne qui bornait les plaines vers le levant, et où, selon toute apparence, Marius avait offert son sacrifice d'action de grace. Ce sacrifice même fut perpétué. Tous les ans, au mois de mai, la population du pays se rendit en grande pompe à la montagne, couronnée de fleurs et de branches d'arbres, au son des instrumens de musique, et enseignes déployées; là on allumait un feu de joie auquel répondaient d'autres feux allumés sur les côteaux environnans. Le christianisme n'abolit pas cette fête, mais il en altéra le caractère : une patronne du nouveau culte fut installée dans le vieux temple, qui devint l'église de sainte Victoire[2]. Cependant l'idée traditionnelle d'un grand danger sur-

---

[1]. Le monument était encore entier au quinzième siècle; et le village de Pourrières avait pris pour armoiries la scène représentée sur le bas-relief. V. le mémoire déjà cité de M. Fauris de Saint-Vincent.

[2]. Cette procession n'a cessé qu'à la révolution française. — Consulter pour les détails M. de Saint-Vincent et la Statistique des Bouches-du-Rhône.

monté dans ce lieu, d'une grande bataille dont il aurait été le théâtre, se conserva dans l'esprit du peuple complètement distincte des légendes sur les miracles de la sainte. Le matelot provençal près d'entrer dans la rade de Marseille, montrant au voyageur le sommet lointain de la montagne, lui dit encore aujourd'hui, comme disaient ses ancêtres d'Arélate ou de Fosse : « Voilà le temple de « la Victoire[1] ! »

Tandis que la division ambro-teutone trouvait une fin si malheureuse au pied des Alpes maritimes, les Kimris et les Tigurins traversaient lentement l'Helvétie et le Norique; ils arrivèrent à la fin de l'hiver aux gorges Tridentines. Là ils se partagèrent[2] : les Tigurins restèrent sur le haut des monts comme corps de réserve, pour garder les passages, protéger la retraite ou porter secours au besoin : les Kimris, descendant le revers méridional, pénétrèrent dans la vallée de l'Adige. Par un froid encore rigoureux, dit un historien, on les voyait courir presque nus parmi les neiges et les glaces, ou s'asseoir sur leurs boucliers et s'abandonner ensuite aux pentes les plus raides,

---

1. Lou deloubre de la Vittori. On voit encore des ruines de ce temple près d'une ferme qui a retenu le nom de *Deloubre*. Statist. des Bouches-du-Rhône. — Mémoire de M. de S.-V.

2. Tertia Tigurinorum manus, quasi subsidio, noricos Alpium insedit tumulos. Flor. l. III, c. 3.

101. glissant à travers les précipices et les crevasses¹. Le proconsul Catulus, chargé de la défense de la frontière, battit en retraite à leur approche, et s'étant réfugié derrière l'Adige, prit position vers son cours moyen. Il existait à l'endroit où se retrancha Catulus un pont de bois protégé sur la rive gauche du fleuve par un petit fort : le proconsul distribua ses troupes partie dans ce fort, partie dans son camp placé à l'autre extrémité du pont. Les Kimris se souciaient peu d'entreprendre un siège en règle; au lieu d'attaquer le fort, ils cherchèrent à franchir l'Adige d'abord à gué, et n'y pouvant réussir à cause de l'impétuosité du courant, ils y roulèrent d'énormes rocs sur lesquels ils jetèrent des arbres, des fascines et de la terre. Ayant entassé, suivant l'expression d'un historien, toute une forêt², par ce pont immense, ils atteignirent la rive opposée. Les légions du camp retranché s'enfuirent aussitôt, le général à leur tête, et dans leur frayeur ne s'arrêtèrent que de l'autre côté du Pô, abandonnant à la discrétion de l'ennemi la garnison de leur fort. Celle-ci se défendit avec une opiniâtreté héroïque, et inspira aux Kimris une telle estime, qu'ils lui accordèrent la plus honorable capitulation; le traité fut

---

1. Per hiemem quæ altius Alpes levat... jugis provoluti ruinâ descenderant... Flor. ut suprà.

2. Ingestâ silvâ transiluere. Flor. l. III, c. 3.

juré sur un taureau d'airain, espèce de divinité que la horde traînait avec elle dans ses courses¹. Les Kimris se répandirent alors par toute la Transpadane, que personne ne leur disputait plus.

L'absence des Ambro-Teutons qui devaient se trouver les premiers au rendez-vous dans les plaines de la haute Italie, étonna beaucoup les Kimris et ne laissa pas que de les inquiéter; toutefois ils refusèrent d'ajouter foi aux bruits qui circulaient d'une grande bataille où Marius, au pied des Alpes maritimes, avait exterminé les deux nations. Possesseurs libres et paisibles de la Vénétie et de tout le reste du territoire au nord du Pô, ils préférèrent attendre dans un pays fertile et bien approvisionné l'arrivée de leurs alliés, plutôt que de s'aventurer seuls en avant. Ils perdirent ainsi plusieurs mois, et ce fut ce qui sauva l'Italie. Rome eut le temps de se reconnaître, de s'organiser, de faire venir les légions de Marius qui étaient encore de l'autre côté des Alpes. Il arriva même que la molle douceur du climat vénétien, des chaleurs précoces et excessives, la débauche, les excès de vin, et même, si l'on en croit quelques écrivains, l'usage du pain et de la viande cuite², exercèrent de grands ravages parmi les Kimris;

---

1. Plut. in Mar.
2. Panis usu carnisque coctæ et dulcedine vini mitigati. Flor.

101. au bout de peu de temps, ils se trouvèrent déjà considérablement affaiblis en nombre et en vigueur.

Ce fut dans le mois de juillet que Marius, pour la cinquième fois consul, ayant ramené son armée en Italie, la réunit à celle de Catulus et vint provoquer les Kimris sur les rives du Pô. Ceux-ci, toujours dans l'attente, refusèrent la bataille et se mirent à négocier pour gagner du temps. Des députés, chargés de renouveler la proposition faite tant de fois, se rendirent au quartier du consul. « Donne-nous, lui dirent-ils au nom du peuple « Kimri, donne-nous des champs et des villes « pour nous et pour nos frères. » — « Vos frères ? » interrompit Marius, « qui sont-ils ? » — « Les Teutons, » répondirent ceux-ci. — Mais à ce mot, un rire universel éclata sous la tente du consul. « Laissez là vos frères, s'écria le Romain, ils ont des « terres ; nous leur avons donné un établissement « pour l'éternité ! »

Cette raillerie blessa au vif les envoyés; ils menacèrent Marius d'un double châtiment, d'abord par les mains des Kimris, ensuite par celles des Teutons aussitôt qu'ils seraient arrivés. « Ils le « sont, repliqua le consul, et je ne vous laisserai « pas partir sans que vous vous soyez embrassés. » En même temps il fit signe qu'on amenât Teutobokhe et les autres chefs Ambro-Teutons :

des licteurs les amenèrent chargés de chaînes.

Cette entrevue ne pouvait plus laisser aux Kimris ni doute ni espérance, il leur fallut se décider à combattre. Boïo-rix avec une escorte de cavalerie se rendit aux avant-postes romains, demandant au consul quel jour et quel lieu il voulait choisir, « afin de décider, disait-il, auquel des deux « appartiendrait l'Italie. » Marius répondit « que « ce n'était pas l'usage chez les Romains de prendre « conseil de l'ennemi, lorsqu'il fallait combattre; « mais que lui, il y dérogerait volontiers en fa- « veur des Kimris, » et les deux chefs convinrent que la bataille se donnerait le troisième jour, (c'était le 30 du mois de juillet) dans le champ Raudius, champ immense situé près de Vercellæ, commode aux Romains pour les manœuvres de leur cavalerie, aux Kimris pour le déploiement de leurs masses d'infanterie [1].

Le troisième jour donc, aux premières lueurs de l'aube, les Romains sortirent de leur camp. Un vent violent qui soufflait de l'est soulevait la poussière de la plaine en si grande abondance que, par intervalle, le ciel s'en trouvait obscurci. Marius courut prendre position à l'orient, afin de tirer parti, s'il était possible, et de la direction

---

1. Περὶ Βερκέλλας. Plut. in Mar. p. 419.—In patentissimo quem Raudium vocant campo. Flor. l. III, c. 3. — Velleius Paterc. l. II, c. 12.

du vent et de celle du soleil. L'infanterie des Kimris se forma en masse compacte. Par une précaution étrange, les hommes des premiers rangs s'attachèrent les uns aux autres avec des chaînes de fer fixées à leurs baudriers, soit que cette invention leur semblât donner plus de solidité à leur ligne de bataille, soit qu'ils voulussent se retrancher d'avance tout moyen de fuir [1]. La cavalerie, forte de quinze mille hommes, se faisait remarquer par la magnificence sauvage de son équipement. Les casques qui figuraient grossièrement des gueules et des muffles d'animaux effrayans ou bizarres, étaient surmontés d'ailes d'oiseaux ou de panaches en forme d'ailes d'une hauteur démesurée, grandissant encore la taille des hommes et leur prêtant un aspect gigantesque [2]. Leurs armes consistaient en une cuirasse de fer poli, un bouclier blanc et luisant, un long sabre et un épieu à deux pointes. L'armée, et le camp de chariots avec tout le matériel de la horde occupaient trente stades carrées, environ une de nos lieues. A peine furent-ils rangés, que les inconvéniens sur lesquels Marius avait compté les vinrent assaillir; tantôt une poussière brûlante les frappait au visage et les aveuglait; tantôt c'était le soleil qui,

---

1. Plut. in Mario.
2. Plutarch. ub. supr.

rendu plus éblouissant par le reflet des armures romaines, les empêchait d'apercevoir les mouvemens des légions ¹.

La cavalerie kimrique engagea l'action : au lieu de charger de front, elle inclina vers sa droite, dans le dessein de tourner l'aile gauche romaine et de l'envelopper ensuite. Cette manœuvre trompa les Romains; croyant que leur ennemi lâchait déjà pied, les légions du centre poussèrent en avant pour le poursuivre. Mais à l'instant même l'infanterie des Kimris s'ébranlant avec vivacité se développa en demi-cercle; on eût cru voir, dit le biographe de Marius, s'avancer et se répandre une mer soulevée ². Un coup d'œil suffit aux généraux romains pour mesurer la grandeur du péril, mais ils ne purent retenir leurs soldats. Marius, pour raffermir celles des légions qui n'étaient pas encore compromises, employa toutes les ressources de son autorité et de son génie; il les rassurait, il leur rappelait leur ancienne gloire, il faisait parler la religion. Un devin qui l'accompagnait lui ayant montré les entrailles d'une brebis qu'il venait de sacrifier: « la

---

1. Nactus diem... ventosum ut pulvis in oculos et ora ferretur; tum acie conversa in orientem, ut, quod ex captivis mox cognitum, ex splendore galearum ac repercussu quasi ardere cœlum videretur. Flor. l. III, c. 3.
2. Plut. loc. cit.

« victoire est à moi ! » s'écria le consul, comme inspiré, et voyant que ses soldats avaient retrouvé l'ardeur et la confiance, il se précipita avec eux dans la mêlée¹.

On ne sait plus rien de la bataille, si ce n'est qu'elle fut longue, sanglante et favorable aux Romains ; la poussière par momens était tellement épaisse, que des divisions entières s'égarèrent ; de l'aveu même des écrivains romains, cette poussière et l'accablante chaleur du jour eurent la plus grande part à la victoire². Boïo-rix resta parmi les morts³ ; Clôdic et Ceso-rig se rendirent ; Luk se tua ; deux autres chefs se transpercèrent mutuellement de leurs sabres⁴. Les mêmes exagérations que nous avons signalées lors de la journée d'Eaux-Sextiennes se retrouvent ici dans l'évaluation des morts et des prisonniers, les uns portant le nombre des morts à cent quarante mille, et celui des captifs à soixante mille, d'autres ne comptant que cent mille hommes tués ou pris⁵.

---

1. Flor. l. III, c. 3.—Plin. l. XVII, c. 22.
2. Plutarch. l. c. — Frontin. l. II, c. 2. — Flor. l. c. — Polyæn. l. VIII, c. 10.
3. Flor. l. c.—Oros. l. v, c. 16.
4. Oros. l. v, c. 16.
5. Tite-Live suivi par Eutrope et Orose compte 140,000 morts et 60,000 prisonniers.—Velleius Paterculus, plus de 100,000 morts ou captifs ; Florus, environ 160,000. — Plutarque et Polyen, 120,000 morts, et 60,000 prisonniers.

Sitôt que la bataille parut désespérée pour les Kimris, leurs femmes se couvrirent de vêtemens noirs, en signe de deuil, et députèrent vers le consul. Pendant le séjour qu'elles venaient de faire en Italie, elles avaient entendu parler des vestales romaines qui, se vouant à une virginité perpétuelle, entretenaient un feu consacré; elles demandèrent qu'on les attachât comme esclaves à ces prêtresses, espérant échapper par ce moyen à la brutalité des soldats [1]. Lorsqu'elles virent leurs supplications repoussées, elles surent retrouver dans leurs ames une résolution, une énergie égales à celles des femmes ambrones. Rangées sur leurs chariots comme sur des tours, longtemps elles en défendirent l'approche avec succès; mais un incident vint glacer tout à coup leur audace. Elles remarquèrent que les soldats romains égorgeaient les prisonnières, leur coupaient la tête et plantaient en guise de trophée, au bout de leurs piques, ces têtes avec leur longue chevelure ensanglantée : ce genre de mort leur parut trop honteux, dit un historien, et elles résolurent de le prévenir. Les unes donc se frappèrent de leurs propres armes, ou se jetèrent à grand coups de haches sur leurs compagnes; d'autres s'étran-

---

[1]. Consuluerunt consulem ut si inviolatâ castitate virginibus sacris ac Diis serviendum esset... Oros. l. v, c. 16.—Cùm, missâ legatione,... sacerdotium non impetrâssent. Flor. l. III, c. 3.

glèrent avec les courroies des chars; on en vit s'élancer sous les pieds des chevaux, ou sur les cornes des bœufs qu'elles excitaient avec la pointe de leurs armes. Des mères écrasèrent leurs enfans contre le timon ou sous les roues des chariots ; une d'elles fut trouvée pendue à un poteau élevé, ayant ses deux petits enfans pendus à ses pieds¹. Quand les Romains voulurent pénétrer au milieu de ces scènes d'horreur, un nouvel ennemi les vint assaillir; c'étaient les chiens de la horde²; ils furent exterminés à coup de flèches. — Ainsi finit la seconde de ces bandes terribles qui avaient ravagé presque tout l'Occident, conquis une partie de l'Italie, battu sept fois les armées romaines, et ajouté un jour de plus aux anniversaires funestes de Rome. Les Tigurins cantonnés sur les hauteurs des Alpes, apprenant ces nouvelles, regagnèrent le Norique, et, après avoir commis çà et là beaucoup de déprédations, retournèrent dans l'Helvétie³.

Quant aux six mille Kimris de la garnison d'Aduat, après la défaite de leurs compatriotes, ils restèrent dans le lieu qui leur avait été cédé. Ils eurent bien quelques démêlés avec les tribus voi-

---

1. Plutarch. l. c.—Flor. l. c.—Oros. l. v, c. 16.
2. Plin. H. N. l. xxii, c. 6.
3. Tertia Tigurinorum manus... in diversa lapsi, fugâ ignobili et latrociniis evanuit. Flor. l. c.

sines, attaquant et se défendant tour à tour; mais enfin la paix se fit d'un commun accord, et sous le nom d'*Aduatikes* ils furent admis dans la confédération belge[1].

Marius reçut des honneurs jusque-là réservés aux Dieux : chaque citoyen, à la nouvelle de sa victoire, répandit des libations en son nom[2]. Le peuple le surnomma le troisième Romulus[3] : le second avait été Furius Camillus, vainqueur aussi de peuples gaulois. Les prisonniers teutons et kimris furent conduits à son triomphe attachés avec des colliers de fer; la haute stature de Teutobokhe fut pour les Romains un sujet de surprise, car on dit qu'il surpassait les trophées portés autour du triomphateur[4]. Tel était le prix que Marius mettait à ses deux victoires, que, les jugeant au-dessus de tout exploit humain, il ne voulait y comparer que les conquêtes du dieu Bacchus dans l'Inde. Il adopta dès lors pour sa devise, et fit ciseler sur son bouclier une image qui jouissait dans Rome d'une grande popularité, cette enseigne dont nous avons déjà parlé et qui re-

---

1. Cæs. bell. Gall. l. II, c. 29.
2. Valer. Maxim. l. VIII, c. 15.
3. Tit. Liv. epit. LXVIII.
4. Colla catenati Cimbri... Claudian. de bel. Get. v. 290.—Teutobochus... vir proceritatis eximiæ super tropæa ipsa eminebat. Flor. l. III, c. 3.

présentait une tête de Gaulois, la face ridée et tirant la langue¹. L'expression de *kimrique* ou *cimbrique*, suivant l'orthographe et la prononciation latines, devint proverbiale en Italie pour signifier quelque chose de fort et de terrible; de là ces façons de parler, *une milice cimbrique*, *une bravoure cimbrique*, *des brigandages cimbriques*².

Le sentiment que la république devait à Marius sa liberté et son existence, empreint fortement dans tous les esprits, survécut aux déchiremens politiques, à la haîne même des factions; et malgré les cruautés dont ce grand homme déshonora sa vieillesse, ses ennemis s'écrièrent plus d'une fois, comme un historien du parti contraire : « Non, Rome n'a pas à se repentir d'avoir produit « Marius³ ! »

1. Cicer. de Orator. l. II, 266.—Quintil. VI, 3.—V. tom. I, p. 100.
2. Script. rerum roman. passim.
3. Vell. Paterc. l. II, c. 12.

CHAPITRE IV.

GUERRES civiles de Marius et de Sylla; un grand nombre de proscrits se réfugie dans la Province; guerre civile dans la Province.—Conduite de la population gauloise. — L'Aquitaine se déclare pour Sertorius; une armée romaine y succombe.—Les Gaulois descendent en Italie avec Æ. Lépidus; ils sont battus. — Arrivée de Pompée dans la Province et proconsulat de Man. Fonteius. — Massacres et proscriptions. — Nouveau soulèvement des Gaulois; ils assiègent Massalie et Narbonne. — Vengeances du proconsul; établissement de colonies militaires; famine; misère effroyable de la Province. — Les Volkes et les Allobroges accusent à Rome Fonteius; il est défendu par Cicéron et absous. — Misère croissante de la Province; nouvelles plaintes des Allobroges. — Les députés allobroges entrent dans la conspiration de Catilina; ils la révèlent. — Insurrection du peuple allobroge et sa défaite; triomphe de Pomptinus.

100 — 61.

LA tourmente avait passé, mais elle laissa dans la Province une longue agitation; les esprits profondément émus tardaient à se rasseoir; le peuple restait en armes; les cités conti-

100 à 80.

nuaient à correspondre et à se concerter : Rome, inquiète, y envoya successivement deux consuls et deux armées consulaires. Une loi nouvelle qui prononçait la confiscation d'une partie des terres transpadanes, sous le prétexte dérisoire que ces terres ayant été conquises par la horde kimrique, puis reconquises sur les Kimris par les légions romaines, appartenaient de droit au peuple romain[1]; cette loi odieuse et impolitique ne contribua pas peu à entretenir la fermentation chez les Transalpins. L'alarme gagna les Ligures, les Arécomikes et les Tectosages réunis définitivement à la Province : ces peuples en effet avaient toute raison de craindre que Rome n'invoquât aussi contre eux son prétendu droit, afin de livrer leurs propriétés à la populace de l'Italie. Plusieurs soulèvemens éclatèrent ; celui des Salyes fut le plus important, mais le préteur C. Cæcilius Metellus en vint enfin à bout[2], moitié par la force, moitié par la politique, et, suivant toute probabilité, avec la co-opération des Massaliotes. La guerre *sociale* qui survint à la même époque, et remplit l'Italie de sang

---

1. Ὁ μὲν Ἀπουλήϊος νόμον ἐσέφερε, διαδάσασθαι γῆν, ὅσην ἐν τῇ νῦν ὑπὸ Ῥωμαίων καλουμένῃ Γαλατίᾳ Κίμβροι κατειλήφεσαν· καὶ αὐτοὺς ὁ Μάριος ἔναγχος ἐξελάσας, τὴν γῆν, ὡς οὐκέτι Γαλατῶν, ἐς Ῥωμαίους περιεσπάκει. Appian. bell. civil. l. 1, p. 367.

2. Tit. Liv. epit. LXXIII.

et de ruines présentait une occasion précieuse
aux Gaulois : il ne paraît pourtant pas qu'ils
en aient profité, ou plutôt, au milieu de l'obscurité qui enveloppe ces temps de leur histoire, le
souvenir de ce qu'ils firent alors s'est perdu
pour nous, comme tant d'autres souvenirs.

Les causes et le dénouement de la guerre sociale sont assez connus. Les peuples de l'Italie
ligués contre la république romaine pour obtenir
tous les droits politiques des citoyens de Rome,
après dix ans d'efforts, se virent admis à la jouis-
sance d'une partie de ce qu'ils réclamaient: ce fut
une trêve plutôt qu'une paix formelle; et les Italiens ne se contentèrent point de la part que
Rome avait bien voulu leur faire : seulement la
lutte changea de théâtre, elle se poursuivit, toujours violente et opiniâtre, au forum et dans les
comices, entre les anciens et les nouveaux citoyens. La rivalité de deux hommes fameux vint
l'envenimer encore. Marius se plaça à la tête des
nouveaux citoyens et du parti romain qui voulait
pour toute l'Italie une complète égalité politique;
il mit à leur service sa popularité, sa gloire, et sa
haine passionnée contre la noblesse. Sylla, patri-
cien arrogant, s'emparant de la faction contraire,
tenta de rasseoir sur son ancienne base l'aristocratie ébranlée : il lui rendit des privilèges depuis long-temps abolis ; il dépouilla le peuple des

siens. Tour à tour victorieux et vaincus, les deux partis épuisèrent, l'un contre l'autre, tout ce que les guerres civiles enfantent d'horreurs. Les proscriptions de Sylla enveloppèrent non-pas seulement des individus et des familles sans nombre, mais des villes et jusqu'à des territoires entiers, que le Dictateur livrait à ses soldats : ces spoliations collectives furent régularisées sous le nom de *colonies militaires*. Pour échapper à son ombrageuse et implacable tyrannie, quiconque s'était signalé dans le parti populaire, quiconque avait au fond du cœur quelque amour de la liberté, de l'ordre, de la justice, s'expatria. La multitude des bannis et des exilés volontaires se répandit par tout l'univers; mais la plupart restèrent dans le voisinage de l'Italie, attentifs au cours des événemens, et tout prêts à reparaître en armes au midi des Alpes, si quelque chance heureuse venait à se présenter.

Beaucoup se rendirent immédiatement dans la Province, importante à posséder, d'abord à cause de la proximité de l'Italie, ensuite parce qu'elle était maîtresse des communications avec l'Espagne. Mais la colonie narbonnaise s'était déclarée pour Sylla; et Massalie, quoique étrangère aux querelles domestiques des Romains, avait suivi l'exemple de Narbonne et fermé ses portes aux proscrits. Ceux-ci, assez nombreux pour tenter un coup de main, se mirent à recruter dans la population provinciale; mais avant qu'ils eussent rassemblé de grandes forces, le préteur C. Valérius Flaccus les attaqua avec son armée [1]. Le sort leur fut contraire : vaincus, ils se retirèrent soit dans l'intérieur de la Gaule libre, soit en Espagne, où ils se rejoignirent à Sertorius.

Sertorius, que nous avons vu se signaler en Gaule, comme Marius et comme Sylla, durant la guerre des Kimro-Teutons, à force de constance et d'activité, était parvenu à soulever l'Espagne contre le Dictateur : après avoir défait à plusieurs reprises les légions du sénat, maître d'une grande partie de la péninsule, il travaillait à propager l'insurrection de l'autre côté des Pyrénées. Excités tant par ses émissaires que par les proscrits restés en Gaule, les Aquitains s'armèrent, menaçant d'une invasion prochaine Narbonne et Massalie. Le propréteur ou proconsul qui gouvernait la Province (car depuis Sylla les gouverneurs des provinces prirent indifféremment l'un ou l'autre titre, qu'ils eussent exercé ou non le consulat), Manilius Népos entra avec une armée dans leur pays : il fut battu, perdit son lieutenant Valerius Præconinus, une grande partie de ses

---

1. Cicer. pro Quintil.—Pigh. t. III, p. 229.

troupes, et s'enfuit honteusement, laissant tous ses bagages entre les mains de l'ennemi[1].

Cependant Sylla ayant quitté la direction des affaires publiques et, bientôt après, la vie, le gouvernement se divisa de nouveau. Un des consuls, M. Æmilius Lépidus proposa de rappeler les proscrits et d'abolir les lois despotiques de la dictature; mais, contraint à sortir de Rome, où la faction aristocratique était plus forte, il se rendit dans la Province; et faisant alliance ouverte avec Sertorius, il invita les Gaulois à le suivre en Italie. Peu répondirent à son appel, car ce qui les touchait le plus dans ces querelles, c'était de pouvoir rester chez eux tranquilles et libres. Lépidus partit néanmoins à la tête d'une petite armée composée presque uniquement de bannis, et il eut la hardiesse de se présenter avec sa troupe aux comices de Rome. Chassé de nouveau et déclaré ennemi public, il regagna la Province, dont il trouva la population mieux disposée à le seconder. L'étonnant succès de ce coup de main désespéré inspirant de la confiance pour une seconde tentative, de nombreux volontaires aquitains, volkes, ligures, allobroges accoururent

---

[1]. Impedimentis amissis ex Aquitaniâ profugit. Cæs. bell. Gall. l. III, c. 20. — Oros. l. v, c. 23.

cette fois à l'appel du chef romain, et, sous les enseignes du peuple romain, descendirent les Alpes, en poussant contre Rome des cris de vengeance. Ils n'allèrent pas loin; car Catulus et Pompée, les ayant arrêtés en Étrurie, les battirent et les mirent en déroute : une partie se sauva avec Lépidus dans l'île de Sardaigne, l'autre repassa les montagnes.

Malgré cet échec de son parti, Sertorius resta maître de la Province. Il y fit reconnaître l'autorité de son sénat, composé de sénateurs proscrits, et qui prenait le titre de «seul et véritable sénat romain;» il nomma un gouverneur et des magistrats, distribua des garnisons dans les places, et, sans perdre de temps, envoya un de ses lieutenans occuper les passages ordinaires des Alpes. Le sénat d'Italie ne traîna pas non plus les choses en longueur : quarante jours suffirent à son général de confiance, Cn. Pompée, pour rassembler une armée considérable, et il marcha vers Narbonne, emmenant avec lui pour nouveau gouverneur Man. Fonteius, homme formé à l'école de Sylla, avare, cruel, inflexible. Fonteius était chargé de rétablir l'obéissance dans la Province, et d'y appliquer, sous la protection des soldats de Pompée, les mesures par lesquelles le Dictateur avait si bien pacifié l'Italie.

Pompée entra dans les Alpes; trouvant les routes

77. occidentales fermées par les troupes de Sertorius, il rebroussa chemin et se fit jour, entre les sources du Pô et du Rhône¹, par le passage des Alpes graïes ou celui des Alpes pennines. Alors les postes de Sertorius, tournés et hors d'état de garder le pays, se replièrent sur l'Espagne, rallièrent toutes leurs garnisons et passèrent les Pyrénées. Soit que la province, tout abandonnée qu'elle était, fît encore résistance, soit plutôt que, pour imprimer la terreur, Pompée lâchât la bride à la colère des légions ; tout ce qui se trouva devant elles fut mis à feu et à sang, et le général gagna Narbonne à travers des monceaux de cadavres ².

76. Là, il régularisa ce que la flamme et l'épée du soldat avaient commencé. Un décret frappa de proscription la population de villes entières³, chez les Volkes Arécomikes et les Helves, dont le rôle avait été plus actif que celui du reste de la Province; un décret adjugea aussi la meilleure portion de leur territoire à Massalie⁴, en récompense de la louable conduite tenue par cette ville

---

1. Ἀμφὶ ταῖς πηγαῖς τοῦ τε Ῥοδανοῦ καὶ Ἠριδανοῦ. Appian. Bell. civil. l. 1, p. 419.—Epistol. Pompei. ex Sallus. Histor. l. III.

2. Iter internecione Gallorum patefactum est. Cicer. pro leg. Manil.

3. Pompeii decreto decedere sunt coacti. Cicer. pro Man. Font.

4. Agros Volcarum Arecomicorum et Helviorum publicè eis (Massiliensibus) concessit. Cæs. bell. civil. l. 1.

pendant les troubles, et des secours qu'elle fournissait à Pompée. D'autres faveurs furent distribuées à la colonie de Narbonne; d'autres rigueurs à chacun des peuples provinciaux, suivant la part qu'ils avaient prise à l'insurrection, l'inimitié qu'ils avaient montrée contre Rome. Laissant ensuite à Fonteius le soin d'exécuter ces mesures, Pompée entra en Espagne, où l'état des affaires exigeait impérieusement sa présence.

Le proconsul, procédant alors à son odieuse mission, parcourut avec ses soldats les territoires décrétés; il marchait environné de supplices. La Gaule souffrait avec impatience et indignation. Au premier échec éprouvé par Pompée, elle se souleva de nouveau; Voconces, Helves, Tectosages, Arécomikes, Allobroges, presque tous se réunirent en armes et coururent attaquer Massalie : c'était à cette ville qu'ils en voulaient le plus; ils l'accusaient de tous leurs maux; ils se promettaient de lui faire payer chèrement la part qu'elle avait eue aux cruautés, et surtout aux faveurs des Romains. Massalie était forte et bien peuplée; néanmoins elle courut un grand danger, et ne dut son salut qu'aux légions que Fonteius amena en toute hâte de Narbonne. Les Gaulois se jetèrent alors sur Narbonne, mais Fonteius les força encore de lever le siège et de se retirer[1]. La guerre se pro-

---

[1]. Cicer. pro Man. Fonteio.

76. longea plusieurs mois avec des chances diverses sur plusieurs points du pays, principalement chez les Voconces : Pompée y mit fin en revenant passer l'hiver en deçà des Pyrénées.

75. Les rigueurs de la seconde pacification laissèrent loin derrière elles les rigueurs de la première : les priviléges dont jouissaient plusieurs des peuples de la Province furent abolis, et des confiscations plus étendues eurent lieu au profit des soldats. Telle fut l'origine des colonies militaires de Tolose, de Ruscinon, de Biterræ; Narbonne aussi, pour augmenter sa force et renouveler ses habitans décimés par de si longues guerres, reçut dans son sein les vétérans de la légion *Martia*, et, pour cette raison, ajouta dès-lors au nom de *Narbo* celui de *Martius*[1]. La population frappée par les décrets fut expropriée à la pointe du sabre. Pour comble de misère, l'année avait été stérile et la famine se faisait sentir dans toute la Gaule[2]. Des milliers de malheureux périrent de besoin au fond des forêts. Ceux que la mort épargna allèrent se joindre à des troupes d'Aquitains et d'Espagnols, qui, retranchés dans les hautes Pyrénées, y menaient la vie indépendante de partisans et de bandits. Leur nombre et

---

1. Cons. au sujet de ce surnom de Narbonne, l'Histoire générale du Languedoc. t. 1, p. 48.

2. Cicer. pro Man. Fonteio.— Sallust. l. III et Epistol. Pomp. ib.

leur force en furent si prodigieusement accrus, qu'au bout de deux années seulement, Pompée avec toutes ses légions eut de la peine à les soumettre. Les ayant enfin comme traqués dans leurs retraites, il les obligea à descendre de ces rocs inaccessibles qui les recelaient, pour coloniser sur les bords de la Haute-Garonne une vallée qu'il leur abandonna. Ils y formèrent un petit peuple qui s'étendit avec le temps, et auquel les Romains donnèrent le nom de *Convenæ*, qui signifiait, hommes ramassés de tout pays[1].

A ces coups partiels ne se bornèrent pas les vengeances du proconsul, il en frappa aussi de généraux. La Province fut dépouillée en masse de sa cavalerie; et toute sa jeunesse transportée en Espagne, en Italie, en Thrace, en Asie, partout où Rome avait alors la guerre, fut contrainte d'aller répandre son sang sur des champs de bataille étrangers, au profit des tyrans de son pays. Fonteius resta deux ans dans la Gaule, et, comme si ce fléau n'eût pas suffi à la misère des peuples, pendant ces deux années la récolte manqua. Cependant et les contributions en argent, et les réquisitions en vivres continuèrent d'être immodérées; tandis que la faim dépeuplait les villes

---

1. Multos latrones et convenas de Pyrenæi jugis deposuit, et in unum oppidum congregavit, undè et *Convenarum* nomen urbs accepit. Hieron. adv. Vigilant. p. 281.

gauloises, l'abondance régnait dans les camps romains des deux côtés des Pyrénées ; et l'adversaire de Sertorius, écrivant une lettre de reproches au sénat, pouvait dire : « C'est l'or et le blé de la Gaule qui alimentent cette guerre [1]. »

A l'aide de ces mesures politiques, Fonteius exerçait impunément mille exactions personnelles ; et sa rapacité précipita la ruine du pays. Aussi y laissa-t-il dans tous les cœurs un profond ressentiment ; et lorsque, six ans plus tard, les factions étant calmées, la république romaine parut incliner à la modération, la Province se souvint de son proconsul ; elle éleva la voix, et demanda justice de tant de crimes. Ce furent les Volkes et les Allobroges qui se chargèrent de soutenir contre lui l'accusation : ils envoyèrent à Rome une députation présidée par Indutiomar, le plus considérable des chefs allobroges. Comme aucune action publique ne pouvait être intentée contre un citoyen romain que par le ministère d'un autre citoyen romain, Indutiomar s'adressa à M. Fabius Sanga, patron né de sa nation, en qualité de descendant de Q. Fabius l'Allobrogique : Sanga, homme doux et honnête, souscrivit volontiers l'accusation, et persuada à M. Plétorius de se porter accusateur en son propre nom. Plétorius,

---

[1]. Gallia Metelli exercitum stipendio frumentoque aluit. Epist. Pomp. ap. Sallust. loc. cit.

alors questeur et édile, était aussi un citoyen probe et recommandable, mais soupçonné de quelque inimitié envers Fonteius. Toutes les formalités exigées par les lois se trouvant remplies, l'ancien proconsul fut appelé en jugement.

L'accusation portait sur deux chefs principaux: les cruautés du magistrat, et ses extorsions de toute espèce[1].

Les accusateurs insistèrent peu sur ce qui concernait le caractère public du prévenu. La question en effet était épineuse; il ne s'agissait pas uniquement d'excès commis par un parti romain contre un autre parti romain dans l'exaspération des guerres civiles: c'était la souveraineté absolue de la république sur ses sujets *barbares* qu'on traduisait à ses propres tribunaux. On glissa donc légèrement sur les crimes que pouvait couvrir la mission légale de Fonteius. On lui reprocha bien d'avoir outré les châtimens, et prolongé à plaisir la guerre chez les Voconces, pour se ménager plus d'occasions de proscrire et de piller; on lui reprocha aussi des fautes comme général: mais ses succès répondaient suffisamment à cette dernière

---

1. Ces détails sont extraits du plaidoyer de Cicéron pour la défense de Fonteius; plaidoyer dont nous n'avons malheureusement que des fragmens, augmentés, mais non complétés par la découverte de M. Niebuhr.

inculpation; quant à la première, elle lui était commune avec Pompée, qui avait pris part à ces guerres, et que sa vanité poussait naturellement à en exagérer l'importance : or qui eût osé porter la main sur le vainqueur de Sertorius?

Il fallut donc se rejeter sur la question personnelle, et la matière était large encore. On prouva qu'il avait obligé plusieurs peuples de la Province à emprunter à des usuriers romains, ses complices, des sommes montant à trente millions de sesterces [1], sommes qu'il avait confisquées à son profit. La dette étant hypothéquée sur les terres de ces peuples et les intérêts s'accumulant chaque jour avec l'impossibilité de payer, le moment approchait où des villages entiers seraient expropriés, où une partie du territoire provincial serait vendue à l'encan. On prouva de plus que, sans égard pour la misère des temps, il avait spéculé inhumainement sur les subsistances; qu'arrivé de Rome avec des états de contributions dressés d'avance, il avait mis des impôts sur toute denrée et toute localité, au hasard et sans discernement. Le vin avait été frappé de droits exorbitans : Tolose, par exemple, payait quatre deniers pour l'entrée d'une amphore [2]. A ces vexations

---

[1]. 6,150,000 francs, d'après l'évaluation de M. Letronne.
[2]. L'amphore contenait environ 24 pintes.—4 deniers=3 fr. 28 c.

Fonteius en avait ajouté une toute nouvelle pour le pays; les propriétaires riverains des grandes routes s'étaient vus astreints à la réparation de ces routes, principalement de la voie Domitienne dégradée par le passage continuel des troupes; et les lieutenans du proconsul, dont l'un son proche parent, chargés de la surveillance des travaux, en avaient fait une source de mauvais traitemens et de rapines. En réparation de tant de griefs, la Province réclamait l'annulation de sa dette et le châtiment de Fonteius.

A ces charges l'accusé opposait les témoignages favorables d'un grand nombre de citoyens romains de la Province. Ces citoyens romains qui se portaient garans de l'honnêteté du proconsul et de l'intégrité de sa gestion étaient les receveurs mêmes des impôts; les banquiers, les traficans[1], instrumens de ses exactions et complices de sa fortune; les agriculteurs et les nourrisseurs de bestiaux, qui avaient obtenu la ferme des terres confisquées, moyennant la dîme du revenu[2]. Ceux qui répondaient de la douceur et de l'équité de son gouvernement étaient les vétérans des colonies militaires; les officiers de l'armée de Pompée; les colons de Narbonne que Fonteius

---

1. Publicani, negotiatores. Cicer. pro Fonteio.
2. Pecuarii, aratores. Ibid.

avait délivrés d'un siège; les Massaliotes qu'il avait protégés[1]. Tels étaient dans la Province les appuis de l'accusé; à Rome il comptait sur un nom illustre, sur une famille puissante, une sœur vestale, des amis nombreux et actifs, enfin sur l'éloquence de son défenseur, M. Tullius Cicéron.

Au milieu de ces difficultés de tout genre, les députés gaulois, Indutiomar surtout, déployèrent une fermeté digne d'une si bonne cause. Ils ne ménagèrent point l'orgueil romain; ils ne craignirent point d'inspirer de l'inquiétude sur la tranquillité future de la Province. « Leurs frères « étaient bien résolus, disaient-ils, à ne pas aban- « donner aux usuriers les terres qu'ils avaient « sauvées avec tant de peine des confiscations pu- « bliques : Fonteius absous, personne ne pouvait « répondre de la paix[2]. »

Cependant, au jour marqué, Fonteius comparut devant ses juges, accompagné d'une foule d'amis; et le peuple environnait le tribunal, considérant avec une maligne curiosité le costume et l'air étranger des accusateurs.

Le système fondamental de défense, adopté par l'avocat du prévenu, était simple et facile à soutenir devant un tribunal romain. Qui attaquait Fon-

---

1. Cicer. pro Font. passim.
2. Ne, hoc absoluto, novum aliquod bellum gallicum concitaretur. Idem, ibid.

teius? des barbares, des gens portant braies et saies¹. Qui témoignait pour Fonteius? des citoyens romains, les uns nobles et riches, les autres utiles et honorés de la confiance publique : le plus recommandable des Gaulois pouvait-il être mis de pair avec le dernier, le plus misérable des citoyens romains²?

Les peuples gaulois se plaignaient d'avoir contracté des dettes pour assouvir l'avarice du proconsul : mais quel cas devait-on faire d'une imputation que ne validait le témoignage d'aucun Romain? « Et pourtant, disait l'orateur, la Gaule est
« remplie de négocians et de citoyens romains ;
« sans eux aucun Gaulois ne fait d'affaires ; il ne
« circule pas une pièce d'argent qui ne soit portée
« sur les livres des citoyens romains³ ; qu'on nous
« produise un seul de ces registres et nous recon-
« naissons l'accusation ! »

Bientôt même dédaignant cette argumentation si commode, Cicéron attaque en masse et poursuit de ses sarcasmes la nation gauloise toute entière. Il prononce avec un mépris affecté les noms de Vol-

---

1. Braccati et sagati. Idem, ibid.
2. Sed cum infimo cive romano, quisquam amplissimus Galliæ comparandus est? Ibid.
3. Referta Gallia negotiatorum est, plena civium romanorum ; nemo Gallorum sine cive romano quicquam negotii gerit ; nummus in Galliâ nullus sine civium romanorum tabulis commovetur. Ib.

kes, d'Allobroges, d'Indutiomar; il livre aux risées de la populace le costume, le langage, la personne des députés. « C'est un tumulte gaulois! s'écrie-t-il; « ils viennent enseignes déployées assaillir leur « préteur désarmé; mais, nous, nous serons assez « nombreux et assez puissans, ô juges, pour com- « battre, sous vos auspices, leur odieuse et atroce « barbarie¹. »

Il va plus loin : il leur dénie le droit de porter témoignage. « Indutiomar sait-il ce que c'est « qu'un serment²? N'a-t-il pas puisé le jour au sein « d'une race sacrilège, en guerre avec la Divinité ? « Ses aïeux n'ont-ils pas dépouillé le temple d'A- « pollon Pythien? Ne sont-ils pas venus assiéger, « jusque dans ce Capitole, Jupiter, qui préside à la « foi de nos sermens? Enfin que peut-il exister de « saint et de sacré pour des hommes qui même « jusqu'aux pieds de leurs dieux, quand la frayeur « les y précipite, souillent leurs autels de victimes « humaines et ne peuvent rendre hommage à la « religion qu'en la profanant par le crime? Quelle « est la bonne foi, quelle est la piété de ces peu- « ples qui s'imaginent que les dieux immortels « s'apaisent par des forfaits et par le sang hu-

---

1. Propè infestis signis feruntur... nos autem... isti immani atque intolerandæ barbariæ resistemus. Ibid.

2. Scit Induciomarus quid sit testimonium dicere? Id. loc. citato.

« main¹ ? » En prononçant ces paroles, l'orateur oubliait qu'elles pouvaient retentir, dans le *forum boarium*, sur cette pierre funeste, sur ce sépulcre de tant de Gaulois ensevelis vivans.

Répondant ensuite aux craintes que les députés faisaient concevoir touchant la tranquillité de la Province, Cicéron s'efforce d'exciter contre eux la colère de la multitude; il récapitule avec ironie tous les souvenirs qui pouvaient blesser des cœurs gaulois; il les menace, et leur jette même une sorte de défi de guerre.

« Doutez-vous, dit-il aux Romains, que ces
« Gaulois ne soient au fond de l'ame, et ne se
« montrent au dehors nos ennemis? Croyez-vous
« que couverts de la saie et de la braie, ils paraissent
« dans Rome avec un extérieur humble et soumis,
« comme ont coutume d'y paraître ceux qui, après
« avoir essuyé des outrages, viennent implorer
« en suppliant la protection et la pitié des juges?
« Loin de là : ils parcourent le forum, la tête
« haute et avec un air de triomphe; ils font des
« menaces, ils voudraient nous épouvanter des
« sons horribles de leur barbare langage²..... Eh

---

1. Quali fide, quali pietate existimatis esse eos qui etiam Deos immortales arbitrentur hominum scelere et sanguine facile posse placari? Cicer. loc. cit.

2. Vagantur læti atque erecti passim toto foro, cum quibusdam minis, et barbaro atque immani terrore verborum. Cicer. loc. cit.

« bien ! s'ils entreprennent de nous faire la
« guerre, nous évoquerons du tombeau C. Marius
« pour tenir tête à cet Indutiomar si fier et si
« menaçant; nous rappellerons à la vie Cn. Domi-
« tius et Fabius Maximus pour réduire de nou-
« veau les Allobroges et leurs auxiliaires. Il nous
« faudra peut-être, puisqu'il n'est pas possible de
« ressusciter les morts, il nous faudra prier M.
« Plétorius de détourner ses cliens, d'apaiser leur
« courroux, de calmer leurs mouvemens impé-
« tueux; ou, s'il n'y peut réussir, nous prierons
« M. Fabius qu'il essaie de fléchir les Allobroges
« auprès de qui le nom de Fabius est en si grande
« considération. Qu'il les engage à rester tran-
« quilles et soumis, ou qu'il leur apprenne du
« moins qu'en nous menaçant, ils nous font moins
« craindre une guerre, qu'espérer un triomphe[1] ! »

Il paraît que l'absolution de Fonteius couronna cet insultant plaidoyer, et sûrs dès lors de l'impunité, les magistrats romains se livrèrent aux excès les plus intolérables contre les gens portant saies et braies. L'un des successeurs de Fonteius, C. Calpurnius Pison fut accusé des mêmes crimes sur une nouvelle plainte de la Province, et acquitté sur un nouveau plaidoyer de Cicéron[2]. Une

---

1. Aut cùm minantur, intelligere, se populo romano, non metum belli, sed spem triumphi ostendere. Cicer. ub. sup.

2. Cicer. pro L. Val. Flacco. n° 98.

fois pourtant le défenseur ordinaire des gouverneurs de la Gaule sembla prendre les intérêts de cette malheureuse contrée; il reprocha en plein sénat à P. Clodius d'avoir supposé des testamens, empoisonné des pupilles et formé avec d'autres scélérats romains une association de vol et d'assassinat, pendant le temps de sa questure au-delà des Alpes[1]. Il faut ajouter que P. Clodius était l'ennemi personnel de Cicéron.

La détresse de la Province s'accrut donc progressivement et à tel point que, chez les Allobroges, la somme des dettes se trouva surpasser la valeur des fonds de terre. Vainement s'adressèrent-ils aux magistrats pour obtenir une réduction, ou du moins un sursis, le jour approchait où leurs champs leur seraient enlevés, où leurs femmes et leurs enfans, traînés sous la lance, seraient vendus comme esclaves. Dans cette extrémité; ils résolurent de tenter une dernière voie de conciliation et envoyèrent des députés à Rome; mais le sénat se montra aussi impitoyable que ses agens. Après avoir sollicité long-temps, outrés et désespérés, les députés allobroges se disposaient à quitter la ville, lorsqu'un incident les y vint retenir.

Un jour qu'ils se promenaient sur la place pu-

---

1. In quâ provinciâ, mortuorum testamenta conscripsit, pupillos negavit, nefarias cum multis scelerum pactiones societatesque conflavit. Cicer. Harusp. resp. n° 42.

63. blique, l'air soucieux et mécontent, ils se voient abordés par un traficant romain, nommé Umbrénus, qui, ayant fait le commerce quelques années dans la Province, en connaissait tous les hommes marquans[1]. Il leur demande des nouvelles de leurs affaires, les écoute avec intérêt, les plaint : « Quelle espérance avez-vous, leur dit-il, « de sortir de tant de maux? — Aucune, ré- « pondent les Allobroges, si ce n'est la mort[2]. » Alors Umbrénus se répand en invectives contre la dureté du sénat, contre la rapacité des patriciens ; il a, ajoute-t-il, quelques amis justes et honnêtes, il veut les faire agir auprès des consuls et du sénat ; il va, vient et paraît solliciter avec chaleur ; enfin il annonce aux députés, que toute démarche a été inutile, que le sénat est sans pitié, que leur ruine est consommée. « Oh! si vous « étiez gens de cœur, ajouta-t-il, je vous indique- « rais bien un remède à tout cela[3] ; mais ce re- « mède demande du courage et de la discrétion. » Les Allobroges protestent qu'il n'est point d'en-

---

1. Umbrenus quòd in Galliâ negotiatus erat, plerisque principibus civitatum notus erat, atque eos noverat. Sallust. bell. Catilin. p. 25.

2. Auxilii nihil esse ; miseriis suis remedium mortem expectare. Sallust. bell. Catil. p. 25.

3. At ego vobis, si modò viri esse vultis, rationem ostendam quà tanta mala ista effugiatis. Idem, loc. cit.

treprise si périlleuse où ils ne soient prêts à s'engager; ils conjurent Umbrénus de leur révéler le secret qui peut les sauver. Après quelques difficultés simulées, le traficant les conduit dans la maison d'une dame, nommée Sempronia, non moins fameuse dans Rome par sa naissance, son esprit et sa beauté, que par le déréglement de ses mœurs. Ils y trouvent quelques jeunes gens d'un nom et d'un rang distingués, connaissances d'Umbrénus. Là fut exposé aux députés gaulois le plan d'une conspiration où trempaient un grand nombre de sénateurs, de patriciens, de chevaliers, de plébéiens, et dont le chef était L. Catilina. Pour faire connaître au lecteur bien exactement quelle était la nature de ce complot, et quel rôle des Gaulois transalpins pouvaient être appelés à y jouer, nous devons entrer dans quelques détails indispensables sur la situation intérieure de la république romaine.

Depuis la mort de Sylla, comme il arrive nécessairement à la suite de toute réaction, un parti mixte s'était formé, qui réprouvait également les fureurs du règne de Marius et les froides atrocités de la dictature; parti pacifique, éclairé, où se confondaient, avec l'élite des patriciens, une foule d'hommes nouveaux, les uns illustres par leurs talens, les autres recommandables par leur fortune. L'idée favorite de ce parti était la création

63. d'un pouvoir intermédiaire à la vieille aristocratie et au peuple, pouvoir qui, s'interposant dans leurs chocs, maintiendrait entre eux l'équilibre : pour cela, il avait jeté les yeux sur le corps déjà puissant des Chevaliers et travaillait chaque jour à en accroître l'importance et les attributions. Favorisés par la lassitude universelle, ces amis de la modération et de l'ordre n'eurent pas de peine à s'emparer de la direction du gouvernement : et, à l'époque qui nous occupe, ils avaient élevé au consulat Cicéron, leur chef, et le plus célèbre des orateurs romains.

Mais lorsque les passions quelque temps assoupies se ranimèrent, et que les partis extrêmes commencèrent à se reconstituer, la marche de ce gouvernement devint embarrassée et incertaine. Assailli de deux côtés à la fois, il s'efforça de tenir une route mitoyenne et impartiale, mais il finit par s'aliéner également et la faction démocratique et la faction aristocratique : celle-ci parce qu'il touchait trop aux lois de Sylla, celle-là parce qu'il les respectait trop. Quarante-sept légions, colonisées autrefois par le Dictateur sur divers points de l'Italie, murmuraient, et préparaient déjà leurs armes pour soutenir les confiscations, dont la légitimité paraissait attaquée; tandis que les peuples italiens réclamant avec hauteur la plénitude de leurs droits, restreints par Sylla, menaçaient aussi de la guerre. Au milieu de ces semences de discorde, un tribun du peuple vint jeter à dessein le ferment des lois agraires. Les deux partis extrêmes semblaient donc disposés à se coaliser contre le parti médiateur, pour reprendre ensuite leur vieille querelle, dès qu'ils auraient déblayé et reconquis le terrain. Telle était la révolution imminente que Catilina entreprit de faire tourner à son profit.

63.

Issu d'une des plus anciennes familles de Rome, L. Sergius Catilina avait trempé de bonne heure dans tous les excès de la faction aristocratique ; enrichi des biens des proscrits, en peu de temps il avait dissipé dans la débauche le fruit du crime. Il détestait ce régime pacifique et modéré qui l'éloignait des dignités publiques ; il détestait les hommes nouveaux, et personnellement Cicéron, qui l'avait emporté sur lui dans la recherche du consulat. Son ame était corrompue, haineuse, cruelle ; il ne manquait d'ailleurs ni de hardiesse, ni de constance, ni de mépris de la mort. Nourri dans le désordre de guerres civiles, il jugea d'un coup d'œil la situation de la république, et le parti qu'un homme audacieux en pouvait tirer. Ses agens se répandirent par toute l'Italie et jusque dans la province transalpine : son titre de complice de Sylla le recommandait vivement aux hommes compromis sous la dictature, et aux colonies militaires ; ses talens et son courage éprouvé suffisaient au parti démocratique, qui ne voulait de lui que le signal et les premiers coups d'une insurrection.

Mais Catilina avait associé à ses vues personnelles d'ambition, de rapacité et de vengeance, une troupe de jeunes débauchés, presque tous de la classe patricienne, hommes perdus de dettes et de crimes, et couverts de tous les genres d'infamie. Leur mission était de s'emparer de Rome aussitôt que la guerre civile éclaterait, de piller le trésor public et les maisons de leurs ennemis, de décimer le sénat, de massacrer Cicéron : c'était un complot de brigands, au sein d'une révolution; ni le peuple de Rome, ni celui des provinces ne pouvaient être et ne furent dans la confidence de ces horreurs.

Cependant les manœuvres de Catilina au dehors avaient eu plein succès : l'Étrurie, le Picénum prirent les armes, et la Cisalpine menaçait de les suivre; à l'autre bout de l'Italie des révoltes éclatèrent en plusieurs lieux; au-delà des Alpes, la Province était dans la plus violente fermentation [1]. Dès que ce chef audacieux parut en l'Étrurie, une armée considérable se rassembla autour de lui; elle manquait pourtant de cavalerie. Catilina, pour cet objet, avait compté sur les Transalpins; mais

---

1. In Galliâ ulteriore motus erat. Sallust. bell. Catilin. p. 25.

le temps pressait. Les conjurés de Rome crurent qu'en mettant dans le secret de leurs desseins les ambassadeurs allobroges qui retournaient dans leur pays, désespérés et aigris contre le sénat, ceux-ci pourraient décider le soulèvement de la Province, et envoyer aux insurgés leur nombreuse et excellente cavalerie.

Voilà ce que révélèrent en partie aux députés gaulois les hommes réunis dans la maison de Sempronia, et qui étaient à la tête du complot de Rome. Ils insistèrent sur les services que le peuple allobroge pouvait rendre à la conjuration, et promirent en retour de décréter l'abolition de toutes ses dettes et de l'élever au rang de *peuple libre*[1]. Echauffés par ces espérances, les ambassadeurs applaudirent à tout; ils exigèrent seulement que leurs engagemens respectifs fussent précisés dans un traité écrit qu'ils pourraient présenter à leur nation. La demande était juste; et une seconde conférence fut arrêtée pour débattre les bases du traité et procéder à sa rédaction.

A peine les Allobroges furent-ils seuls, que la grandeur du péril où ils allaient se jeter et l'incertitude du succès s'offrirent vivement à leur esprit. Si le désir de se venger du sénat, si l'espérance d'un sort meilleur pour leur patrie, les atti-

---

1. Ὑπισχνούμενοι τὴν ἐλευθερίαν. Plut. in Cicer. p. 869.

rait vers les conjurés, l'idée qu'ils étaient sans mission pour compromettre à ce point leurs frères dans une entreprise hasardeuse les retenait et les faisait pencher en sens contraire. Il leur vint même à la pensée qu'en révélant aux consuls un secret de cette importance, ils pourraient obtenir à coup sûr et immédiatement ces mêmes avantages que la conjuration leur faisait entrevoir dans un lointain et chanceux avenir. Leur foi, à la vérité, se trouvait engagée envers Umbrénus et ses amis; ils avaient juré d'avance de garder sur toutes ces confidences un silence absolu; mais ce serment n'avait-il pas été surpris? Prévoyaient-ils de quels projets on les rendrait dépositaires au péril de leur vie, au détriment de leur pays? Peut-être aussi se rappelèrent-ils que la nullité des sermens prêtés par les Gaulois avait été soutenue naguère sérieusement devant les tribunaux romains. Toute la nuit, ils flottèrent dans ces incertitudes, passant successivement d'une résolution à l'autre. Enfin n'y pouvant plus tenir, ils se rendirent, au point du jour, à la maison de M. Fabius Sanga, qui était, comme nous l'avons dit, le patron des Allobroges, et lui révélèrent tous les événemens de la veille, déclarant qu'ils s'en remettaient à son avis. Fabius, citoyen pacifique et honnête, et d'ailleurs lié étroitement avec Cicéron, leur peignit sous les plus noires couleurs la conjuration et les conjurés, les effraya, et finit par les entraîner chez le consul¹. 63.

Cicéron était la première victime désignée au poignard des amis de Catilina; ce fut donc avec de vifs transports de joie qu'il accueillit la députation allobroge. Il lui était parvenu déjà, touchant leurs projets de meurtre, de pillage et d'incendie, quelques révélations; mais incomplètes et suspectes par leur source même, elles ne pouvaient servir de fondement unique à une instruction judiciaire. La déposition des Gaulois était d'une toute autre nature; aussi le consul les combla de caresses et d'encouragemens; comme chef de la république, il s'engagea formellement à remplir envers leur patrie toutes les promesses des conjurés, et, par ce leurre, il les persuada de se rendre aux conférences suivantes, et de conclure le traité afin de le lui livrer aussitôt. Les ambassadeurs promirent et firent tout; en se dévouant aux volontés du consul, ils croyaient tirer leur malheureux pays de son désespoir et de sa ruine. Étant donc allés au rendez-vous, ils y trouvèrent les personnages les plus éminens du complot, entre autres, les sénateurs Lentulus Sura et Céthégus².

---

1. Sallust. bell. Catilin. p. 25. — Cicer. Catilin. III. — Plut. in Cicer. loc. cit. — Appian. bell. civil. l. II, v. 430. — Dion. Cass. l. XXXVII, p. 45.
2. Sallust. bell. Catilin. loc. cit. — Cicer. Catilin. III.

63. Les nouvelles confidences furent plus étendues que les premières; et la députation allobroge recommença ses instances au sujet de conventions écrites. Les conspirateurs hésitaient; ils cédèrent enfin; le traité fut fait en double, signé par les deux parties, et l'une des copies remise aux Gaulois. Comme l'affaire pressait, le départ de ces derniers fut fixé pour une des nuits suivantes. On convint qu'ils passeraient par l'Étrurie où ils auraient une entrevue avec Catilina; Lentulus les chargea de dépêches pour ce chef, et l'un des conjurés Volturtius, qui se rendait à l'armée eut mission de les accompagner.

Dès que la nuit du départ fut venue, les Allobroges se mirent en route; mais, à peine arrivés au pont Milvius, ils furent saisis par des gardes que Cicéron, sur leurs avis secrets, y avait appostés. Conduits devant lui, ils livrent les papiers dont ils étaient porteurs, et font de toute la conjuration une déclaration publique; Volturtius effrayé suit leur exemple: et le consul, muni de ces pièces, fait arrêter au moment même Lentulus, Céthégus et leurs complices [1].

Le lendemain au point du jour, les Gaulois répétèrent leurs dépositions devant le sénat rassem-

---

1. Sallust. bell. Catilin. ub. supr. — Cicer. Catilin. III. — Plut. in Cicer. l. c.

blé et en présence des conspirateurs. Lentulus d'abord se contenta de tout nier : « il ne savait, « disait-il, quels étaient ces hommes et ce que « signifiaient des traités avec les Allobroges; » puis interpellant les révélateurs, « que me voulez-« vous? leur demanda-t-il; quelle affaire vous a « amenés chez moi¹? » Ceux-ci lui répliquèrent avec fermeté, énumérant combien de fois, par qui, pourquoi il les avait mandés; Lentulus à la fin sentit son assurance faiblir. Ici finit le rôle des Allobroges. Quant aux conspirateurs, on sait qu'ils furent mis à mort contre le vote d'une partie du sénat et sans la délibération du peuple. Depuis ce jour, les forces extérieures de la conjuration allèrent en déclinant; les alliés et les provinciaux rentrèrent successivement sous l'obéissance du sénat; Catilina poursuivi par deux armées se dirigea vers la Gaule transalpine, où il espérait jouer le rôle de Sertorius : prévenu dans son dessein, forcé de livrer bataille, et vaincu, il périt bravement et d'une mort digne d'un meilleur homme ².

Les Allobroges, en qualité de révélateurs, reçurent du sénat des récompenses personnelles : la conduite qu'avaient tenue dans cette affaire ces ambassadeurs mécontens d'une nation mécontente

1. Quid sibi esset cum eis? Quamobrem domum suam venissent? Cicer. Catilin. III.
2. Sallust. bell. Catilin.

à si juste titre, excita à Rome une surprise générale. « Nous ne saurions assez nous étonner, disait à ce propos Cicéron, que le seul de tous les peuples qui aujourd'hui ne manque ni de volonté ni de force pour lutter contre le peuple romain, que des Gaulois aient préféré notre salut à leurs intérêts, quand pour vaincre ils n'avaient pas besoin de combattre, quand il leur suffisait de se taire. Qui ne voit pas dans cet événement un signe éclatant de la bonté des dieux[1] ! »

Il paraît que le peuple allobroge en jugea autrement. Soit qu'il désapprouvât le rôle de ses députés; soit que le consul niât après la victoire les engagemens pris au jour du danger; ou que le sénat eût refusé de ratifier la parole du consul, ce peuple prit les armes, et fondit sur le midi de la Province dans le double but de piller Narbonne et Massalie, et de pousser les provinciaux à s'insurger. Le préteur Pomptinus fut chargé de faire face à cette guerre. Tandis que les Allobroges, sous la conduite de Catugnat, ravageaient ou excitaient à la révolte des cantons éloignés de leur

---

1. Quid verò? ut homines Galli, ex civitate malè pacatà, quæ gens una restat, quæ populo Romano bellum facere et posse et non nolle videatur, spem imperii et rerum amplissimarum ultrò sibi à patriciis hominibus oblatam negligerent, vestramque salutem suis opibus anteponerent: id nonne divinitùs factum esse putatis? Cic. Catilin. III.

territoire, il marcha vers l'Isère, se retrancha à quelque distance en deçà du fleuve avec une partie de son armée, et envoya l'autre sous la conduite d'un de ses lieutenans, Manlius Lentinus, assiéger le château de Ventia. L'attaque inopinée de Lentinus déconcerta les habitans; ils étaient sur le point de se rendre lorsque la population des campagnes accourut à leur secours, et rejeta les Romains au-delà de la frontière. Lentinus essaya d'abord de défendre la ligne de l'Isère; mais, comme la population riveraine possédait une grande quantité de barques et de navires de toute espèce, et que d'ailleurs les Romains ne pouvaient pas garder le passage sur tous les points, ils choisirent, pour s'y fortifier, un bois qui touchait le fleuve. Delà ils dressaient de côté et d'autre des embuscades aux paysans allobroges qui débarquaient sur la rive gauche, et ils firent beaucoup de prisonniers [1].

Sur ces entrefaites, Catugnat revint du midi avec son armée, et campa vers l'Isère, non loin de Lentinus. Voulant rendre au lieutenant romain embuscade pour embuscade, il commanda à une troupe considérable de paysans de la rive droite de traverser la rivière dans le voisinage du camp ennemi; ce qu'ils exécutèrent. Lentinus s'étant mis

---

[1]. Dio. Cass. l. xxxvii, p. 50.

à leur poursuite, et ceux-ci s'enfuyant à toutes jambes, ils l'attirèrent de proche en proche jusque dans le lieu où Catugnat les attendait. Les Allobroges alors poussèrent un grand cri; et les Romains surpris, enveloppés, auraient péri tous jusqu'au dernier, sans une tempête qui sépara les combattans[1]. Lentinus et les débris de ses légions allèrent rejoindre Pomptinus, qui battit promptement en retraite vers Narbonne. Catugnat, croyant la guerre finie de ce côté, alla reprendre dans le midi son expédition commencée.

Mais les Romains, ayant réuni de plus grandes forces, rentrèrent par trois points différens sur le territoire allobroge, et le dévastèrent par le fer et le feu. Catugnat revint sur ses pas; il était trop tard. Ventia succomba; et un avantage remporté sous les murs de Solonium ne recula que de quelques jours la perte du chef gaulois. Lorsque le pays saccagé et incendié sur toute sa surface ne présenta plus aucune résistance, Pomptinus écrivit au sénat que les Allobroges étaient pacifiés; ce service fut jugé assez important pour mériter au préteur les honneurs du triomphe[2].

---

1. Κἂν πασσυδὶ διώλετο, εἰ μὴ χειμὼν σφοδρὸς ἐξαίφνης ἐπιγενόμενος ἐπέσχε τοὺς βαρβάρους τῆς διώξεως. Dion. Cass. l. xxxvii, p. 50.

2. Dion. Cass. l. xxxvii, p. 50.—Tit. Liv. epit. c. iii.—Cicer. de provinc. consular.

CHAPITRE V.

Situation du nord et du centre de la Gaule. — Des Germains s'établissent en Belgique. — Guerre des Arvernes et des Séquanes contre les Édues. — Les Séquanes prennent à leur solde Arioviste; défaites et humiliation des Édues; courage du Vergobret Divitiac. — Arioviste s'empare des terres des Séquanes; ceux-ci lui résistent et font alliance avec les Édues; bataille de Magétobriga, où la ligue gauloise est anéantie par les Germains. — Divitiac implore le secours du sénat de Rome; froideur de la république à l'égard des Édues. — Intrigues d'Orgétorix avec des chefs éduens et séquanais. — Mouvement des Helvètes. — Les Romains font en Gaule une ligue défensive contre les Helvètes; voyage d'Arioviste à Rome. — Arrivée de César en Gaule. — Émigration des tribus helvétiennes; les Tigurins sont battus sur les bords de la Saône. — Dumnorix intrigue contre les Romains. — Défaite complète des Helvètes. — Assemblée générale des cités gauloises; plaintes portées à César contre Arioviste. — César marche contre lui, le défait et le met en fuite.

100 — 58.

Tandis que ces déchiremens, fruit de la domination romaine, concentraient sur la Gaule méridionale l'attention de l'Italie, d'autres déchiremens se faisaient sentir dans la Gaule libre; une autre domination, venue du nord, pesait sur ses plus belles provinces.

Nous avons signalé par intervalles la marche des peuples teutoniques du nord-est vers le sud de l'Europe: de proche en proche, ils avaient envahi la presque totalité des vastes régions transrhénanes. Celles de leurs tribus qui avoisinaient la frontière gauloise entrèrent en prompte relation d'hostilité avec les Belges et les Helvètes; et le nom de *Ghermanna*, *guerriers*, que se donnaient les bandes de pillards qui traversaient le Rhin, acquit bientôt dans le nord de la Gaule la même célébrité que celui de *Romains* avait dans le sud. Ghermanna dont nous avons fait *Germains* devint, même chez les Gaulois, une dénomination collective pour désigner en masse les peuples auxquels ces bandes appartenaient et par suite la race entière des Teutons. C'est avec cette acception que les noms de *Germains* et de *Germanie* figurent vulgairement dans l'histoire, et c'est celle que nous leur conserverons dans le cours de ces récits.

Malgré leur valeur sauvage et la terreur qu'ils inspiraient, les Germains n'étaient parvenus à se fixer à demeure de l'autre côté du Rhin que difficilement et en petit nombre. Les *Sègnes*, les *Condruses*, les *Pæmanes*, les *Cærèses*, débris de

1. Condrusi, Cæræsi, Pæmani, qui uno nomine Germani appellantur. Cæs. bell. Gall. l. II, c 4.—Condrusi qui sunt Trevirorum

tribus écrasées et chassées par une autre confédération de la même race, avaient passé le fleuve et occupé une partie de la forêt des Ardennes, moins par la force des armes, que du consentement des Trévires dont ils se reconnaissaient tributaires et clients. D'autres bandes avaient également réussi à s'établir çà et là sur la frontière belgique. Quoique ces Germains cis-rhénans, loin de gêner en rien la liberté de la Gaule, vécussent au contraire sous la dépendance complète des nations gauloises, néanmoins leur présence en deçà du Rhin était pour le pays un accident funeste et un présage menaçant qui ne tarda pas à s'accomplir.

Dans le centre de la Gaule, les esprits n'étaient pas plus paisibles que dans le nord et dans le midi. L'ancien équilibre politique avait été rompu par les conquêtes des Romains et l'affaiblissement de la puissance arverne; et les confédérations disloquées travaillaient à se reconstituer. D'ailleurs la révolution populaire fermentait alors dans sa plus grande violence. Elle était terminée chez les Edues, mais non encore chez les Arvernes et les Helvètes. Il n'y avait pas long-temps que le plus influent des chefs arvernes, Celtill, avait entrepris

---

clientes. Idem, l. IV, c. 6. — Segni... Idem. l. IV, c. 32.—Oros. l. VI, c. 7.

de rétablir à force ouverte le pouvoir royal ; il avait succombé, il est vrai, et expié par le dernier supplice sa tentative malheureuse [1]; mais tous les ambitieux n'étaient pas découragés, et leurs intrigues tenaient sans cesse en éveil le peuple et ses magistrats. La même lutte entre les divers pouvoirs d'origine populaire et le pouvoir aristocratique déchu avait lieu dans l'ouest de la Gaule; et des Alpes à l'océan armoricain, il existait peu de cités exemptes de factions et de désordres intérieurs. Ces petites guerres domestiques n'empêchèrent pourtant pas une guerre générale d'éclater.

Depuis le triomphe de la république romaine dans le midi de la Gaule, depuis l'asservissement des Allobroges, les malheurs et l'humiliation des Arvernes, un orgueil et une confiance sans mesure, s'étaient emparés de la nation éduenne. Fière du titre d'amie et de sœur du peuple romain, sous la sauvegarde de cette alliance redoutée, elle tyrannisait les autres nations galliques, les provoquant par mille prétentions insolentes, et suscitant mille embarras à leur commerce. Ainsi dans le but de ruiner les Séquanes, elle mit sur la navigation de la Saône des droits excessifs [2]. Les Séquanes poussés à bout organisèrent contre

---

1. Celtillus... ob eam causam quòd regnum appetebat, ab civitate erat interfectus. Cæs. bell. Gall. l. vii, c. 4.

2. Strab. l. vi, p. 192.

ce despotisme une ligue où les Arvernes n'hésitèrent pas à se ranger; et pour contre-balancer l'assistance que Rome pourrait prêter à ses alliés, la ligue séquano-arverne imagina de chercher aussi une assistance et des alliés extérieurs; elle s'appuya sur les Germains, comme les Edues sur les Romains. Des ambassadeurs séquanais se rendirent au-delà du Rhin, près d'Arioviste, chef ou roi de plusieurs tribus des Suèves, et l'engagèrent avec quinze mille hommes à la solde de leur cité. L'empressement d'Arioviste fut extrême, et il entra aussitôt en Gaule à la tête de ses plus braves guerriers[1].

La guerre ne traîna pas en longueur. Après deux batailles successives dont la perte coûta aux Edues une partie de leur noblesse, leur sénat, toute leur cavalerie[2], ils mirent bas les armes. Ceux qui naguère parlaient à toute la Gaule avec tant d'arrogance, furent contraints de donner pour otages aux Séquanes les enfans de leurs premiers citoyens, et de s'engager par serment à ne les redemander jamais; ils jurèrent aussi de ne point implorer le secours des Romains, et de rester

---

1. Cæs. bell. Gall. l. 1, c. 31-44 et seq; l. vi, c. 12.
2. Cum his Æduos eorumque clientes semel atque iterum armis contendisse; magnam calamitatem pulsos accepisse, omnem nobilitatem, omnem senatum, omnem equitatum amisisse. Cæs. bell. Gall. l. 1, c. 31.

éternellement soumis à leurs vainqueurs¹. Seul dans toute sa nation, le Vergobret des Edues refusa de souscrire à ces ignomineuses conditions; il ne prêta point les sermens exigés, il ne livra point ses enfans désignés comme otages. Échappé à grand' peine à la colère de ses ennemis et aux vengeances barbares d'Arioviste, il se retira dans la province romaine, d'où il passa bientôt en Italie, annonçant hautement qu'il se rendait à Rome, pour implorer la commisération du sénat: cet homme courageux était Druide ², et se nommait Divitiac.

Les Séquanes triomphaient; mais leur joie fut courte et leur victoire suivie de bien des larmes. Séduit par le climat, l'opulence, les mœurs policées des nations orientales de la Gaule ³, Arioviste déclara qu'il ne quitterait plus ce pays; et il somma les Séquanes de lui abandonner, à titre de solde, le tiers de leur territoire. Cet ordre paraissait sans réplique, car le roi germain, ayant attiré sous différens prétextes, pendant le cours de

---

1. Coactos esse Sequanis obsides dare nobilissimos civitatis, et jurejurando civitatem obstringere, sese neque obsides repetituros, neque auxilium à populo romano imploraturos, neque recusaturos quominùs perpetuò sub illorum ditione atque imperio essent. Cæs. bell. Gall. l. 1, c. 31.

2. Cicer. de divination. l. 1, p. 270.

3. Posteà quàm agros et cultum et copias Gallorum homines feri ac barbari adamassent. Cæs. bell. Gall. l. 1, c. 31.

la campagne, une multitude de ses compatriotes en deçà du Rhin, ne comptait pas moins de cent vingt mille hommes autour de lui [1]. Pourtant la fierté gauloise se révolta ; les Séquanes se réfugièrent en armes dans leurs villes et la guerre commença. Désespérés, repentans, ils s'adressèrent aux Édues ; et la communauté de misères changeant en alliés et en amis ces deux peuples, ennemis si acharnés la veille [2], et qui se devaient, l'un à l'autre, toutes leurs souffrances, la population éduenne se leva en masse et marcha vers le territoire séquanais. A cette nouvelle, le roi germain courut se retrancher, au milieu de marais profonds formés par la Saône, dans une position presque inabordable [3]. Tranquille au sein de cette forteresse, il déjoua, pendant plusieurs mois, toutes les tentatives des coalisés pour l'amener à une affaire décisive, attendant que leur patience se lassât et que leur ardeur s'amortît. Lorsqu'il vit qu'en effet cette multitude ennuyée et découragée se dispersait déjà pour reprendre les travaux de la campagne, il sortit brusquement de ses marécages et vint pré-

---

1. Ad c et xx millium numerum. Id. loc. cit.
2. Cæs. bell. Gall. l. 1, c. 31.
3. Quùm multos menses castris se ac paludibus tenuisset, neque sui potestatem fecisset. Cæs. bell. Gall. l. 1, c. 40.

senter la bataille¹. Des torrens de sang gaulois coulèrent dans cette journée mortelle à la Gaule; elle eut pour théâtre le village de Magétobriga², au confluent de la Saône et de l'Ognon.

Depuis sa victoire, Arioviste, devenu fier, cruel, impérieux, exerça sur tout l'est de la Gaule un despotisme sauvage. Il s'opposa à ce que les Séquanes restituassent aux Édues les otages qu'ils en avaient reçus autrefois et qui se trouvaient encore entre leurs mains; lui-même fit livrer d'autres otages éduens, ainsi que les enfans des plus nobles familles séquanaises : au moindre accès de son humeur ombrageuse il torturait ces infortunés et quelquefois les faisait périr dans les supplices³. Non content d'avoir enlevé aux Séquanes le tiers et la plus fertile portion de leur pays, il exigeait un nouveau tiers pour y trans-

---

1. Desperantes jam de pugnâ et dispersos subitò adortum... vicisse. Cæs. bell. Gall. l. 1, c. 20.

2. Magetobriga ou Magetobria. Il n'y a plus de doute aujourd'hui sur la situation de cette ville au confluent de la Saône et de l'Ognon, dans le lieu appelé maintenant *Mogte-de-Broie*. La découverte d'un fragment d'urne sur lequel on lit MAGETOB., confirme à ce sujet toutes les conjectures de d'Anville (Notice de la Gaule, p. 60).

3. In eos omnia exempla cruciatu edere, si qua res non ad natum aut ad voluntatem ejus facta sit. Cæs. bell. Gall. l. 1, c. 31.— Gravissimum supplicium sumat. Idem, ibid.

planter de la Germanie vingt-cinq mille Harudes. Quoiqu'un grand nombre de villes séquanaises fussent en son pouvoir, cet homme farouche n'avait rien changé à la vie de ses forêts; il campait en plein air, promenant son armée de bois en bois, et ne connaissant d'abri que la voûte du ciel et la tente de peaux du guerrier germain. Au reste il ne s'immisçait jamais dans les affaires domestiques des Gaulois, et les laissait librement se gouverner à leur guise, nommer ou déposer leurs magistrats, débattre entre eux leurs querelles politiques; il les traitait en tributaires plutôt qu'en sujets et en esclaves.

Cependant Divitiac était arrivé à Rome. Admis à la faveur de parler devant le sénat, il exposa, par interprète, les malheurs de la nation éduenne; et déployant la pompe poétique et les brillantes figures de l'éloquence gauloise, il invoqua ce nom de *frère* dont Rome daignait honorer son pays. Vainement les sénateurs lui permirent de s'asseoir, il voulut se tenir debout, à demi courbé sur son bouclier, dans l'attitude du respect et de la prière[1]. Le sénat l'écouta avec bienveillance; mais, trop préoccupé des troubles civils de l'Italie et des complots de Catilina, il ne

---

1. Princeps æduus in senatum venit, rem docuit: quùm quidem oblato consessu, minùs sibi vindicasset quàm dabatur, scuto innixus peroravit. Eumen. Panegyr. ad Constantin. c. 3.

décida rien pour le moment. Le Vergobret éduen resta à Rome, fréquentant la plus illustre société; et il sut y faire apprécier la finesse de son esprit, l'honnêteté de son ame, et la douceur de son commerce. Là il fit connaissance avec Cicéron, qui s'occupait déjà de son traité de la *divination*. Le prêtre gaulois et le philosophe romain eurent sur cette haute matière de savantes conférences, qui laissèrent dans l'esprit du dernier une impression très-favorable aux Druides et personnellement à Divitiac[1]. Transporté tout à coup dans ce centre de la civilisation et des arts, qu'il était fait pour sentir, le patriote éduen se laissa entraîner trop vivement peut-être à leurs séductions. Il rêva pour sa terre natale toutes ces merveilles dont il était ébloui; et par malheur il confondit, dans son affection enthousiaste, Rome avec la civilisation dont elle lui offrait le modèle. Là fut la source de ses erreurs; par là cette ame si noble et si énergique, en face de la tyrannie d'Arioviste, se fit la complice et l'instrument d'une autre tyrannie.

Le temps s'écoulait cependant, et les Romains, de plus en plus absorbés par leurs dissensions domestiques et par la révolte des Allobroges, avaient oublié leurs alliés de la Gaule. Cette dernière guerre contribua d'ailleurs à les refroidir. Les

---

[1]. Cicer. de Divinat. l. 1, p. 270.

Édues si proches voisins des Allobroges auraient pu facilement envoyer un corps de troupes au-delà du Rhône; et cette diversion aurait hâté l'issue de la guerre, épargné le pillage d'une partie de la Province, prévenu peut-être la défaite de Lentinus. Mais les Édues n'en firent rien [1], soit que la présence d'Arioviste les retînt, soit qu'au fond de leur cœur ils vissent avec plaisir l'humiliation de *frères* qui leur avaient montré tant d'indifférence.

Sur ces entrefaites, la nouvelle se répandit par toute l'Italie, que les Helvètes préparaient un grand armement, plus grand même qu'au temps des Kimris et des Teutons; on disait qu'ils voulaient changer de pays, piller la Gaule et envahir la Province [2]. Inquiet de ces bruits, qui prenaient de la consistance, le sénat envoya dans les principales cités transalpines des agens chargés de s'entendre avec elles pour repousser le danger commun [3]; le plan de défense proposé consistait à intercepter aux Helvètes tout accès hors de leur territoire, à les renfermer dans leurs

---

1. Cæs. bell. Gall. l. 1, c. 44.
2. Per provinciam Cæsaris, Narbonem iter facere. Tit. Liv. epit. CIII.
3. Legati cum auctoritate mitterentur, qui adirent Galliæ civitates, darentque operam ne se cum Helvetiis jungerent. Cicer. ad Attic. l. 1, epist. 18.

montagnes : les légions romaines devaient couvrir la ligne du Rhône et du Léman, frontière de la Province, tandis que les peuples gaulois garderaient les passages du Jura. Et de peur que sa conduite passée à l'égard des Édues ne nuisît à ses desseins présens, la République s'empressa de décréter que le gouverneur de la Province serait tenu désormais de protéger les Édues et les autres alliés du peuple romain [1]. Bien que tardive et intéressée, cette détermination plut aux cités opprimées par les armes d'Arioviste, et elles conclurent l'alliance défensive que demandait le sénat.

Le roi germain ne s'y opposa point, car les habiles négociateurs de Rome l'avaient gagné lui-même à leurs intérêts. Ils avaient été le trouver dans ce camp germanique qu'il habitait au milieu de la Séquanie, et par d'adroites flatteries, par une feinte condescendance à ses prétentions sur la Gaule, ils avaient obtenu qu'il ne troublerait en rien les opérations de la guerre qui se préparait. L'ambition d'Arioviste n'était pas moins grande que son courage et sa cruauté; il voulait coloniser d'abord le territoire qu'il avait conquis, puis s'é-

---

[1]. Senatus censuit uti, quicumque Galliam provinciam obtineret, Æduos cæterosque amicos populi romani defenderet. Cæs. bell. Gall. l. 1, c. 33.

tendre loin, et, suivant ses propres paroles, avoir *sa province* comme le peuple romain[1]. A la suite de ces conférences, il reçut du sénat des présens considérables et le titre de *roi ami*[2]. Il paraît même qu'on parvint à l'attirer à Rome[3], où César, alors consul, lui prodigua les marques de sa considération et de son amitié. Dans les murs de cette ville hypocrite, Arioviste put rencontrer son ennemi et sa victime l'exilé Divitiac que le même sénat traitait de frère, à qui le même consul promettait chaque jour la délivrance de sa patrie.

Voici le fait qui excitait des deux côtés des Alpes de si sérieuses et si vives alarmes.

Le voisinage des Germains, dont les incursions tenaient la nation helvétienne perpétuellement en haleine, la fatiguait et la dégoûtait de son pays; elle tournait un œil d'envie vers les contrées de l'ouest et du midi de la Gaule, plus fertiles, plus riches et pourtant plus paisibles. Ce dégoût de la situation présente et ce désir d'une autre patrie étaient excités sans relâche par les discours d'Orgétorix, chef considérable à qui son rang et sa fortune donnaient sur ses compatriotes une grande

---

1. *Provinciam suam* esse hanc Galliam, sicut illam nostram. Cæs. bell. Gall. l. 1, c. 44.

2. Rex appellatus à senatu, et amicus; munera amplissima missa. Cæs. bell. Gall. l. 1, c. 43.

3. Plut. in Cæs. p. 716.

60. influence : « Qui nous retient dans ces âpres mon-
« tagnes que notre valeur suffit à peine à défen-
« dre? leur disait-il. Ici nous ne pouvons point
« nous étendre; nous ne pouvons point aisément
« porter la guerre hors de chez nous; cherchons
« un théâtre mieux proportionné à notre vaillance
« et à la gloire de nos pères[1]. » Il fit tant qu'il les
persuada. Après avoir passé en revue toutes les
contrées de la Gaule où il leur conviendrait de
se fixer, ils choisirent le territoire des Santons,
compris entre l'embouchure de la Charente et
celle de la Garonne : confians dans la supériorité
de leurs armes, l'idée qu'il pourrait se présenter
des obstacles ne les arrêta pas un moment. Une
fois le projet bien décidé, ils travaillèrent aux
préparatifs de l'expédition avec toute la prévoyance dont ils étaient capables. Ils rassemblèrent de tous côtés des attelages et des chariots ;
ils firent d'amples semailles à l'effet de s'assurer
des vivres pendant la route ; ils procédèrent au
dénombrement de leur population ; et, comme ils
estimaient deux années suffisantes pour toutes ces
mesures, le départ fut fixé au printemps de la troisième[2]. En attendant, ils voulurent renouer leurs

1. Pro gloriâ belli atque fortitudinis angustos se fines habere. Cæs. bell. Gall. l. 1, c. 2.

2. Ad eas res conficiendas biennium sibi satis esse duxerunt, in tertium annum profectionem lege confirmant. Cæs. ib. l. 1, c. 3.

anciennes relations d'alliance avec leurs voisins les Édues et les Séquanes, dans l'espoir que ceux-ci leur accorderaient de plein gré passage sur leurs terres; ils chargèrent de cette négociation importante l'homme dont les conseils et l'influence avaient eu la principale part à l'adoption du projet.

Orgétorix, dont le nom signifiait *chef de cent vallées*[1], était en effet le plus riche et le plus considérable des nobles helvétiens : sa tribu entretenait dix mille guerriers; et quand il y joignait la multitude de ses débiteurs et de ses cliens volontaires, Orgétorix pouvait disposer d'une armée redoutable[2]. Avec une si grande puissance, aux temps de l'ancienne aristocratie, il eût été le chef des chefs et le roi du pays; sous le gouvernement populaire il n'était plus qu'un citoyen influent : il haïssait donc dans son âme ce régime nouveau, et conspirait secrètement sa ruine, aidé des autres nobles de l'Helvétie[3]. En suggérant au peuple l'idée de l'émigration, il se flattait que la conduite de la horde lui serait confiée; et qu'alors investi d'une autorité presque absolue, au milieu des désordres inséparables d'une telle entreprise, il pourrait aisément s'emparer de la

---

[1]. *Or*, hauteur, colline, et, dans le sens présent, vallée; *ced*, cent.

[2]. Familiam ad hominum millia decem... clientes obæratosque suos quorum magnum numerum habebat. Cæs. bell. Gall. l. 1, c. 3.

[3]. Conjurationem nobilitatis fecit. Cæs. bell. Gall. l. 1, c. 2.

royauté et restituer à la noblesse ses privilèges détruits. L'ambassade qu'il avait briguée et obtenue auprès des nations éduenne et séquanaise servait merveilleusement ses vues. Il y connaissait deux hommes non moins avides de pouvoir et non moins audacieux que lui; sa mission lui donnait le moyen de s'entendre et de comploter à l'aise avec eux, sans exciter le moindre soupçon.

L'un, le Séquanais Castic, était, comme Orgétorix, un chef de tribu mécontent; et à ses espérences d'ambition se mêlaient de plus vifs regrets du passé, car son père Catamantalède avait régné autrefois sur la Séquanie[1]. Le second, citoyen notable de la nation éduenne, était frère de Divitiac, et se nommait Dumnorix[2].

Par suite de l'exil de Divitiac, Dumnorix, à peine sorti de l'enfance, s'était trouvé tout-à-coup possesseur d'une grande fortune et d'une popularité

---

1. Cæs. bell. Gall. l. 1, c. 3.
2. DUBNOREX et DUBNOREIX, dans les médailles. Eckel. Doctr. num. vett. t. 1, p. 62-74. — A l'époque où nous sommes arrivés, le mot *rix* ou plus correctement *righ*, *chef*, ajouté à un nom propre ne désignait plus, comme antérieurement, un commandement dans l'état ou une souveraineté indépendante. Ce n'était plus qu'un affixe sans valeur politique, qui s'ajoutait aux noms des plébéiens et des simples particuliers, de même qu'à celui des nobles et des magistrats, indistinctement; il indiquait pourtant que le personnage qui le portait était de quelque importance par lui-même ou par sa famille.

acquise par le noble dévouement de son frère [1] : cette brillante situation l'éblouit. Naturellement vain et turbulent, il se livra à tous les rêves d'une ambition sans mesure; il corrompit la multitude par des largesses, et à force d'argent, il finit par former autour de lui, dans Bibracte, une clientelle assez formidable pour mettre le gouvernement en péril. Comme sa fortune n'eût pas suffi à de telles prodigalités, il se faisait adjuger tous les ans la ferme des revenus publics, à vil prix, car personne n'osait entrer en concurrence avec lui et couvrir ses enchères [2]. Il poussa même l'insolence jusqu'à prendre à sa solde une escorte de cavalerie, qui l'accompagnait partout comme un roi [3]. Les magistrats le redoutaient et le haïssaient; mais lui, fort de l'affection de la populace, bravait ouvertement les lois et marchait, le front levé, à ses desseins. Hors du territoire éduen, il s'était attaché par des alliances de famille tout ce que les états voisins contenaient de chefs entreprenans et forts, de citoyens factieux; à l'un il avait donné sa sœur utérine, à d'autres

---

1. Cæs. bell. Gall. l. 1, c. 20.
2. Complures annos portoria reliquaque omnia Æduorum vectigalia parvo pretio redempto habere, proptereà quòd, illo licente, contra liceri audeat nemo. Cæs. bell. Gall. l. 1, c. 18.
3. Magnum numerum equitatûs suo sumptu alere et circùm se habere. Id. ibid.

ses parentes; et sa mère avait épousé, par ses soins, un puissant chef des Bituriges[1]. Lui-même avait tardé jusqu'alors à se marier. Orgétorix, dès son arrivée chez les Édues, lui proposa et lui fit accepter sa fille[2]; la trame du complot et celle de l'hymen s'ourdirent en même temps, et les torches de la guerre civile éclairèrent les fiançailles.

Le plan de ce triumvirat gaulois était surprenant d'audace. Dumnorix et Castic, chacun de son côté, devaient, en excitant le peuple, empêcher l'exécution du traité que leurs gouvernemens faisaient alors avec Rome, et tout au contraire, obtenir aux Helvètes le libre passage sur les territoires séquanais et éduen. Ce premier avantage obtenu, ils profiteraient de quelque accident inévitable pour allumer la guerre, et, par un coup de main s'emparer de la souveraineté; Orgétorix, sur les lieux, devait prêter secours à ses complices, comme eux aussi s'engageaient à l'assister. Leur ambition ne s'arrêtait pas au trône; « maîtres de trois nations si formidables, « se disaient-ils, qui empêchera que nous ne

---

1. Hujus potentiæ causâ matrem in Biturigibus homini illic nobilissimo ac potentissimo collocasse: sororem ex matre et propinquas suas nuptum in alias civitates collocasse. Id. ub. supr.

2. Filiam suam in matrimonium dat. Cæs. bell. Gall. l. 1, c. 3; c. 18.

« soyons bientôt les maîtres de toute la Gaule[1] ? »

Pour Orgétorix l'illusion ne fut pas longue; ses intrigues et le mariage de sa fille ayant enfin éveillé la défiance des magistrats helvétiens, à son retour on le jeta en prison, et son procès fut instruit devant le peuple. Les lois prononçaient contre le crime d'Orgétorix le supplice du feu[2]; et le peuple, jaloux à l'excès de sa liberté, sévissait contre les coupables, quels qu'ils fussent, dans toute la rigueur des lois. Au jour marqué, l'Helvétien enchaîné[3] fut conduit devant l'assemblée populaire, pour plaider sa défense et entendre son arrêt. Mais ses cliens, accourus en masse, dès la pointe du jour, s'étaient emparés de la place publique; à la vue de leur chef traîné ignominieusement et chargé de liens, ils découvrent leurs armes, écartent la foule, dispersent les magistrats et enlèvent l'accusé dans les montagnes.

Déjà le peuple de la ville courait aux armes; déjà les magistrats convoquaient le peuple de la campagne[4], lorsqu'on apprit qu'Orgétorix avait

---

1. Per tres potentissimos ac firmissimos populos, totius Galliæ sese potiri posse sperant. Idem, c. 3.

2. Damnatum pœnam sequi opportebat, ut igni cremaretur. Cæs. l. 1, c. 4.

3. Ex vinculis. Cæs. l. 1, c. 4.

4. Quùm civitas ob eam rem incitata, armis jus suum exequi conaretur; multitudinemque ex agris magistratus cogerent; Orgetorix mortuus est. Id. ibid.

cessé de vivre. On conjectura que lui-même avait mis fin à ses jours[1].

Malgré la catastrophe qui venait de frapper l'auteur du projet d'émigration, comme ce projet avait l'assentiment de toutes les tribus helvétiennes, il ne fut point abandonné, et les préparatifs commencés se poursuivirent avec la même chaleur. Aussitôt qu'on se crut en état de partir, les magistrats ordonnèrent l'incendie des villes au nombre de douze, des villages au nombre de quatre cents, et de toutes les habitations particulières; ils firent brûler en outre les grains qu'on ne pouvait pas emporter, afin que l'impossibilité du retour augmentât la résolution et l'audace[2]. Chaque chef de famille prit avec lui dans ses chariots des vivres pour trois mois. Cependant les Helvètes persuadent aux Raurakes[3], aux Tulinges[4], aux Latobriges[5], leurs voisins, d'imiter leur exemple, de brûler leurs villes et leurs ha-

---

1. Neque abest suspicio quin ipse sibi mortem consciverit. Id. ub. sup.

2. Ubi jàm se ad eam rem paratos esse arbitrati sunt, oppida sua omnia, numero ad XII, vicos ad CD, reliqua privata ædificia incendunt: frumentum omne, præter quod secum portaturi erant comburunt... Cæs. bell. Gall. l. I, c. 5.

3. Peuple de Bâle.

4. Peuple de Stuhlingen, en Souabe, à ce qu'on suppose.

5. Peuple inconnu, habitant probablement sur la rive septentrionale du Rhin.

bitations, et de se mettre en marche avec eux. Ils s'associent aussi les Boïes. C'étaient les descendans de ce peuple que nous avons vu figurer avec tant d'éclat parmi les nations gauloises des rives du Pô, et défendre, le dernier, la Cisalpine contre les Romains. Chassé de l'Italie, il s'était fixé sur les bords de la Save et du Danube [1], qu'il habita cent trente ans ; d'autres guerres malheureuses lui firent perdre cette autre patrie [2], et le rejetèrent sur le Norique, au moment même où les Helvètes terminaient leurs préparatifs. Une des tribus boïennes, trouvant l'occasion favorable, se réunit aux émigrans ; tandis que le corps de la nation s'emparait de Noreïa et s'établissait à demeure dans le pays [3]. Tels furent les alliés qui vinrent grossir la horde helvétienne.

Le rendez-vous général ayant été fixé pour le vingt-huit du mois de mars, à la pointe méridionale du lac Léman, il s'y trouva quatre-vingt-douze mille hommes portant les armes, et, tout compris, trois cent soixante-huit mille têtes, savoir : deux cent soixante-trois mille Helvètes, trente-six mille

---

1. V. part. 1, c. 9, p. 337.

2. Le pays qu'ils abandonnèrent prit le nom de *désert des Boïes*. Plin. l. III, c. 27.

3. In Noricum agrum transierant, Noreïamque urbem oppugnârant. Cæs. bell. Gall. l. 1, c. 5.—La contrée occupée en dernier lieu par les Boïes prit le nom de *Boioaria* ; c'est aujourd'hui la *Bavière*.

58. Tulinges, quatorze mille Latobriges, vingt-trois mille Raurakes, et trente-deux mille Boïes. Les registres du recensement, écrits en caractères grecs, et contenant deux états nominatifs séparés, l'un des guerriers, et l'autre des vieillards, des enfans et des femmes¹, furent déposés et gardés soigneusement dans le camp.

Pour sortir de l'Helvétie par le midi, les émigrans n'avaient que deux routes à suivre. La première, qui passait par le territoire séquanais, était une gorge étroite et raide, tellement resserrée entre le Rhône et le Jura, que deux chariots n'y pouvaient marcher de front; dominée qu'elle était d'un côté par la montagne, et bordée de l'autre par le précipice, quelques hommes suffisaient pour l'intercepter. La seconde, plus courte et plus facile, s'ouvrait par la province romaine. Le Rhône offrait dans cette portion de son cours plusieurs gués praticables; et Genève, ville des Allobroges, contiguë aux frontières de l'Helvétie, avait un pont sur le fleuve. Les Helvètes s'étaient flattés que les Allobroges, par haine pour la république romaine, leur accorderaient volontiers

---

1. In castris Helvetiorum tabulæ repertæ sunt, litteris græcis confectæ, et ad Cæsarem relatæ; quibus in tabulis nominatim ratio confecta erat, qui numerus domo exisset eorum qui arma ferre possent : et item separatim pueri, senes, mulieresque. Cæs. bell Gall. l. 1, c. 29.

le passage, et qu'en tout cas il leur en coûterait peu pour l'obtenir à main armée. Mais César, que nous avons vu, durant son consulat, organiser avec les nations transjuranes la ligue défensive contre les Helvètes, chargé du gouvernement de la Province pour cinq années, venait d'arriver à Genève; il avait fait rompre d'abord le pont, et rassemblait en toute hâte les garnisons et les milices de la Narbonnaise.

Ces mesures contrariaient les Helvètes ; car l'ambassade d'Orgétorix aux Édues et aux Séquanes pour obtenir l'entrée de leur territoire, avait été mal accueillie par les magistrats de ces cités, et les émigrans ne voulaient s'aventurer dans les défilés du Jura qu'à la dernière extrémité. Ils envoyèrent donc au proconsul des députés choisis parmi leurs plus nobles chefs. *L'homme de la parole*[1] (c'était le titre que portait en langue gallique l'orateur de la députation), exposa en peu de mots les demandes de ses frères: « les Helvètes, « dit-il, veulent traverser la Province, mais sans y « causer le moindre dommage; ils n'ont pas d'autre « chemin à prendre, et ils espèrent que César ne « leur refusera point son consentement[2]. » César n'avait pas oublié la mort du consul L. Cassius,

---

[1]. *Verudoctius*. Ce mot que César donne comme un nom propre est composé de *ver*, homme, et de *dacht* ou *docht*, parole.

[2]. Sibi esse in animo sine ullo maleficio iter per Provinciam

et l'ignominie des légions, que les Tigurins avaient fait passer sous le joug, dans le lieu même où ils venaient solliciter l'entrée du territoire romain [1]. Il jugeait d'ailleurs bien difficile, que cette multitude indisciplinée pût s'abstenir de la violence et du brigandage; mais comme il ne se voyait pas assez en force (il n'avait avec lui qu'une légion), il répondit, afin de gagner du temps, qu'il réfléchirait sur la demande des Helvètes, et il fixa une nouvelle conférence pour le 13 du mois d'avril [2]. Cependant avec sa légion et les troupes qui lui arrrivaient chaque jour de tous côtés, il fit élever un mur haut de seize pieds et long de dix mille pas, qui, suivant les sinuosités du Rhône, en fortifiait la rive gauche, depuis l'endroit où le fleuve sort du lac, jusqu'à celui où il se creuse un lit étroit et profond entre les dernières sommités du Jura [3].

Ce travail achevé, César plaça ses postes, munit ses redoutes, prit toutes ses dispositions pour

facere, proptereà quòd aliud iter haberent nullum... Cæs. bell. Gall. l. 1, c. 7.

1. V. ci-dessus, part. 11, c. 3.

2. Diem se ad deliberandum sumpturum; si quid vellent ad Idus Aprilis reverterentur. Cæs. bell. Gall. l. 1, c. 7.

3. A lacu Lemanno, qui in flumen Rhodanum influit, ad montem Juram, qui fines Sequanorum ab Helvetiis dividit millia passuum decem murum, in altitudinem pedum sedecim, fossamque perducit. Cæs. bell. Gall. l. 1, c. 8.

résister à une attaque de vive force, et quand, au jour indiqué, les députés helvétiens parurent, il leur déclara que, d'après les usages du peuple romain, il ne pouvait permettre à qui que ce fût l'entrée de la Province. Les Helvètes, déchus de cette espérance, construisirent des radeaux, attachèrent ensemble des barques, cherchèrent les gués praticables, et à plusieurs reprises soit de jour, soit de nuit, s'efforcèrent de traverser le Rhône; mais toujours arrêtés par le retranchement, toujours repoussés par les postes romains, ils renoncèrent à leur projet.

Il ne leur restait plus que la route du Jura, route si difficile qu'ils n'osaient s'y engager sans le consentement formel des habitans. Ne se flattant pas de l'obtenir directement des magistrats séquanais, qui s'étaient montrés, comme nous l'avons dit, très-défavorables à leurs projets, ils imaginèrent de réclamer la médiation de l'Éduen Dumnorix qui, par sa femme, était devenu l'allié de leur nation [1]. Dans la catastrophe dont Orgétorix avait été la victime, l'ambitieux Dumnorix avait ressenti bien plus vivement la ruine de ses espérances que la perte d'un beau-père; il ne lui resta donc plus aucun fiel contre les Helvètes, du moment qu'il put intriguer encore avec eux, et espérer encore

---

[1]. Legatos ad Dumnorigem Æduum mittunt, ut eo deprecatore à Sequanis impetrarent. Cæs. bell. Gall. l. 1, c. 9.

par eux. Il ne savait pas bien au juste quel genre de service il devait attendre de la horde émigrante, ni quel résultat produirait son introduction en deçà du Jura, puisque la mort d'Orgétorix avait déjoué leurs anciennes combinaisons; mais pour ce fauteur infatigable de nouveautés, tout désordre était une chance à saisir. Il s'employa donc chaudement en faveur des Helvètes auprès du gouvernement et du peuple séquanais; et comme il y jouissait d'un grand crédit[1], et que Castic le seconda de tous ses moyens, les magistrats furent gagnés à prix d'argent ou forcés par la multitude; et au mépris du traité conclu avec Rome, le passage fut accordé aux Helvètes. Des otages ayant été livrés de part et d'autre, la horde franchit paisiblement la périlleuse barrière du Jura[2].

Ce n'était pas tout, il fallait aussi que les Édues consentissent à laisser traverser leur territoire et celui de leurs cliens, depuis la Saône jusqu'à la Loire. Dumnorix le sollicita; mais tout son crédit, toutes ses largesses échouèrent; l'influence des magistrats fut cette fois plus puissante que la sienne. Le peuple, ayant déclaré qu'il resterait fidèle à la convention faite avec les Romains, prit les armes pour défendre la ligne de la

---

1. Gratiâ et largitione apud Sequanos plurimùm poterat. Cæs. loc. cit.
2. Idem, ibid.

Saône. Mais la défection inopinée des Séquanes et la marche rapide de la horde déconcertaient toutes les mesures; rien n'était encore prêt, et quelques corps de milices s'opposèrent seuls et sans succès au passage de la rivière [1].

Les émigrans travaillèrent jour et nuit à rassembler des barques, à construire des radeaux [2], mais une si grande multitude de peuple, de bêtes de somme, de bétail, de chariots, de bagages de toute sorte, jetaient beaucoup de désordre dans les manœuvres et occasionèrent une perte immense de temps. Au bout de vingt jours, l'arrière-garde, composée de Tigurins et formant un quart de la horde, restait encore sur la rive gauche du fleuve [3]. Grace à cette lenteur et aux délais qu'avait entraînés la négociation avec les Séquanes, César avait pu descendre en Italie et en ramener cinq légions : à son retour, apprenant ce qui s'était passé, il marcha à grandes journées vers la Saône, et arriva au moment où l'arrière-garde commençait son embarquement. Il fondit sur elle comme la foudre. Surpris et gênés par leurs équipages, par le trouble de leurs femmes et de leurs enfans,

---

1. Cæs. bell. Gall. l. 1, c. 11.
2. Helvetii ratibus ac lintribus junctis transibant. Cæs. bell. Gall. l. 1, c. 12.
3. Diebus viginti. Cæs. l. 1, c. 13.—Quartam partem citrà flumen Ararim reliquam esse. c. 12.

58. les Tigurins furent taillés en pièces pour la plupart. Un petit nombre seulement se réfugia dans les bois environnans et gagna, comme il put, la rive droite [1].

César fit jeter aussitôt un pont sur la rivière, afin de poursuivre le gros de la horde; en un seul jour, toute son armée fut sur l'autre bord. Effrayés de sa promptitude et de son approche inopinée, les Helvètes lui envoyèrent des députés, chargés, disaient-ils, de traiter de la paix; mais les discours de ces hommes et leur choix même faisaient voir assez clairement que leur mission n'était qu'une feinte pour gagner du temps. A leur tête se trouvait le fameux Divicon, qui commandait les Tigurins lors de la journée du Léman, et avait fait passer les légions romaines sous le joug. Quoiqu'au terme de la vie humaine, car il n'avait guère moins de quatre-vingts ans [2], le vieux chef conservait, sous les glaces de l'âge, tout le feu et toute l'audace de la jeunesse : il parla

---

1. Idem, ibid.—Cette victoire causa à César une double joie; elle effaçait l'ignominie et vengeait la défaite des légions de Cassius; elle le vengeait aussi lui, César, d'une injure de famille, parce que son beau-père était petit-fils de ce L. Pison qui fut tué à la journée du Léman.

2. La bataille du Léman s'était donnée cent sept ans avant J.-C., cinquante ans avant l'émigration des Helvètes. Divicon, à cette époque, commandant en chef de sa horde, devait avoir au moins de vingt à vingt-cinq ans.

à César victorieux avec le même orgueil qu'il avait parlé cinquante ans auparavant aux lieutenans des légions vaincues. « Si les Romains veulent la « paix, lui dit-il, qu'ils nous assignent une place « en Gaule, et nous l'habiterons ; s'ils persistent à « nous faire la guerre, qu'ils se rappellent ce « qu'elle leur a coûté. Pour avoir assailli à l'im- « proviste un de nos cantons, lorsque les autres, « au-delà du fleuve, ne pouvaient lui porter se- « cours, il n'y a pas tant sujet de s'enorgueillir et « de nous mépriser. Les Helvètes ont appris de « leurs pères à se fier plus au courage qu'à la ruse « et à compter peu sur les stratagèmes de la « guerre[1]. Que les Romains ne s'exposent donc « pas à voir le lieu où nous nous trouvons, comme « un autre bien connu, s'illustrer par la honte « de leur république et la destruction de leur « armée[2]! »

58.

A ces paroles dures pour la fierté romaine, César répondit : « qu'il n'avait point oublié ce que les « Helvètes prenaient à tâche de lui rappeler, « qu'ainsi sa conduite était tracée d'avance ; qu'il « conservait de ce revers d'autant plus de ressen- « timent, que le consul Cassius attaqué à l'impro-

---

[1]. Se ita à patribus majoribusque suis didicisse, ut magis virtute quàm dolo contenderent, aut insidias niterentur. Cæs. bell. Gall. l. 1, c. 13.

[2]. Cæs. bell. Gall. l. 1, c. 13.

58. « viste avait été victime d'une perfidie. Quand lui,
« César, oublierait cette ancienne injure, pour-
« rait-il perdre aussi le souvenir d'affronts plus
« récens? Les Helvètes n'avaient-ils pas voulu
« s'ouvrir, malgré lui, un chemin par la Province?
« N'avaient-ils pas porté la désolation chez les
« Édues, chez les Ambarres, chez les Allobroges
« dont ils avaient saccagé les établissemens et les
« propriétés sur la rive droite du Rhône[1]? Une
« armée romaine verrait-elle de sang-froid ravager
« les champs des sujets ou des alliés de Rome, en-
« vahir leurs villes, traîner leurs enfans en servi-
« tude? — Cet insolent orgueil que vous inspire une
« victoire, ajouta le proconsul avec colère, cette
« lenteur de la vengeance dont vous avez droit
« d'être surpris, entrent, n'en doutez pas, dans
« les desseins de la Providence. Quand les dieux
« veulent châtier les hommes, ils leur accordent
« de temps en temps quelque succès, pour les
« enivrer de leur impunité, et leur rendre par-là le
« malheur plus terrible. Cependant, si vous livrez
« des otages, si les Édues, leurs alliés et les Allo-
« broges reçoivent réparation des dommages souf-
« ferts, je consens à faire la paix. » — « Les Hel-
« vètes, repartit froidement Divicon, ont appris de
« leurs pères à recevoir et non pas à donner des

---

[1]. Cæs. bell. Gall. l. 1, c. 11.

« otages; le peuple romain en porterait témoi-
« gnage au besoin ¹. »

La conférence fut rompue, et le lendemain la horde reprit sa marche. César la suivit et détacha en avant, pour l'observer, quatre mille chevaux fournis par la Province, les Édues et leurs alliés. Cette cavalerie donna contre l'arrière-garde helvétienne, et, après avoir combattu quelques instans dans un lieu désavantageux, tourna bride et rejoignit les légions ventre à terre, fuyant devant cinq cents cavaliers ennemis ². Enhardie par ce succès signalé, la horde ne craignait plus d'en venir à des engagemens partiels, son arrière-garde attendait souvent de pied ferme l'avant-garde romaine, la harcelait, l'irritait, et continuait ensuite sa route. Ces escarmouches déplaisaient fort à César; il retenait ses troupes, croyant qu'il suffisait pour le moment d'interdire à l'ennemi le pillage et les dévastations. Pendant quinze jours, les deux armées manœuvrèrent ainsi à cinq ou six mille pas l'une de l'autre; elles côtoyèrent d'abord la Saône, en la remontant; puis les Helvètes tournèrent court à l'ouest, et César suivit ce mouvement ³.

1. Ità Helvetios à majoribus suis institutos esse, uti obsides accipere, non dare consuerint; ejus rei populum romanum esse testem. Cæs. l. 1, c. 14.

2. Quingentis equitibus tantam multitudinem equitum pepulerant. Cæs. l. 1, c. 15.

3. Cæs. l. 1, c. 15.

58. Tant qu'ils avaient marché dans le voisinage de la rivière, César avait eu des vivres en abondance, parce qu'il les tirait de la Province par le Rhône; une fois engagé dans l'intérieur des terres, il fut réduit aux subventions des Gaulois. Quoiqu'on touchât à la mi-juin, les blés n'étaient pas encore mûrs: une saison froide et pluvieuse avait retardé toutes les récoltes, même celle des fourrages. Prévoyant ce qui arrivait en effet, César, dès l'ouverture de la campagne, avait recommandé expressément aux Édues de faire d'abondantes provisions, et de les lui envoyer; chaque jour il renouvelait ses instances : mais les Édues, sous vingt prétextes, le traînaient de délais en délais; tantôt on requérait les grains, tantôt on rassemblait les transports; les convois étaient en route, ils arrivaient [1]; rien cependant ne paraissait, et l'on touchait à l'époque où le blé devait être distribué aux soldats.

Irrité de se voir joué de la sorte, César donna ordre à tous les chefs éduens de se rendre dans sa tente. Aussitôt que les légions avaient mis le pied sur le territoire éduen, les magistrats de la cité, le vergobret à leur tête, étaient accourus avec empressement dans le camp romain; nombre

---

1. Diem ex die ducere Ædui; conferri, comportari, adesse, dicere. Cæs. l. 1, c. 16.

de personnages importans les avaient rejoints, et ils y formaient une espèce de conseil que le général consultait sur les opérations de la campagne; Divitiac, rentré en Gaule avec César, y siégeait au premier rang. Lorsqu'ils furent tous rassemblés, le proconsul éclata en reproches amers : « Que « signifiait, disait-il, cette indifférence? Ils le « voyaient à deux pas de l'ennemi, dans le plus « pressant besoin, ne pouvant ni acheter, ni faire « moissonner du blé, et ils ne venaient point à son « secours! Pourtant les Édues ne devaient pas « oublier que la guerre avait été entreprise en « grande partie pour eux et d'après leurs sollici- « tations¹. » Pendant qu'il parlait, les magistrats éduens écoutaient, mornes, honteux, n'osant lever les yeux vers lui; et aucun ne répondait à ses plaintes.

Enfin le vergobret, nommé Lisc, se leva; sa contenance et ses traits décelaient une profonde agitation intérieure. Il commença par protester de la reconnaissance, de l'inaltérable attachement du peuple éduen envers la république romaine. « Le mal n'est pas là, ajouta-t-il, et quoi qu'il « en puisse coûter, j'aurai le courage d'y porter le « fer. Sache donc, ô César, qu'il existe parmi nous « des hommes tout-puissans auprès de la multi-

---

1. Cæs. l. 1, c. 16.

« tude, et qui, simples particuliers, ont plus
« d'influence que les magistrats eux-mêmes. Ce
« sont eux qui, par leurs discours, détournent le
« peuple de livrer les grains requis; ils le séduisent,
« ils l'égarent. »—« Si nous ne pouvons être les pre-
« miers dans la Gaule, lui répètent-ils sans cesse,
« eh bien! les Helvètes sont des Gaulois; subissons
« la domination de nos frères plutôt que celle de
« l'étranger. Doutons-nous que si les Romains
« réussissent à vaincre les Helvètes, ils ne nous
« ravissent la liberté, à nous, comme au reste de
« la Gaule[1]?»—«Tels sont les propos par lesquels
« cette faction travaille et aigrit la populace; ici
« même elle nous vend; elle informe l'ennemi de
« ce qui se passe dans ce camp; c'est par elle que
« tous nos plans, toutes nos résolutions sont con-
« nues d'avance. Plus forte que mon autorité, plus
« forte que les lois, je suis hors d'état de la répri-
« mer; je sais même à quels dangers ces aveux
« m'exposent; et voilà pourquoi j'ai gardé si long-
« temps le silence[2]. »

Quoique aucun nom n'eût été prononcé, César

---

1. Si jàm principatum Galliæ obtinere non possint, Gallorum quàm Romanorum imperia perferre satiùs esse; neque dubitare debere, quin, si Helvetios superaverint Romani, unà cum reliquâ Galliâ Æduis libertatem sint erepturi. Cæs. l. 1, c. 17.

2. Intelligere sese quanto id cum periculo fecerit, et ob eam causam, quamdiù potuerit, tacuisse. Cæs. loc. cit.

vit bien que ces révélations tombaient sur Dumnorix, dont il n'ignorait ni le crédit, ni l'ambition ;
mais, pour ne point ébruiter la chose devant tant
de témoins, il se hâta de rompre le conseil, et
retint seulement le vergobret. Lisc alors parle
plus hardiment[1]. « C'est en effet Dumnorix qu'il
« a désigné; il détaille tous les projets, toutes les
« manœuvres de cet homme ambitieux ; comment
« il s'était adjugé d'autorité le monopole des péages
« et des contributions publiques; ses largesses cor-
« ruptrices; ses relations avec Orgétorix et tous
« les factieux des états voisins; le mariage de sa
« mère et de sa sœur, le sien avec une fille helvé-
« tienne; d'ailleurs, il nourrissait contre César et
« les Romains une haine personnelle, parce que
« leur intervention, en rétablissant Divitiac dans
« sa fortune et dans son rang, diminuait d'autant
« le crédit et la popularité de Dumnorix. Si les
« Romains succombaient, il pouvait espérer de
« parvenir à la royauté, par l'assistance des Hel-
« vètes; sous l'influence romaine au contraire, il
« craignait de perdre jusqu'à sa situation présente.
« C'était pour trahir César qu'il s'était fait décer-
« ner le commandement de cette cavalerie auxi-
« liaire qui avait tourné bride devant cinq cents
« chevaux helvétiens: dans ce combat honteux sa

1. Cæs. l. 1, c. 18.

58. « perfidie avait été manifeste. C'était encore Dum-
« norix qui avait ouvert aux Helvètes le pays des
« Séquanes; c'était lui qui avait engagé ces deux
« peuples à se donner mutuellement des otages;
« tout cela sans l'aveu des Romains, tout cela à
« l'insu des magistrats de sa cité¹. »

Telles furent les accusations du vergobret, et leur gravité ainsi que l'autorité de l'accusateur paraissaient à César suffisantes pour punir lui-même Dumnorix, ou pour le livrer à la rigueur des lois gauloises². Une seule considération l'arrêtait; il connaissait l'extrême attachement de Divitiac pour sa personne et pour le peuple romain, et il craignait de l'aliéner par le châtiment de son frère. Avant donc de rien résoudre, il le manda près de lui, après avoir écarté tous les interprètes, à l'exception de C. Valérius Procillus, notable citoyen de la Province, et confident intime de tous ses secrets. Il lui rappela alors les paroles publiques du vergobret, il lui répéta ses dépositions secrètes, et l'exhorta enfin à ne pas le haïr si, procédant au jugement, il prononçait ou faisait prononcer les magistrats sur le sort d'un accusé qui était son frère. A ces mots Divitiac fond en larmes, il embrasse César, il le conjure de ne prendre à

---

1. Cæs. l. 1. c. 18.
2. Satis esse causæ arbitrabatur, quare in eum aut ipse animadverteret, aut civitatem animadvertere juberet. Cæs. l. 1, c. 19.

l'égard de ce frère aucun parti violent. « Je sais, « dit-il, qu'il est coupable, et personne n'en a plus « souffert que moi : c'est à la faveur de mon in- « fluence que Dumnorix, trop jeune pour en avoir, « s'est élevé au rang qu'il occupe ; maintenant il se « sert des avantages qu'il me doit pour affaiblir mon « crédit et presque pour me perdre ; mais enfin « il est mon frère, je l'aime et je tiens à l'estime « publique. Si tu le traites en toute rigueur, nul ne « doutera, vu ton amitié pour moi, que je ne sois « l'auteur de sa mort ; cette idée me pèsera et « me fera perdre l'affection de toute la Gaule. » Comme il continuait ses prières en pleurant, César lui prend la main, le rassure, lui dit qu'il n'avait pas besoin de solliciter davantage, et que pour lui montrer le prix qu'il attachait à son amitié, il oubliait et ses propres ressentimens, et l'outrage fait à la république. Ensuite il mande Dumnorix, et l'avertit de ce qui s'est passé à son sujet : il entremêle aux menaces les exhortations et les promesses d'oubli ; néanmoins il ordonne qu'on le garde à vue, pour savoir ce qu'il fait et à qui il parle [1].

Pendant que ces débats occupaient vivement le proconsul, l'armée suivait toujours la horde qui

---

[1]. Dumnorigi custodes ponit ut quæ agat, quibuscum loquatur scire possit. Cæs. l. 1, c. 20.

58. s'avançait à petites journées dans l'ouest. Une fois César crut avoir trouvé l'occasion de livrer bataille, mais un stratagème, qu'il jugeait infaillible, échoua par la lâcheté d'un de ses officiers. N'étant plus qu'à dix-huit milles de Bibracte, capitale de la cité éduenne, et la distribution des vivres devant avoir lieu dans deux jours, César, qui avait avant tout besoin de s'approvisionner, quitta la poursuite de l'ennemi, et se dirigea vers la ville. La nouvelle en fut apportée aussitôt aux Helvètes par des déserteurs de la cavalerie gauloise. Soit qu'elle attribuât à la peur cette marche rétrograde, soit qu'elle voulût empêcher l'approvisionnement, la horde revint sur ses pas et atteignit bientôt l'arrière-garde romaine qu'elle attaqua[1].

Pour soutenir ce premier choc, César jeta en avant toute sa cavalerie, tandis qu'il ordonnait son infanterie sur une hauteur : d'abord quatre légions de vétérans, placés à mi-côte sur trois lignes, ensuite deux légions de nouvelles recrues, en troisième lieu les auxiliaires. Dans ce moment, on lui présenta son cheval, mais il le renvoya; « qu'on me l'amène après la victoire, quand il « faudra poursuivre, dit-il; maintenant il s'agit « d'attendre de pied ferme[2]. » Le mot de César fut

---

1. Cæs. l. 1, c. 23.
2. Τούτῳ μὲν.. νικήσας χρήσομαι πρὸς τὴν δίωξιν... Plut. Cæs. p. 716.

compris, et tous les officiers renvoyèrent comme lui leurs chevaux. Les Helvètes, après avoir donné la chasse à la cavalerie gallo-romaine, et rangé leurs chariots par files, se formèrent en masse compacte[1], et marchèrent vers la colline.

Dans l'ordonnance serrée que les Helvètes avaient prise, les rangs intérieurs élevant et croisant leurs boucliers au-dessus de leurs têtes, en formaient une espèce de voûte à laquelle les Romains par similitude donnaient le nom de *tortue*. Les javelots des légionaires tombant de haut en bas perçaient à la fois plusieurs de ces boucliers et les clouaient ensemble; le fer s'y recourbait; et les Gaulois, ne pouvant plus agir librement, avec le bras gauche ainsi chargé, préféraient jeter bas le bouclier et combattre à corps découvert. De cette manière, le front de leur carré se trouva bientôt désarmé et fut rompu aisément par les vétérans romains. Les autres légions descendirent alors et attaquèrent à la pointe de l'épée. Criblés de blessures, épuisés de fatigue, les Helvètes battirent en retraite pour aller se reformer sur un coteau éloigné d'environ un mille. Ils en étaient maîtres, et les Romains les y suivaient, lorsque les Boïes et les Tulinges, qui formaient une réserve de quinze mille hommes

---

1. Phalange factà. Cæs. l. 1, c. 25.

58. et couvraient l'arrière-garde de la horde, prennent les vainqueurs en flanc pendant leur marche et les enveloppent; à cette vue, les Helvètes reviennent à la charge, et renouvellent le combat [1].

Cette double lutte fut longue et acharnée. Enfin les Helvètes, rompus une seconde fois, se retirèrent, les uns sur la montagne où ils s'étaient d'abord repliés, et les autres dans l'endroit où se trouvaient leurs chariots et leur bagage. Il était nuit alors; et depuis le milieu du jour que la mêlée avait commencé, aucun romain, au témoignage même de César, ne pouvait dire qu'un Gaulois eût tourné le dos [2]. Autour des campemens de la horde, la bataille se prolongea fort avant dans les ténèbres, et là, non-seulement les hommes, mais les femmes et les enfans, déployèrent un courage héroïque [3]. Du haut des chariots, de dessous les chariots, à travers les roues, de toute part enfin, ils faisaient pleuvoir sans interruption une grêle de traits qui arrêtèrent long-temps les assaillans; ceux-ci à la fin, ayant pratiqué une brèche, se précipitèrent dans l'intérieur du camp. Cette mêlée nocturne fut horrible. Une partie des

---

1. Cæs. bell. Gall. l. 1, c. 25.

2. Hoc toto prælio, quàm ab horâ septimâ ad vesperum pugnatum sit, aversum hostem videre nemo potuit. Cæs. l. 1, c. 26.

3. Παῖδες καὶ γυναῖκες ἀμυνόμεναι μέχρι θανάτου συγκατεκόπησαν, Plut. Cæs. p. 716.

femmes et des enfans parvint néanmoins à s'échapper, favorisée par le désordre et l'obscurité, et gagna la colline où campait la seconde division de l'armée helvétienne. Le reste, et c'était le plus grand nombre, fut tué ou réduit en servitude : parmi les captifs se trouvèrent plusieurs personnages d'un rang élevé, entre autres une fille et un fils d'Orgétorix¹. La multitude fugitive réunie aux débris de l'armée, formant une horde de cent trente mille ames, se mit aussitôt en marche dans la direction du nord, et après avoir marché le reste de la nuit sans faire halte, parvint, le quatrième jour, sur le territoire des Lingons. Les Romains ne purent la suivre, retenus trois jours par la nécessité de soigner les blessés et d'enterrer les morts; mais César enjoignit aux Lingons, par des exprès, de ne donner ni vivres, ni assistance d'aucun genre à ses ennemis, sous peine d'être traités eux-mêmes comme tels². Le quatrième jour, il reprit la trace des Helvètes.

Les émigrans, réduits au tiers et hors d'état de soutenir une seconde bataille, n'avaient plus qu'un désir, celui de gagner le Rhin, soit pour retourner dans leurs montagnes, soit pour passer en Germanie; mais ils étaient épuisés par la faim,

58.

1. Cæs. l. 1, c. 26.
2. Qui si juvissent se eodem loco, quo Helvetios habiturum. Cæs. l. 1, c. 26.

la frayeur qu'inspirait leur retraite précipitée, et surtout les menaces de César, faisant disparaître, à leur approche, la population des campagnes et les subsistances. A demi morts de besoin, ils se résignèrent à capituler à tout prix. Des députés envoyés vers César le rencontrèrent sur la route; mais, avant de rien écouter, le proconsul voulut que la horde attendît son arrivée dans le lieu même où elle se trouvait alors : elle obéit. Il lui commanda alors de livrer ses armes, les transfuges, les esclaves fugitifs et des otages. Portées au conseil des Helvètes, ces conditions impérieuses ne furent point entendues sans colère, ni acceptées sans opposition; elles passèrent toutefois, car la nécessité ne laissait aucune autre ressource.

Mais quand la nuit fut venue, et que le sommeil commença à s'étendre sur les deux camps, six mille Helvètes du canton appelé Verbighène sortirent à petit bruit, et se mirent en marche vers le Rhin, préférant la mort ou un exil perpétuel à l'ignominie d'un tel traité [1]. Quelle que fût leur diligence, embarrassés de chariots, d'enfans et de femmes, ils laissèrent à César le temps de les prévenir par ses courriers et d'armer contre eux tous les peuples à travers lesquels ils devaient passer : ces peuples obéirent sans hésiter, tant était

---

[1]. Primâ nocte ex castris Helvetiorum egressi... Cæs. l. 1, c. 27.

grande la terreur dont ses victoires récentes environnaient l'armée romaine. Assaillis de tous côtés et enveloppés, les Verbighènes furent ramenés à César, qui les traita avec toute la rigueur des vengeances militaires [1]. Le reste de la horde fut reçu à composition, après avoir livré ses armes, les transfuges gaulois et romains, et des otages ; puis César ordonna à ces différens peuples, Helvètes, Tulinges, Latobriges, de retourner dans les lieux qu'ils occupaient précédemment et d'y reconstruire leurs habitations. Les Boïes seuls eurent la faculté de rester à l'ouest du Jura, les Édues ayant désiré coloniser sur leur frontière méridionale cette bande vaillante, comme un rempart contre les Arvernes [2]. César, en forçant les peuples émigrans à retourner chacun dans leur ancienne demeure et à reconstruire leurs villes incendiées, avait pour but principal d'y prévenir l'établissement des Germains qui seraient devenus par-là limitrophes de la Province [3], et, comme les Helvètes avaient détruit toutes leurs subsistances, comme ils ne devaient plus trouver chez eux que la famine, il enjoignit aux Allobroges de leur fournir tout le blé qui leur serait nécessaire jus-

---

1. Reductos in hostium numero habuit. Cæs. l. 1, c. 28.
2. Boïos, petentibus Æduis, quòd egregiâ virtute erant cogniti, ut in finibus suis collocarent, concessit. Cæs. l. 1, c. 28.
3. Cæs. l. 1, c. 28.

qu'à la prochaine récolte. La horde se remit donc en route pour l'Helvétie ; et de trois cent soixante-huit mille têtes qui avaient passé le Jura, moins de trois mois auparavant, cent dix mille seulement revirent leur patrie [1].

Des félicitations arrivèrent à César de presque tous les états de la Gaule. Une députation des plus notables citoyens se rendit près de lui, chargée de lui dire au nom de leurs cités : « Qu'encore « qu'il eût combattu les Helvètes pour garantir « les terres du peuple romain et venger d'ancien-« nes injures, la Gaule ne lui devait pas moins « que sa patrie même ; car il l'avait sauvée d'une « guerre cruelle et peut-être de la servitude [2]. »

Se trouvant réunis en grand nombre auprès de César, les députés de la Gaule centrale crurent l'instant opportun pour s'occuper d'un objet plus triste et plus important vingt fois au pays que l'émigration des Helvètes, pour s'occuper des envahissemens et de la tyrannie d'Arioviste ; ils conférèrent et se concertèrent ; mais telle était la gravité de la décision, qu'ils n'osèrent en prendre [3]

---

1. Eorum, qui domum redierunt censu habito, ut Cæsar imperaverat, repertus est numerus millium c et x. Cæs. l. 1, c. 29.

2. Tametsi pro veteribus Helvetiorum injuriis populi romani, ab iis pœnas bello repetisset, tamen eam rem non minus ex usu terræ Galliæ quàm populi romani accidisse. Cæs. l. 1, c. 3o.

3. Ex communi consensu. Cæs. l. 1, c. 3o.

aucune, avant d'avoir consulté en conseil général les cités intéressées. Ils supplièrent le proconsul de leur accorder, pour une certaine époque, une audience[1] dont l'objet ne pouvait encore lui être révélé; et l'ayant obtenue, ils partirent. L'assemblée générale fut convoquée, la délibération secrète; rien de ce qui s'y passa ne transpira au dehors.

A l'époque marquée, la députation revint dans la Province auprès de César, qui la reçut sans témoins sous sa tente. A peine les Gaulois furent-ils entrés qu'ils se jetèrent aux genoux du Romain; ils le supplièrent avec larmes de garder sur cette conférence un secret inviolable : la vie de leurs enfans, la leur, la fortune du pays en dépendaient; si la chose s'ébruitait, aucune puissance humaine ne les soustrairait aux tortures les plus horribles, à la mort la plus inévitable[2]. Divitiac alors prit la parole; il récapitula sur la situation de la Gaule les faits déjà connus de César : la vieille rivalité des Arvernes et des Séquanes contre les Édues; l'appui donné à ceux-ci par les Romains; l'alliance des autres avec Arioviste; les défaites et l'oppression de la Gaule inondée par un déluge de Germains. « Séduits par notre climat, par notre ri-

---

1. Diem concilio constituerunt. Cæs. loc. cit.
2. Si enunciatum esset, summum in cruciatum se venturos viderent. Cæs. l. 1, c. 31.

« chesse, par la culture de nos mœurs, ces bar-
« bares, dit-il, non-seulement ont renoncé à
« leur patrie, mais chaque jour attirent dans la
« nôtre de nouvelles bandes de leurs frères[1]; ils y
« sont aujourd'hui plus de cent vingt mille[2]. Leur
« présence a coûté au peuple éduen la perte de sa
« noblesse, de son sénat, de toute sa cavalerie;
« écrasés par ces revers, ceux que leur valeur et
« votre amitié rendaient naguère si puissans ont
« été forcés de livrer comme otages les premiers
« de leur nation; ils ont été forcés de jurer qu'ils
« ne les redemanderaient jamais, qu'ils n'implo-
« reraient jamais l'assistance du peuple romain.
« Seul de tous mes compatriotes, j'ai refusé de
« prêter ce serment et de livrer mes enfans, et
« c'est parce que je n'avais donné ni promesse ni
« otage que j'ai pu solliciter à Rome la protection
« du sénat et la tienne, ô César. » Il expose ensuite comment la condition des Séquanes était
devenue pire que celle des vaincus; comment
Arioviste, établi sur leurs terres, en avait d'abord
pris le tiers, et maintenant ordonnait aux habitans
d'évacuer un autre tiers, pour le céder à vingt-quatre mille Harudes, qui depuis quelques mois étaient
venus se joindre à lui. « Il arrivera nécessairement,

---

1. Posteaquam agros et cultum et copias Gallorum homines feri
ac barbari adamassent, traductos plures. Cæs. l. 1, c. 31.
2. Nunc esse in Gallia ad c et xx millium numerum. Idem. l. c.

« ajoute-t-il, qu'en peu d'années tous les Gaulois
« seront chassés de la Gaule, et que tous les Ger-
« mains auront passé le Rhin; car le sol de la
« Germanie et celui de la Gaule ne peuvent se
« comparer, non plus que la manière de vivre des
« habitans. Si le peuple romain ne vient à notre
« secours, il ne nous reste d'autre parti à pren-
« dre que d'émigrer comme les Helvètes; d'aller
« chercher loin des Germains d'autres demeu-
« res, une autre patrie, et de tenter, quoi qu'il
« en puisse advenir, les chances d'une meilleure
« fortune¹. »

Divitiac cessa de parler; et, les mains étendues vers César, les Gaulois le supplièrent de ne point repousser leur demande. Seuls entre tous, les Séquanais se tenaient à l'écart, muets et les regards fixés vers la terre². Surpris de ce morne abattement, César leur en demande la cause, mais ils gardent le silence; César les presse à plusieurs reprises sans pouvoir tirer d'eux aucune réponse. Alors Divitiac reprend la parole : « Tel est, dit-il,
« le sort des Séquanes : plus malheureux encore
« et plus opprimés que nous, ils n'osent se plain-
« dre, même en secret; ils n'osent demander des
« secours; et la cruauté d'Arioviste absent leur

---

1. Cæs. l. 1, c. 31.
2. Tristes, capite demisso terram intueri. Cæs. loc. cit.

« inspire autant d'effroi que s'il était devant eux.
« Les autres ont du moins la liberté de fuir; mais
« eux dont toutes les villes sont entre ses mains,
« se voient forcés de tout endurer. » César alors
les rassure; il promet de s'occuper chaudement
de cette affaire : « Il a tout lieu de croire que, par
« reconnaissance et par respect pour lui, Arioviste
« mettra un terme à ses violences[1]. » Après ces
mots, il congédie l'assemblée.

De graves motifs engageaient le proconsul à
embrasser chaudement la cause des Gaulois. Il
sentait que l'abaissement des Édues, honorés tant
de fois par le sénat romain du titre de frères,
était aux yeux de la Gaule un sujet d'étonnement,
et presque de mépris pour la République. Il voyait
en outre la Province déjà menacée par les Germains, puisque Arioviste, maître de la Séquanie,
n'était plus séparé des établissemens romains que
par le Rhône. Ce chef féroce en était venu d'ailleurs
à un degré d'arrogance et de cruauté qu'il n'était
plus possible de souffrir[2]. Ces raisons sans doute
étaient fortes, mais jusqu'à présent Rome semblait ne les avoir point jugées telles : faire un
traité d'alliance avec les Germains, n'était-ce pas

---

1. Magnam se habere spem, et beneficio suo et auctoritate adductum Ariovistum finem injuriis facturum. Cæs. l. 1,
c. 33.

2. Cæs. l. 1, c. 33.

reconnaître leur usurpation ? Si les Édues invoquaient la protection des sénatus-consultes, Arioviste n'avait-il pas aussi son sénatus-consulte qui le déclarait ami et allié ; et n'était-ce pas César lui-même qui avait conféré ce titre au roi barbare ? Entre les Germains alliés et les Édues alliés tiendrait-il la balance inégale ? Troublerait-il de son autorité privée un état de choses ratifié par le sénat ?

Ces considérations rendaient la question embarrassante. Heureusement pour les Édues, d'autres considérations, étrangères, il est vrai, à leurs souffrances, étrangères aux excès d'Arioviste, à l'intérêt même de Rome, mais toutes-puissantes sur l'esprit du proconsul, le décidaient d'avance en leur faveur. César avait entrepris de relever dans sa patrie le parti populaire, et de faire servir ce triomphe à sa grandeur personnelle. Il n'avait encore ni fortune, ni armée dévouée, ni grande illustration militaire ; et c'était pour obtenir tout cela qu'il avait sollicité la conduite de la guerre helvétienne. Arrivé dans la Gaule avec le dessein arrêté de la bouleverser, il n'avait garde de repousser une occasion qui semblait venir au-devant de ses vœux.

Mais, afin de mettre de son côté les apparences de la modération, il voulut avoir une entrevue avec Arioviste ; il lui fit proposer de choisir un lieu où ils pourraient conférer des intérêts communs

58. de leurs nations¹. Arioviste répondit : « que s'il avait
« besoin de César, il irait le trouver, et que si César
« avait besoin de lui, César pouvait en faire autant;
« que de plus sa sûreté, à lui, Arioviste, exigeant
« qu'il se fît accompagner par une armée dans la
« Gaule où César commandait, ce serait pour lui
« beaucoup trop de frais et de peines. Du reste,
« il ne voyait pas ce qu'il pouvait avoir de com-
« mun avec César et avec sa république, dans
« la partie des Gaules subjuguée par les Ger-
« mains². » Sur cette réponse, César fit partir un
autre message contenant : « que puisqu'il refusait
« une conférence relative à des intérêts com-
« muns, malgré la faveur qu'il avait reçue, sous le
« consulat de César, d'être appelé par le sénat *roi*
« *ami*, voici ce que César lui demandait : premiè-
« rement, de s'abstenir d'attirer d'autres Germains
« dans la Gaule; en second lieu, de restituer les
« otages des Édues, et de ne plus tourmenter ni
« ce peuple ni ses alliés; qu'à ces conditions il
« pourrait compter pour toujours sur l'amitié des
« Romains. Mais s'il se refusait à ces justes ré-
« clamations, attendu le décret du sénat qui
« chargeait le gouverneur de la Province de défen-
« dre les Édues et les autres alliés, César ne négli-

1. Velle sese de republicâ et summis utriusque rebus cum eo agere. Cæs. l. 1, c. 34.

2. Quid in suâ Galliâ, quam bello vicisset, aut Cæsari aut omninò populo romano negotii esset. Cæs. l. 1, c. 34.

« gerait pas de venger leurs injures¹. » Arioviste répliqua « que par le droit de l'épée, le vainqueur « disposait à son gré du vaincu, que les Romains « avaient coutume de traiter les peuples conquis « à leur guise et non à celle d'autrui; que s'il ne « prétendait pas prescrire aux Romains comment « ils devaient user de la victoire, il ne fallait pas « que les Romains prétendissent l'empêcher d'user « de ses droits comme il lui plaisait; que les « Édues ayant voulu tenter le sort des armes, et « ayant succombé, étaient devenus ses tributaires; « que lui-même avait à se plaindre de César, dont « l'arrivée nuisait au paiement des contributions « qu'on lui devait; qu'il ne rendrait point aux « Édues leurs otages, mais qu'il ne ferait aucun « mal à eux ni à leurs alliés, pourvu qu'ils s'en « tinssent fidèlement aux termes de leur capitula-« tion, sinon le titre de frères et d'alliés du peuple « romain leur profiterait peu. Quant à la décla-« ration de César, « qu'il ne négligerait pas de « venger les Édues, » personne encore ne s'était « attaqué à Arioviste sans se repentir; ils se me-« sureraient quand ils voudraient; et César ap-« prendrait alors à connaître les Germains, na-« tion aguerrie et indomptable, qui, depuis « quatorze ans, n'avait pas reposé sous un toit². »

58.

1. Se Æduorum injurias non neglecturum. Cæs. l. 1, c. 34.
2. Intellecturum quid invicti Germani, exercitatissimi in armis,

58. Dans le même temps que César recevait cette réponse, des messagers des Édues et des Trévires arrivèrent dans la Province. Les Édues se plaignaient que les Harudes dévastaient leur pays; les Trévires annonçaient que des recrues des cent cantons des Suèves étaient campées sur l'autre rive du Rhin, et tentaient de passer le fleuve. César vit qu'il n'y avait pas un instant à perdre; il se mit en marche, traversa à grandes journées le territoire méridional des Séquanes, et occupa à l'improviste Vésontio, leur capitale, place fournie de vivres et de munitions de tout genre. Il y avait peu de villes, dans toute la Gaule, qu'on pût comparer à Vésontio pour la force de son assiette. Environnée presque entièrement par le Doubs qui décrivait un cercle autour d'elle, dans la portion que la rivière ne protégeait point, elle était encore défendue par une haute montagne dont la base aboutissait de chaque côté aux eaux du fleuve, et qui, comprise dans l'enceinte des murailles, dominait la place et formait une citadelle presque imprenable. César y mit une forte garnison, et y passa quelques jours afin de pourvoir aux subsistances[1].

Pendant ce temps-là, les Gaulois et les marchands étrangers établis dans le pays, questionnés

qui inter annos xiv tectum non subissent, virtute possent. Cæs l. 1, c. 36.

1. Cæs. l. 1, c. 38.

par les soldats romains, ne leur parlaient que de
la taille gigantesque des soldats d'Arioviste, de
leur bravoure prodigieuse et de leur grande habitude des combats. « Souvent, disaient-ils, nous
« nous sommes éprouvés avec eux; on ne peut
« soutenir leur aspect et le feu de leurs regards [1]. »
Ces discours jetèrent une terreur soudaine dans
toute l'armée; un trouble profond et universel
s'empara des esprits; les chefs demandaient leur
congé, ou, si le soupçon de lâcheté les retenait,
ne pouvant faire mentir leurs visages, ils restaient
cachés au fond de leurs tentes se lamentant sur
le péril général. Partout, dans le camp, on faisait
son testament. Des chefs, le découragement passa
aux soldats et même aux vieux guerriers, et l'on
complota que, lorsque César ordonnerait le départ, le soldat n'obéirait pas et laisserait les enseignes immobiles [2]. Le proconsul, dans cette conjoncture, eut besoin de toute son éloquence pour ranimer les courages, de toute son autorité pour
ramener la subordination; il y parvint toutefois
et sortit de Vésontio. Après sept jours de marche
consécutive, conduit par son fidèle ami Divitiac, il

---

1. Sæpenumero cùm eis congressos ne vultum quidem atque aciem oculorum ferre potuisse. Cæs. l. 1, c. 39.

2. Nonnulli etiam Cæsari renuntiabant, quùm castra moveri, ac signa ferri jussisset, non fore dicto obedientes milites, nec propter timorem signa laturos. Cæs. l. 1, c. 39.

58. arriva à vingt-quatre milles du camp d'Arioviste.

Instruit de l'approche de César, le roi Germain envoya des députés avec ce message : « que rien « ne s'opposait plus à l'entrevue demandée, puis- « que lui-même était venu sur les lieux. » Le général romain accepta la conférence, qui fut fixée au cinquième jour. Arioviste demanda encore que César n'amenât avec lui aucun fantassin, parce qu'il craignait une embuscade; et que chacun d'eux se fît accompagner par de la cavalerie seulement, sinon qu'il ne viendrait point. César, qui ne voulait ni refuser l'entrevue, ni commettre sa sûreté personnelle à la foi des cavaliers gaulois (car il n'avait pas amené de cavalerie d'Italie) imagina de prendre leurs chevaux[1] qu'il fit monter par les fantassins de sa dixième légion, celle de toutes qu'il affectionnait le plus.

Au milieu d'une grande plaine s'élevait un tertre assez apparent; les deux camps en étaient à peu près aussi éloignés l'un que l'autre. Ce fut dans cet endroit, selon les conventions faites, que les deux généraux se rendirent pour l'entrevue. Le romain laissa à deux cents pas de l'éminence la légion qu'il avait amenée à cheval; l'escorte du Germain resta à la même distance; celui-ci demanda encore qu'on ne descendît point de cheval pen-

---

1. Omnibus equis Gallis equitibus detractis. Idem, l. 1, c. 42.

dant le pourparler, et que César et lui ne fussent chacun accompagnés que de dix hommes. Lorsqu'on fut en présence, le proconsul commença par rappeler les bons procédés du sénat et les siens propres à l'égard d'Arioviste : « Il avait été « déclaré roi et ami par le sénat, il en avait reçu de « grands présens ; ce que peu de souverains avaient « obtenu, ce que les Romains n'accordaient d'or- « dinaire qu'à d'éminens services, lui, l'avait uni- « quement dû à sa bienveillance et à celle du sénat, « n'ayant aucune voie pour y arriver, aucun titre va- « lable pour y prétendre [1]. » César rappela encore l'ancienne fraternité qui unissait la nation éduenne à la République, les nombreux et honorables sénatus-consultes rendus en sa faveur, enfin la suprématie dont elle avait joui dans la Gaule. « La coutume du peuple romain était de vouloir non seulement que ses alliés ne perdissent rien, mais encore qu'ils pussent gagner en crédit, en honneur et en considération ; comment souffrir qu'on leur ravît ce qu'ils avaient apporté dans l'alliance romaine? » Il finit par lui réitérer les demandes déjà faites par ses envoyés : qu'il ne portât point la guerre chez les Edues, ni chez leurs alliés ; qu'il leur rendît leurs otages, et, s'il ne pouvait ren-

---

1. Illum, quùm neque aditum, neque causam postulandi justam haberet, beneficio ac liberalitate suâ ac senatûs ea præmia consecutum. Cæs. l. 1, c. 43.

58. voyer chez eux les Germains qui avaient franchi le Rhin, qu'au moins il ne permît pas à d'autres de les suivre¹.

Arioviste répondit peu de choses aux articles exigés par César, mais parla beaucoup de lui-même et de son mérite; il dit « qu'il n'avait passé le Rhin que sur les sollicitations des Gaulois, et qu'il n'aurait pas quitté sa patrie et sa famille, s'il n'eût été sûr d'un ample dédommagement²; les établissemens qu'il possédait lui avaient été cédés par les Gaulois; ils avaient donné des otages de leur plein gré; il levait des contributions par le droit de la guerre, comme c'était l'usage des vainqueurs en pays conquis. Ce n'était pas lui qui avait commencé la guerre; toutes les nations de la Gaule s'étaient levées en armes, et étaient venues l'attaquer les premières; il avait vaincu cette armée en une seule bataille; si les Gaulois voulaient se mesurer encore avec lui, il était prêt à les accueillir; s'ils préféraient la paix, pourquoi refuser le tribut qu'ils avaient payé jusque-là de leur plein gré? Au reste, l'amitié des Romains de-

---

1. Ne aut Æduis, aut eorum sociis bellum inferret; obsides redderet; si nullam partem Germanorum domum remittere posset, at ne quos ampliùs Rhenum transire pateretur. Cæs. loc. cit.

2. Transisse Rhenum sese, non suâ sponte, sed rogatum et arcessitum à Gallis; non sine magnâ spe, magnisque præmiis domum propinquosque reliquisse; sedes habere in Galliâ ab ipsis concessas. Cæs. l. 1, c. 44.

vait lui apporter honneur et profit, et non préjudicier à ses intérêts; il ne l'avait recherchée que dans cet espoir. S'ils s'employaient à lui enlever ses subsides et ses otages, il renoncerait à leur alliance aussi volontiers qu'il l'avait desirée [1]. En faisant passer des Germains dans la Gaule, il pourvoyait à sa propre sûreté, et n'avait aucun projet hostile, et ce qui le prouvait, c'est qu'il n'était venu que parce qu'on l'avait appelé, qu'il n'avait jamais été l'agresseur, et s'était toujours tenu sur la défensive. Il était entré en Gaule avant les Romains, et jusqu'ici jamais leur armée n'avait dépassé les limites de leur province. Que voulait-on? pourquoi venait-on sur ses terres? Cette partie de la Gaule était *sa province*, comme l'autre était *province romaine* [2]; sans doute, on ne trouverait pas juste qu'il fît une invasion de l'autre côté du Rhône, on avait donc tort de venir le chercher chez lui. Quant au sénatus-consulte qui déclarait les Édues amis et alliés du peuple romain, il n'était pas si *barbare*, ni si étranger aux événemens de ce monde, qu'il ignorât que, dans la dernière guerre des Allobroges, les Édues

---

1. Si per populum romanum stipendium remittatur, et dedititii subtrahantur, non minùs libenter sese recusaturum populi romani amicitiam quàm appetierit. Cæs. l. 1, c. 44.

2. Provinciam suam esse hanc Galliam, sicuti illam nostram. Idem, ibid.

58. n'avaient point donné de secours aux Romains, et qu'ils n'en avaient point reçu d'eux dans leur guerre contre les Séquanes et contre lui. Tout le portait à croire que, sous une apparence d'amitié, César destinait à sa ruine les forces qu'il avait dans la Gaule; mais s'il ne s'éloignait et ne faisait retirer son armée, il le regarderait, non plus comme un allié, mais comme un ennemi. S'il parvenait à se défaire de lui, il remplirait les vœux d'une foule de nobles et de chefs du peuple romain; il l'avait su de leurs propres délégués, et sa mort lui vaudrait leur reconnaissance et leur amitié [1]. Mais s'il voulait se retirer et lui laisser la libre possession de la Gaule, il le paierait de retour, et se chargerait de toutes les guerres que César voudrait entreprendre, sans fatigue ni danger de sa part [2]. »

César alors insista sur les motifs qui ne lui permettaient pas de se désister de son entreprise. «Les principes de la république et les siens s'opposaient à ce qu'il abandonnât des alliés dont il

---

1. Quòd si eum interfecerit, multis sese nobilibus, principibusque populi romani gratum esse facturum : id se ab ipsis per eorum nuntios compertum habere. Cæs. l. 1, c. 44.

2. Quòd si decessisset, ac liberam sibi possessionem Galliæ tradidisset, magno se illum præmio remuneraturum; et quæcumque bella geri vellet, sine ullo ejus labore et periculo confecturum. Idem, loc. cit.

n'avait qu'à se louer, et il ne voyait pas pourquoi la Gaule appartiendrait plutôt à Arioviste qu'aux Romains. Quintus Fabius avait vaincu les Arvernes et les Rutènes sans que Rome leur eût ôté leur indépendance et les eût réduits à la condition de sujets et de tributaires. Par la propriété de ces droits, le peuple romain avait les plus légitimes prétentions sur la Gaule ; par la décision du sénat, elle devait demeurer libre, le vainqueur lui ayant permis de se gouverner selon ses lois. » Pendant ce colloque, on vint avertir César que la cavalerie d'Arioviste, se rapprochant de la hauteur, venait caracoler autour des Romains et commençait à lancer des pierres et des traits. Le proconsul rompit la conférence, se retira vers les siens et leur défendit de riposter par aucun acte de représailles. Lorsque le résultat de cette conférence et la manière dont elle avait été rompue furent connus dans le camp romain, l'animosité s'accrut, et il n'y eut plus qu'une voix pour combattre. Deux jours après, Arioviste fit dire à César qu'il désirait reprendre avec lui les négociations entamées ; qu'il fixât lui-même l'instant de la nouvelle entrevue, ou que, s'il le préférait, il lui envoyât un de ses lieutenans. César ne jugea à propos d'accepter une seconde conférence, ni pour lui, ni pour un de ses lieutenans. Il crut plus convenable d'envoyer un Gaulois dont nous avons déjà parlé,

58.

58. C. Valérius Procillus, jeune homme plein de mérite, dont le père C. Valérius Caburus avait été fait citoyen romain par C. Valérius Flaccus, en retour de services rendus aux Romains durant les guerres civiles de la Province; sa fidélité était connue de César, et il possédait parfaitement la langue gauloise, qu'Arioviste avait eu le temps d'apprendre depuis son séjour dans les Gaules. César lui adjoignit M. Mettius, qui avait été hôte d'Arioviste, et il les chargea de recevoir et de lui rapporter les propositions du roi germain. Mais aussitôt que celui-ci les vit entrer dans son camp, il leur cria devant toute l'armée : « Qui vous amène? Venez-vous ici pour « nous espionner [1]? » Et, sans leur donner le temps de s'expliquer, il les fit mettre aux fers.

Le même jour il changea de position et vint s'établir au pied d'une montagne à six mille pas du camp ennemi ; le lendemain il fit défiler son armée à la vue des retranchemens romains et alla se poster à deux milles par-delà, dans le but d'intercepter les convois de grains et de vivres qui venaient de Bibracte et de la Séquanie. Cinq jours de suite, César tira ses légions de son camp et les mit en bataille, offrant le combat à Arioviste, s'il voulait

---

[1]. Quid ad se venirent? an speculandi causâ? Cæs. bell. Gall. l. 1, c. 47.

l'accepter; mais Arioviste retint constamment ses troupes de pied derrière ses lignes, quoiqu'il escarmouchât tous les jours avec sa cavalerie. Les Germains étaient particulièrement exercés à ce genre de combat. Ils avaient dix mille hommes de cavalerie auxquels était attaché pareil nombre de fantassins des plus agiles et des plus braves ; chaque cavalier avait choisi le sien sur toute l'armée ; ils combattaient ensemble. Les cavaliers, dans les momens difficiles, se repliaient sur leur infanterie ; elle venait à leur secours ; elle environnait ceux d'entre eux qui tombaient de cheval grièvement blessés : s'il fallait se porter en avant ou faire prompte retraite, ces fantassins avaient acquis une telle légèreté, par l'exercice, qu'en se prenant à la crinière du cheval, ils l'égalaient en vitesse [1].

Voyant qu'Arioviste ne voulait pas sortir de son camp, César, afin de n'être pas plus long-temps séparé de ses moyens de subsistance, choisit et marqua une position avantageuse, environ six cents pas au-delà de celle que les Germains occupaient, et ayant formé son armée sur trois lignes, il y marcha dans cet ordre. Arrivé sur le terrain, il ordonna que la première et la seconde ligne

---

[1]. Cæs. bell. Gall. l. 1, c. 48.

58. restassent sous les armes, tandis que la troisième travaillerait aux retranchemens. Ce camp, comme il vient d'être dit, se trouvait à six cents pas de celui de l'ennemi. Arioviste détacha seize mille hommes de troupes légères et toute sa cavalerie pour harceler les travailleurs. César ordonna aux deux premières lignes de repousser l'attaque et à la troisième de continuer le retranchement. L'ouvrage terminé, César y laissa une partie des auxiliaires avec deux légions, et ramena les quatre autres au camp principal [1].

Le lendemain, suivant la coutume, il fit sortir les troupes des deux camps, et, s'étant porté en avant du grand, les mit en bataille et présenta le combat. Vers midi, voyant que l'ennemi ne bougeait pas, il les fit rentrer ; alors seulement Arioviste envoya une partie des siennes attaquer le petit camp, et le combat se soutint avec acharnement jusqu'au soir. Au coucher du soleil, Arioviste retira ses gens ; il y eut beaucoup de blessés de part et d'autre. Comme César s'enquérait des captifs pourquoi Arioviste ne voulait pas combattre, il apprit que c'était la coutume des Germains de faire décider par les femmes, d'après les règles de la divination consacrées chez

---

1. Cæs. bell. Gall. l. 1, c. 49.

eux, s'il fallait ou non livrer bataille, et qu'elles avaient déclaré toute victoire impossible avant la nouvelle lune¹.

Le jour suivant, César, ayant laissé une garde suffisante dans les deux camps, rangea en bataille tous les auxiliaires dans le nouveau; comme les légionaires étaient peu nombreux en comparaison des Germains, les alliés lui servirent à déployer un front imposant. Il forma ensuite trois lignes, et marcha aux ennemis. Lorsque les Germains se virent forcés à combattre, ils sortirent de leur camp et se rangèrent par nations : Harudes, Marcomans, Tribokes, Vangions, Némètes, Séduses, Suèves, tous étaient à égale distance les uns des autres. Afin de s'ôter tout espoir de fuite, ils formèrent autour de leurs colonnes une enceinte d'équipages et de chariots; les femmes placées dessus, tendant les mains aux soldats qui défilaient devant elles, les conjuraient avec des sanglots de ne pas livrer leurs familles en esclavage aux Romains².

César, ayant partagé la conduite des légions à ses lieutenans et à son questeur, afin que chaque

---

1. Non esse fas Germanos superare, si antè novam lunam prælio contendissent. Cæs. bell. Gall. l. 1, c. 5o. — Οὐκ ἐῶσαι μάχην τίθεσθαι πρὶν ἐπιλάμψαι νέαν σελήνην. Plut. in Cæs. p. 717.

2. Eò mulieres imposuerunt, quæ in prælium proficiscentes milites passis manibus flentes implorabant, ne se in servitutem Romanis traderent. Cæs. bell. Gall. l. 1, c. 51.

soldat eût parmi les chefs un témoin de sa valeur, engagea le combat par son aile droite. Au premier signal, les Romains chargèrent si brusquement, et les Germains accoururent avec tant de précipitation à leur rencontre, que ni les uns ni les autres ne purent faire usage des javelots, faute de temps et d'espace pour les lancer; on tira le glaive et on se battit corps à corps. Mais les Germains, ayant promptement formé leur phalange accoutumée [1], soutinrent avec fermeté le choc des épées romaines. On vit alors des légionaires s'élancer sur la voûte de boucliers qui couvrait cette phalange, les arracher avec leurs mains ou les briser à grands coups d'épée, et égorger l'ennemi dont ils foulaient la tête sous leurs pieds [2].

L'aile gauche des Germains, attaquée par César en personne, fut d'abord rompue et mise en déroute; mais leur aile droite fit plier la gauche des Romains et l'accablait, quand le lieutenant P. Crassus, commandant de la cavalerie, plus libre de ses mouvemens que ceux qui étaient engagés dans l'action, envoya en avant la troisième ligne pour

---

1. Germani celeriter, ex consuetudine suâ, phalange factâ. Cæs. bell. Gall. l. 1, c. 52.

2. Reperti sunt complures, qui in phalangas insilirent, et scuta manibus revellerent, et desuper vulnerarent. Cæs. ibid. — Super ipsa scuta salierunt, et indè in jugulos gladiis descendebant. Flor. l. III, c. 10.—Oros. l. VI, c. 7.

soutenir les légions épuisées. Par là, le combat fut rétabli. Enfoncés de toutes parts, les Germains prirent la fuite et ne s'arrêtèrent qu'au bord du Rhin, éloigné d'environ cinq milles du champ de bataille; quelques-uns, se fiant à leurs forces, se hasardèrent à le passer à la nage; d'autres eurent le bonheur de trouver des barques pour se sauver. De ce nombre fut Arioviste; il rencontra un esquif attaché à la rive, et parvint à s'échapper [1]. Tout le reste fut taillé en pièces par la cavalerie romaine. Arioviste avait deux femmes: la première était Suève; il l'avait amenée de son pays; la seconde était native du Norique, et sœur du roi Vocion, qui la lui avait envoyée en Gaule pour l'épouser; elles périrent dans la déroute, et de deux filles qu'elles lui avaient données, l'une fut tuée, l'autre captive. Lui-même ne leur survécut que peu de temps; il mourut bientôt en Germanie, ou des suites de ses blessures, ou du chagrin de sa défaite [2]. Valérius Procillus était emmené, chargé de trois chaînes par ses gardiens fugitifs; César le retrouva tout à coup en poursuivant l'ennemi avec sa cavalerie; cette rencontre ne lui causa pas moins de plaisir que la victoire même. Procillus

---

1. Naviculam deligatam ad ripam nactus, eâ profugit. Cæs. bell. Gall. l. 1, c. 53.

2. Magno esse Germanis dolori Arioviste mortem... Cæs. bell. Gall. l. v, c. 29.

lui dit qu'il avait vu trois fois jeter le sort pour décider s'il serait livré aux flammes, ou si l'on renverrait sa mort à un autre temps, et que trois fois le hasard l'avait sauvé¹. Mettius fut aussi rejoint et ramené.

A la nouvelle de cette victoire, les Suèves qui étaient déjà sur les bords du Rhin, se mirent en devoir de regagner leurs forêts, et les habitans de la rive les voyant épouvantés les poursuivirent et leur tuèrent beaucoup de monde. Ayant ainsi terminé deux grandes guerres en une seule campagne, César mena ses troupes en quartier d'hiver chez les Séquanes; il les y laissa aux ordres de son lieutenant T. Labiénus; et partit pour aller tenir l'assemblée annuelle dans la province cisalpine qu'il réunissait avec la transalpine sous son gouvernement².

1. Is, se præsente, de se ter sortibus consultum, utrùm igni statim necaretur, an in aliud tempus reservaretur; sortium beneficio se esse incolumem. Cæs. bell. Gall. l. 1, c. 53.

2. Cæs. bell. Gall. l. 1.—Epitom. Tit. Liv. c. iv.—Plutarch. in Cæs. p. 717.—Dion. Cass. l. xxxviii.—Flor. l. iii, c. 10.—Oros. l. vi, c. 7.

CHAPITRE VI.

Les Romains s'organisent sur le territoire séquanais; mécontentement des nations gauloises; grands préparatifs d'armes en Belgique. — Puissance et intrigues des Rèmes. — Guerre de César contre les Gaulois. — Première campagne : Les Suessions, les Bellovakes, les Ambiens sont soumis; résistance opiniâtre des Nerves et des Aduatikes; siège et sac d'Aduat. — Promenade de P. Crassus dans l'Armorike. — Deuxième campagne : Galba se retire devant les montagnards des Alpes Pennines. — La guerre éclate dans l'Armorike. — Combat naval; les Vénètes sont défaits. — Cruautés de César. — Soumission de l'Armorike. — Expéditions de Crassus en Aquitaine, de César contre les Morins. — Troisième campagne : Deux peuples germains, les Tencthères et les Usipètes passent le Rhin; mouvement de la Gaule en leur faveur; César marche contre eux et les bat. — Caton accuse César de perfidie envers les Germains. — Le proconsul prépare une descente dans l'île de Bretagne.

57 — 55.

La défaite d'Arioviste et l'expulsion des Germains firent éclater d'un bout de la Gaule à l'autre de vives démonstrations de joie et d'enthousiasme pour César. Mais lorsqu'on vit qu'il ne ramenait point avec lui en Italie ses légions victorieuses ; que loin de là, il les organisait sur le territoire affranchi, comme sur sa propre conquête¹ ; qu'il gardait les otages remis entre ses mains à l'ouverture de la guerre ; qu'il levait des contributions et ramassait de toutes parts des vivres, un morne abattement succéda tout-à-coup à l'élan de la reconnaissance publique : on craignit de n'avoir fait que changer de tyran².

Les Édues eux-mêmes, au profit de qui principalement la guerre paraissait avoir été entreprise, ne manquaient pas de sujets de plainte. A la vérité ils étaient délivrés d'un tribut et de déprédations ruineuses ; leurs enfans, otages d'Arioviste, leur étaient rendus ; une partie des nations qui les avaient abandonnés aux jours de leurs revers, pour passer sous le patronage des Séquanes, s'empressait de retourner à eux, et la protection de César leur avait même gagné quelques nouveaux cliens³ : en un mot, ils avaient recouvré à peu près leur ancienne puissance, mais ils avaient perdu leur liberté. Des agens de l'armée romaine, établis

---

1. Cæs. bell. Gall. l. I.—Epit. Tit. Liv. c. IV.—Plutarch. in Cæs. p. 717.—Dio. Cass. l. XXXVIII.—Flor. l. III, c. 10.—Oros. l. VI, c. 7.
2. Populi romani exercitum hiemare atque inveterascere in Galliâ molestè ferebant. Cæs. bell. Gall. l. II, c. 1.
3. Cæs. bell. Gall. l. VI, c. 12.

à Bibracte, dirigeaient leurs magistrats, surveillaient leurs assemblées[1], nulle mesure de quelque importance ne pouvait être prise sans l'assentiment du lieutenant de César; et le gouvernement éduen siégeait en réalité dans le prétoire de Labiénus. Une parole imprudente du proconsul contribuait fortement à répandre l'inquiétude. Il avait parlé, disait-on, de donner un *roi* aux Édues; et Dumnorix, qui avait révélé ce propos, s'était vanté en plein conseil que, comme frère de Divitiac, le choix des Romains tomberait sur lui[2]. Il est probable que César avait formé de tels desseins à l'égard de Divitiac dont l'ame honnête et désintéressée refusa de s'y prêter; et que, sur ce refus, Dumnorix fondait ses espérances. Mais son indiscrétion et sa jactance offensèrent César, qui, forcé de désavouer le propos et le projet, en garda un vif ressentiment contre le brouillon ambitieux qui l'avait compromis[3].

Ces événemens frappaient surtout les Séquanes; leur puissance étant totalement déchue, leur clientelle se dispersa. La partie qui avait appartenu aux Édues, avant les guerres d'Arioviste, retourna,

---

1. Cæs. bell. Gall. l. vii, c. 5, et passim.

2. In concilio Æduorum Dumnorix dixerat « sibi à Cæsare regnum civitatis deferri » quod dictum Ædui graviter ferebant. Cæs. bell. Gall. l. v, c. 6.

3. Cæs. bell. Gall. l. c.

par crainte, sous le patronage de cette cité ; l'autre préféra se réunir aux Rèmes, peuple belge déjà florissant, dont le territoire aboutissait à la Marne[1]. La formation de ce nouvel état prépondérant inspira aux Édues de la crainte et de la jalousie. Prétextant de leur respect pour la liberté des nations gauloises, les Romains n'opposèrent aucun obstacle au choix des anciens clients Séquanais[2]; peut-être même y poussèrent-ils en secret; car d'un côté leur politique voulait que la prépondérance des Édues ne restât pas sans contre-poids; et de l'autre ils étaient charmés de s'attacher par quelque bon office un peuple belge qui pouvait leur ouvrir l'entrée de la Belgique, comme ceux-ci leur avaient ouvert l'entrée de la Gaule centrale. La cité éduenne se sentit vivement blessée; elle croyait avoir assez bien mérité de Rome, pour prétendre à ses faveurs sans partage.

Ces intrigues, cet accroissement subit des Rèmes, joints à la proximité des quartiers de Labiénus, alarmèrent aussi les peuples belges; ils convoquèrent une assemblée générale où toutes les cités de la confédération furent sommées d'envoyer des députés; toutes le firent, à l'exception

---

1. Cæs. bell. Gall. l. vi, c. 12.
2. Quos quòd adæquare apud Cæsarem gratiâ intelligebatur. Cæs. bell. Gall. l. c.

de la cité rémoise¹. Les Rèmes s'épuisèrent même en efforts pour entraîner dans leur défection les Suessions, leurs *frères*, qui vivaient sous les mêmes lois, sous le même gouvernement, sous les mêmes magistrats, et pour les détacher comme eux du reste des nations belgiques : mais les Suessions n'hésitèrent pas à rompre plutôt le lien sacré de leur alliance; tant la conduite des Romains causait d'inquiétude, tant celle des Rèmes inspirait d'indignation² ! Les Bellovakes, qui tenaient le premier rang par leur influence et leur nombre et qui pouvaient mettre cent mille hommes sur pied, en promirent soixante mille d'élite, si la guerre s'allumait, et demandèrent que le commandement suprême leur appartînt³ ; mais il fut déféré d'un accord presque unanime aux Suessions à cause de leur chef Galba, qui jouissait d'un haut renom de sagesse et d'équité⁴. Les douze

1. Cæs. bell. Gall. l. II, c. 3. — Dio. l. XXXIX, p. 93. — Plut. in Cæs. p. 717.

2. Tantum esse eorum omnium furorem, ut ne Suessiones quidem, fratres consanguineosque suos, qui eodem jure et eisdem legibus utantur, unum imperium, unumque magistratum cum ipsis habeant, deterrere potuerint, quin cum his consentirent. Cæs. bell. Gall. l. II, c. 3.

3. Totius belli imperium sibi postulare. Idem, l. II, c. 4.

4. Propter justitiam prudentiamque. Idem, l. II, c. 4 —Suétone, dans la vie de l'empereur Galba (n. 3), prétend que ce nom signifiait, en langue gauloise, un homme très-gras. — Dion Cassius donne au chef suprême des Belges le nom d'*Adra* (l. XXXIX, p. 93).

villes de ce peuple s'engagèrent à fournir cinquante mille hommes; les Nerves, réputés les plus sauvages des Belges, en offrirent autant; les Atrébates quinze mille; les Ambiens dix mille; les Morins vingt-cinq mille; les Ménapes neuf mille; les Calètes dix mille; les Vélocasses et les Véromandues le même nombre; les Aduatikes dix-neuf mille; les Éburons, joints aux Condruses, Cérèses, Pémanes, peuples compris sous la dénomination collective de Germains cis-rhénans, devaient en envoyer quarante mille : total deux cent quatre-vingt-dix mille hommes [1].

César, inquiet de ces nouvelles, leva et organisa dans la haute Italie, deux légions qu'il fit passer en Gaule sous les ordres d'un de ses lieutenans : ce qui porta les forces romaines à soixante-dix ou quatre-vingt mille hommes environ, y compris les troupes auxiliaires de la Narbonnaise, la cavalerie et l'infanterie légère numides, les archers crétois et les frondeurs des îles Baléares. Lui-même se rendit à son armée dès que les fourrages commencèrent à devenir abondans; et, après avoir pourvu aux subsistances, il se mit en marche et arriva sur la frontière de la Belgique. Les Rèmes à son approche lui députèrent les deux personnages les plus éminens de leur cité, Iccius et Antebroge,

---

[1]. Cæs. bell. Gall. l. ii, c. 4.

avec ce message : « qu'ils se mettaient eux et tous
« leurs biens à sa discrétion; qu'ils étaient prêts à
« lui livrer des otages, à prendre ses ordres, à le
« recevoir dans leur places, à l'aider de vivres et
« de tout ce qui serait en leur pouvoir[1]. » Et pour
faire valoir encore plus leur dévouement les Rèmes
ajoutaient : « que non contens de repousser les sol-
« licitations des ennemis de Rome, ils avaient tra-
« vaillé à en détacher les Suessions leurs alliés et
« leurs frères. Quoique unis à ce peuple par les
« liens les plus intimes, par la communauté de lois
« et de gouvernement, jamais, disaient-ils, nous
« n'avons pu le détourner de prendre les armes,
« tant est violente l'animosité des Belges contre le
« peuple romain[2] ! »

César interrogea avec détail les députés rémois
sur ces nations, sur leur population, sur leurs
contingens armés ; ceux-ci que les alliances politiques et les relations de famille avaient mis à
même de connaître ce qui s'était passé dans l'assemblée et combien de troupes chaque peuple
s'était engagé à fournir, en donnèrent le dénombrement. César, les ayant encouragés par des pa-

---

1. Se suaque omnia in fidem atque potestatem populi romani permittere... paratos esse et obsides dare, et imperata facere, et oppidis recipere, et frumento ceterisque rebus juvare. Cæs. bell. Gall. l. ii, c. 3.

2. Tantum esse eorum omnium furorem ! Cæs. ibid.

roles bienveillantes, exigea que leur sénat se rendît près de lui, et que les enfans des familles les plus distinguées lui fussent amenés en otages ; tout s'exécuta ponctuellement.

Cependant les Édues montraient fort peu d'empressement à seconder le proconsul dans cette guerre; il en fit des reproches à Divitiac, qui ne le quittait point, et qui, toujours sous le charme de son enthousiasme pour César et pour les Romains les aidait de ses conseils et de son influence et applanissait les voies à leurs armes. Il aiguillonna le zèle de ce fidèle ami ; lui recommanda fortement de se mettre à la tête de l'armée éduenne, et d'entrer, sans perdre un moment, sur le territoire des Bellovakes[1]. Le druide éduen alla exposer à sa cité les volontés du proconsul, et les magistrats rassemblèrent une armée en toute hâte. Cependant César continuait sa marche. Bientôt il apprit par ses éclaireurs que les Belges, avec toutes leurs forces réunies, s'avançaient vers lui et n'étaient plus qu'à peu de distance. Il se hâta de passer la rivière d'Aisne située sur les confins de la cité rémoise, et de fortifier son camp sur l'autre bord. Cette position avait l'avantage de couvrir le pays d'où les Romains tiraient leurs sub-

---

1. Ipse Divitiacum... docet quantoperè reipublicæ communisque salutis intersit, manus hostium detineri... Cæs. bell. Gall. l. II, c. 5.

sistances; de plus, la rivière protégeait un des côtés du camp. Comme elle avait un pont dans cet endroit, César y établit un poste retranché où il laissa Q. Titurius Sabinus avec six cohortes : le camp fut muni d'un fossé de dix-huit pieds de profondeur et d'une palissade de douze pieds de haut[1].

A huit milles au nord du camp romain était une ville de Rèmes appelée Bibrax, ou plus correctemeut Bibracte ; les Belges, irrités contre ces traîtres, attaquèrent vivement la place qui eut peine à se défendre tout le jour. Suivant leur tactique, ils l'investirent d'abord entièrement, faisant pleuvoir sur les remparts une grêle de traits et de pierres jusqu'à ce qu'ils en eussent éloigné les assiégés ; alors ils formèrent la tortue pour garantir leurs têtes, s'approchèrent des portes et se mirent en devoir de démolir la muraille ; chaque fois que les assiégés reparaissaient sur les remparts, les traits et les pierres recommençaient à pleuvoir et les mêmes manœuvres se renouvelaient. La nuit fit cesser l'attaque. Iccius, qui commandait dans Bibrax, trouva le moyen d'informer César de sa situation désespérée : « Je suis hors d'état de tenir, lui mandait-
« il, si demain je ne reçois pas du secours[2], je

---

1. Cæs. bell. Gall. l. c.

2. Nisi subsidium sibi submittatur sese diutiùs sustinere non posse. Cæs. l. II, c. 6.

« suis contraint de rendre la ville. » César, dès le milieu de la nuit, fit partir sa cavalerie légère composée de Numides, ses archers crétois, et ses frondeurs baléares, leur donnant pour guides les envoyés d'Iccius ; le blocus était si mal gardé qu'ils pénétrèrent sans obstacle dans la place. Ce renfort ranima la confiance des assiégés et jeta le découragement parmi les assiégeans qui restèrent encore quelques jours autour de Bibrax, à dévaster la campagne, à brûler les villages et toutes les habitations qu'ils purent atteindre; après quoi ils s'avancèrent jusqu'à dix milles des retranchemens romains. César, par l'inspection des feux et de la fumée, estima que leur camp pouvait occuper huit milles d'étendue [1].

César resta plusieurs jours retranché derrière ses palissades, hésitant à livrer bataille, à cause du nombre des Belges et de la haute opinion qu'il avait de leur bravoure [2]. Mais après l'épreuve de quelques combats de cavalerie, il crut pouvoir tenter une affaire décisive et marqua un champ de bataille en avant de son camp. Le lieu était favorable aux manœuvres de la tactique romaine. De la plaine où le camp était situé, le terrain s'élevait doucement et s'étendait autant qu'il fallait

---

1. Cæs. bell. Gall. l. II, c. 6 et 7.
2. Propter multitudinem hostium, et propter eximiam opinionem virtutis prælio supersedere statuit. Cæs. bell. Gall. l. II, c. 8.

pour le développement des légions ; il s'abaissait aux deux flancs, et se relevait au centre par une éminence qui redescendait en pente douce vers la plaine opposée. D'un côté à l'autre de la colline, César fit tirer un retranchement de quatre cents pas; aux deux extrémités il éleva des forts et y plaça les machines de guerre, afin de garantir ses flancs pendant la bataille; cela fait, il laissa dans le camp, pour servir de réserve, les deux légions de nouvelle levée et rangea les six autres en avant. Les troupes belges sortirent aussi de leurs quartiers et se formèrent en ligne dans la plaine[1].

Un marais peu étendu séparait les deux armées, et chacune d'elles attendait que l'autre passât la première pour l'attaquer avec avantage durant cette manœuvre; quelques escarmouches de cavalerie s'engagèrent pendant ce temps-là dans l'intervalle; mais les Belges ne se décidant point à traverser, César regagna ses retranchemens. Les Belges aussi changèrent de plan; ils marchèrent droit à la rivière, en tournant le camp romain par un de ses flancs, et commencèrent à la passer à gué, dans le but de s'emparer du pont, de le couper, et de séparer par là les légions du pays d'où elles tiraient toutes leurs ressources. César, averti de ce mouvement par Titurius Sabinus qui gardait la rive gauche de l'Aisne, partit

---

1. Cæs. bell. Gall. l. II. c. 8.

57. aussitôt avec toute sa cavalerie, les vélites numides, les Baléares et les archers crétois, franchit le pont et courut s'opposer au passage de la rivière. Plusieurs bataillons de Belges étaient déjà arrivés sur l'autre bord, la cavalerie gallo-romaine les enveloppe et les taille en pièces. Ceux qui étaient occupés à traverser sont assaillis par les archers et les frondeurs; ce combat dans le lit même du fleuve fut long et opiniâtre; plusieurs fois les Gaulois furent repoussés, et plusieurs fois ils revinrent à la charge par-dessus les corps de leurs compagnons. Contraints enfin de battre en retraite, ils regagnèrent leur camp tout découragés. Ils commençaient à manquer de vivres; et, dans ce même instant, la nouvelle leur arriva que l'armée éduenne, conduite par Divitiac, ravageait la frontière des Bellovakes. Ils tinrent donc conseil sur le parti qu'ils devaient prendre, et les Bellovakes ayant protesté que rien ne pouvait les empêcher d'aller défendre leurs foyers, on décida que chaque nation retournerait dans son pays, en s'engageant toutefois à marcher au secours de la première que les Romains viendraient attaquer chez elle. Il valait mieux, disait-on, attendre la guerre sur son propre territoire, où du moins les vivres ne manqueraient pas[1].

1. Potiùs in suis quàm in alienis finibus decertarent; et do-

En conséquence, dès la seconde veille de la nuit, ils sortirent du camp avec bruit et désordre, ne gardant aucun rang, n'obéissant à aucun chef; chacun ne songeant qu'à prendre les devans pour arriver plus tôt et plus sûrement chez soi : ce départ avait toutes les apparences d'une fuite. César en fut averti par ses védettes ; craignant une embuscade, parce qu'il ignorait encore la cause de cette retraite précipitée, et qu'il ne connaissait pas bien les lieux¹, il retint ses troupes dans les retranchemens. Au point du jour, il lança en avant toute sa cavalerie, qu'il fit soutenir par trois légions. Les Belges, atteints et poursuivis pendant plusieurs milles, perdirent beaucoup de monde. Leur arrière-garde fit bonne contenance et soutint vaillamment le choc de l'ennemi; mais les autres que ne pressait pas de même la nécessité de se défendre, qui d'ailleurs n'avaient aucun chef pour les contenir, eurent à peine entendu le cri des combattans qu'ils se débandèrent dans toutes les directions ; de sorte que les Romains, sans courir le moindre danger, continuèrent à tuer tant que dura le jour².

57.

mesticis copiis rei frumentariæ uterentur. Cæs. bell. Gall. l. II, c. 10.

1. Καῖσαρ δὲ ᾔσθετο μὲν τὸ γιγνόμενον· οὐκ ἐτόλμησε δὲ σφᾶς εὐθὺς, ἀγνοίᾳ τῶν χωρίων, ἐπιδιῶξαι. Dio. l. XXXIX, p. 93.

2. Ita sine ullo periculo tantam eorum multitudinem nostri in-

57. Le lendemain, avant que les Belges se fussent remis de leur effroi, César leva le camp et se dirigea vers le pays des Suessions à marche forcée ; il arriva devant la ville de Noviodunum[1]. Ayant appris qu'elle manquait de garnison, il essaya de l'emporter d'assaut ; il échoua dans cette tentative, à cause de la largeur du fossé et de la hauteur des murailles. Il fit donc fortifier son camp, préparer des claies, en un mot tout disposer pour un siège en règle. Pendant ce temps-là, ceux des habitans qui, après avoir pris part à la campagne des confédérés, avaient échappé à la déroute, entrèrent de nuit dans la ville. Dès que le jour parut les Romains firent avancer les mantelets, (c'était, comme on sait, des machines fabriquées en bois et en osier et recouvertes de peau, à l'abri desquelles les assiégeans faisait jouer le bélier ou travaillaient à miner la muraille[2]) ; ils élevèrent la terrasse et dressèrent les tours. La grandeur et la promptitude de ces ouvrages tout nouveaux pour les Belges, les surprirent tellement qu'ils députèrent vers César et lui offrirent de capituler. Le général romain leur accorda la vie

---

terfecerunt, quantum fuit diei spatium. Cæs. bell. Gall. l. ii, c. 11. — Dion. l. xxxix, p. 93.

1. **Aujourd'hui Noyon**.

2. Veget. de re milit. l. iv, c. 15. — Sallust. Jug. 76. — Tit. Liv. passim.

sauve, à la prière des Rèmes leurs frères; mais il exigea qu'ils livrassent leurs armes et les principaux personnages de la nation, y compris les deux fils du roi Galba[1]. Après cela, il entra sur le territoire bellovake.

La principale place de cette nation se nommait Bratuspantium[2]; une population immense s'y était réfugiée avec tous ses meubles. César y dirigea sa marche ; il n'en était plus qu'à cinq milles, lorsqu'il vit approcher une troupe de vieillards tendant les mains, et criant qu'ils venaient se rendre, qu'ils ne voulaient pas porter les armes contre les Romains[3]. César, s'étant avancé plus près de la place pour établir son camp, aperçut la multitude des femmes et des enfans qui lui tendaient aussi les bras du haut des murailles, et le suppliaient par leurs gestes de ne les point traiter en ennemis. Une autre intercession toute-puissante auprès du général romain vint alors à leur secours. L'Éduen Divitiac qui, après la dispersion de l'armée con-

57.

1. Petentibus Remis, ut conservarentur, impetrant.—Cæs. l. II, c. 12.—Primis civitatis atque ipsius regis Galbæ duobus filiis, armisque omnibus... traditis... Idem, c. 13.

2. Aujourd'hui *Gratepenche* ou *Bratepense* à deux lieues de Breteuil. D'Anville, Notice de la Gaule, et Géogr. anc. t. I, p. 84.

3. Omnes majores natu, ex oppido egressi, manus ad Cæsarem tendere, et voce significare cœperunt, sese in ejus fidem ac potestatem venire, neque contra populum romanum armis contendere. Cæs. bell. Gall. l. II, c. 13.

57. fédérée, avait licencié ses troupes et était de retour dans le camp de César, se porta garant de la soumission des Bellovakes : « De tout temps, dit-
« il, les Édues et les Bellovakes ont été unis d'in-
« térêts et d'amitié. Entraînés par des chefs qui
« leur répétaient que, sous l'alliance des Romains,
« les Edues étaient esclaves et réduits à souffrir
« toute sorte d'indignités et d'outrages, les Bello-
« vakes se sont détachés de nous ; ils ont pris les
« armes contre vous. Maintenant, les auteurs de
« ces conseils perfides, voyant les calamités aux-
« quelles leur pays est en proie, l'ont abandonné ;
« ils se sont sauvés dans l'île de Bretagne[1]. Les
« Édues s'unissent aux Bellovakes pour implorer
« la douceur et la clémence de César ; que César
« les écoute ! ce sera porter au plus haut degré
« le crédit et la considération de la cité éduenne
« dans toute la Belgique. »

César sans doute n'aurait point traité suivant toute la rigueur de la guerre une population qui mettait bas les armes, des femmes et des vieillards supplians ; son intérêt même eût repoussé une telle barbarie. Cependant il parut ne céder qu'aux prières de Divitiac[2] ; et comme l'intercession des

---

1. Qui hujus consilii principes fuissent, quòd intelligerent quantam calamitatem civitati intulissent, in Britanniam profugisse. Cæs. bell. Gall. l. II, c. 14.

2. Honoris Divitiaci atque Æduorum causâ. Cæs. ibid.

Rèmes avait sauvé Noviodunum, il voulut que
les Édues pussent se vanter aussi d'avoir préservé
de sa ruine une des plus importantes villes de la
Belgique. Il consentit donc à recevoir les assiégés
à composition, leur fit livrer six cents ôtages et
leurs armes, et passa de là sur le territoire des
Ambiens, qui n'essayèrent pas de lui résister. Il
se trouva alors sur la frontière de la nation Nervienne [1].

L'opinion générale en Gaule désignait cette
nation comme la plus redoutable de toute la Belgique. Amoureux de l'indépendance sauvage des
Germains, les Nerves regardaient en mépris les
autres tribus de leur race adoucies par le commerce et les arts ; ils reniaient cette fraternité
et le nom gaulois, s'attribuant avec orgueil
une origine germanique [2]. Tout accès chez eux
était interdit aux marchands étrangers ; ils reje-
taient l'usage du vin et les autres délicatesses de
la vie, comme des voluptés honteuses propres
seulement à efféminer l'homme et à énerver son
courage. La soumission des Suessions, des Bellovakes, des Ambiens, les avait remplis de colère ;
ils leur reprochaient d'avoir trahi lâchement la

---

1. Cæs. bell. Gall. l. c.
2. Nervii circà affectationem germanicæ originis ultrò ambitiosi sunt ; tanquàm, per hanc gloriam sanguinis à similitudine et inertiâ Gallorum separentur. Tacit. Germ. c. 28.

vertu de leurs ancêtres et la liberté de la Gaule ;
ils protestaient que, quant à eux, ils n'écouteraient jamais une proposition de paix et que jamais César ne verrait le visage d'un député nervien[1]. La nature de leur pays était d'ailleurs très-favorable à une guerre défensive ; n'ayant point de cavalerie, et ne se souciant nullement d'en avoir, ils s'étaient étudiés à le rendre impraticable à la cavalerie ennemie. Ils entaillaient et courbaient de jeunes arbres, dont les branches, prenant une direction horizontale et s'entrelaçant avec des ronces et des épines, formaient une large haie impénétrable même à la vue[2]. Ces espèces de murailles coupaient le pays en tout sens, empêchaient l'abord de la cavalerie et arrêtaient à chaque pas les troupes de pied. Depuis quelques jours les Nerves avaient pris, contre l'attaque des Romains, toutes les précautions d'usage. Après avoir déposé les femmes, et ceux que leur âge mettait hors d'état de combattre, dans un lieu

---

[1]. Increpitare atque incusare reliquos Belgas, qui se populo romano dedissent, patriamque virtutem projecissent : confirmare sese neque legatos missuros, neque ullam conditionem pacis accepturos. Cæs. bell. Gall. l. II, c. 15.

[2]. Quò faciliùs finitimorum equitatum, si prædandi causâ ad eos venisset, impedirent, teneris arboribus incisis atque inflexis, crebris in latitudinem ramis et rubis sentibusque interjectis effecerant, ut instar muri hæ sepes munimenta præberent ; quò non modo intrari, sed ne perspici quidem possit. Cæs. l. II, c. 17.

sûr, dont l'approche était protégée par des marais, sous la conduite d'un chef nommé Boduognat[1], ils attendaient l'ennemi près la rive droite de la Sambre. Les Véromandues et les Atrébates s'étaient déjà réunis à eux ; les Aduatikes étaient en marche pour les joindre, mais ils n'en eurent pas le temps.

Il y avait déjà trois jours que César faisait route à travers les embarras du pays, lorsqu'il apprit de quelques prisonniers que l'armée nervienne, campée au bord de la Sambre, n'était plus qu'à dix milles de lui. D'après ce rapport, il envoya devant les éclaireurs avec des centurions choisir et marquer un camp ; ceux-ci désignèrent une colline voisine de la Sambre, dont le sommet descendait par une pente réglée jusqu'au lit du fleuve. Un grand nombre de Gaulois, Galls et Belges, suivaient l'armée romaine, la plupart par curiosité, d'autres pour faire preuve de zèle, plusieurs pour lui nuire et l'espionner. Quelques-uns de ces derniers passèrent de nuit au camp nervien : ils informèrent Boduognat de l'approche de César et de l'ordre dans lequel marchaient les légions, séparées les unes des autres par un long intervalle, et suivies chacune de ses équipages ; lui conseillant d'attaquer la première au moment où elle

---

1. *Buddig-nat*, fils de la victoire.

57. arriverait sur l'emplacement de son camp. « Tout
« embarrassée de ses bagages et éloignée du reste
« de l'armée, disaient-ils, cette légion n'opposera
« aucune résistance. Celle-ci détruite, on aura
« bon marché des autres [1]. » Ce projet d'attaque
était favorisé par la nature du terrain, et Boduognat ne négligea pas l'avis qu'on lui donnait.

Au pied de la colline choisie par les Romains pour l'assiette de leur camp, coulait la Sambre, et au-delà, sur la rive droite, s'élevait une autre colline de même déclivité que la première, nue à la base, assez boisée à la cime pour que la vue ne pût y pénétrer. Les troupes nerviennes se tinrent cachées derrière ce rideau de bois; quelques postes de cavalerie atrébate et véromandoise se montrèrent seulement le long de la rivière, qui était profonde d'environ trois pieds [2].

L'avant-garde romaine ne tarda pas à paraître : mais l'ordre de marche n'était plus celui que les Belges avaient dépeint à Boduognat et sur lequel celui-ci comptait. Vu la proximité de l'ennemi, César avait réuni six légions sans équipages; venaient ensuite les bagages de toute l'armée, escortés par deux légions qui formaient l'arrière-garde.

---

1. Neque esse quidquam negotii... hanc sub sarcinis adoriri; quâ pulsâ impedimentisque direptis, futurum ut reliquæ contrà consistere non auderent. Cæs. l. ii, c. 17.

2. Cæs. l. ii, c. 18.

La cavalerie légère, soutenue des frondeurs et des archers, précédait les légions et battait le pays. Cette avant-garde, ayant aperçu les postes de cavalerie qui gardaient la rive droite de la Sambre, passa la rivière et engagea le combat avec les cavaliers belges, qui tour à tour se repliaient dans le bois et revenaient à la charge, sans que les Romains osassent les poursuivre au-delà de l'espace découvert. Pendant ce temps, les six légions arrivèrent sur la colline, et s'étant partagé le travail commencèrent à retrancher le camp [1].

Dès que les Belges aperçurent la tête des équipages (c'était le signal dont ils étaient convenus pour attaquer), ils sortirent brusquement du bois, et dans le même ordre de bataille qu'ils y avaient formé, les Atrébates à la droite, les Véromandues au centre, et les Nerves à la gauche; ils se précipitèrent avec une incroyable rapidité vers la Sambre. La cavalerie romaine se trouvait sur leur passage, elle fut culbutée et repoussée de côté. En un moment, on les vit sortir du bois, traverser l'eau en combattant, gravir la montagne, et assaillir les travailleurs; en un moment, la mêlée fut générale. Dans cette attaque inopinée et si chaude, les Romains n'eurent le temps ni de déployer les étendards, ni de prendre leurs casques,

---

[1]. Cæs. l. II, c. 19.

57. ni d'ôter l'enveloppe de leurs boucliers. Les légions, séparées par ces haies épaisses qui coupaient le terrain, ne se voyaient pas l'une l'autre; elles ne pouvaient observer ni règles de tactique, ni unité dans leurs manœuvres [1].

Les Atrébates, qui formaient l'aile droite des Belges, attaquèrent la neuvième et la dixième légion. Quoique tout haletans de leur course, ils s'avancèrent avec vigueur et tout en se battant, jusqu'à la crête du coteau. Arrêtés enfin et repoussés à coups de javelots, criblés de blessures, ils furent culbutés de l'autre côté de la Sambre; et beaucoup périrent en s'efforçant de traverser le fleuve. Les Romains l'ayant eux-mêmes franchi, les Atrébates firent volte-face, et rétablirent le combat. Au centre, la onzième et la huitième légion, favorisées également par la pente du coteau, firent reculer les Véromandues; mais ceux-ci, adossés à la rivière, disputèrent le terrain avec opiniâtreté. Les Nerves, qui tenaient l'aile gauche, se dirigèrent en phalange serrée sur l'aile droite romaine, composée de la douzième et de la septième légion; puis, par une évolution subite, ils tournèrent le flanc de l'ennemi, et les uns l'attaquèrent à revers, tandis que les autres gravissaient la cime du coteau pour s'emparer du camp [2].

1. Cæs. l. II, c. 19, 20, 21, 22.
2. Cæs. l. II, c. 23. — Dio. l. xxxix, p. 94.

En ce moment, la cavalerie romaine et l'infanterie légère, qui avaient été rompues du premier choc des Belges et qui pour lors revenaient au camp par un long détour, rencontrèrent face à face la division nervienne sur le sommet de la colline, et s'enfuirent derechef dans une autre direction. Il en fut de même des valets de l'armée, qui ayant vu la retraite des Atrébates et les deux légions passer la Sambre, commençaient à descendre pour piller. Lorsqu'en tournant la tête ils aperçurent l'ennemi au-dessus d'eux, ils se sauvèrent précipitamment, criant que le camp était pris. On entendait en même temps les voix des conducteurs de bagages que la frayeur entraînait de côté et d'autre. Des cavaliers que la cité trévire, par peur, avait envoyés à César comme auxiliaires, voyant le camp rempli de troupes nerviennes, les légions pressées et presque enveloppées, les valets, la cavalerie, les frondeurs, les Numides dispersés et fuyant de toutes parts, crurent la bataille désespérée, et reprirent aussitôt la route de leur pays, publiant avec joie que les Romains étaient défaits, et leur camp, tout leur bagage au pouvoir des Belges [1].

Peu s'en fallut que la nouvelle ne fût vraie.

---

1. Romanos pulsos superatosque, castris impedimentisque hostes potitos. Cæs. bell. Gall. l. II, c. 24.

57. Lorsque César passa de son aile gauche à sa droite, il la trouva dans le plus grand danger. Les enseignes de la douzième légion avaient été réunies dans un même endroit, et les soldats entassés à l'entour se gênaient l'un l'autre pour combattre. Tous les centurions de la quatrième cohorte étaient tués, le porte-enseigne mort, l'enseigne prise, presque tous les centurions des autres cohortes tués ou grièvement blessés. Le découragement et le désespoir régnaient parmi les soldats. Un grand nombre dans les derniers rangs désertaient leur poste pour se mettre à l'abri des traits. Cependant les troupes nerviennes continuaient d'arriver du bas de la montagne et de presser le centre, tandis qu'elles tournaient les flancs. Partout les Romains trouvaient l'ennemi en face; des secours nulle part. César sentit que tout était perdu sans un effort de courage extraordinaire. Comme il n'avait pas de bouclier, il arrache le sien à un soldat du dernier rang, se fait jour au front de la bataille, appelle les centurions par leur nom, encourage les légionaires, fait porter les enseignes en avant, ordonne d'ouvrir les files afin qu'on puisse se servir de l'épée, commande l'attaque et donne lui-même l'exemple[1]. Sa présence rendit l'espoir au soldat. Chacun

---

1. Cæs. bell. Gall. l. II, c. 25.—Flor. l. III, c. 10.—Plut. in Cæs. p. 718.—Appian. bell. Gall. p. 754.

cherchait à faire quelque grand effort sous les yeux de son général; et l'impétuosité des Belges fut un peu ralentie. César, voyant que la septième légion, placée à côté de la douzième, était pressée non moins vivement qu'elle, fit passer aux centurions l'ordre de rapprocher peu à peu les deux légions, en les adossant l'une à l'autre. Cette manœuvre, qui les couvrait réciproquement, les délivra de l'inquiétude d'être cernées et prises à dos. La confiance revint, et le combat commença à se rétablir[1].

L'infériorité était grande encore du côté des Romains; mais ils avaient gagné du temps, et pour eux c'était tout. Déjà du haut de la colline, ils apercevaient les deux légions d'arrière-garde, qui servaient d'escorte aux équipages, accourir au pas de course, attirées par le cri des combattans. Bien plus, le lieutenant T. Labienus, qui, à la tête de l'aile gauche romaine, avait repoussé les Atrébates au-delà de la Sambre, qui les avait battus une seconde fois et s'était emparé du camp des Belges, voyant du haut de la colline opposée ce qui se passait au camp romain, détacha la dixième légion pour aller au secours de César. Cette légion, ayant appris des valets et des cavaliers fu-

---

1. Cæs. bell. Gall. l. II, c. 26.

gitifs dans quel péril se trouvaient l'aile droite et le proconsul, accourut en toute diligence [1].

L'arrivée de ces troupes fraîches changea complètement la situation des choses ; les vaincus prirent l'offensive, et ce fut aux vainqueurs à se défendre. Les Romains regagnèrent toutes leurs forces avec un redoublement de courage ; on voyait les blessés, les moribonds même se soulever de terre, appuyés sur leur boucliers, et combattre. De tous côtés à la fois, les troupes nerviennes furent assaillies. Les cavaliers romains, pour effacer la honte de leur fuite, se portaient avec fureur partout où ils pouvaient devancer les légions ; il n'était pas jusqu'aux valets qui ramassaient des armes et même se jetaient désarmés sur les points où ils remarquaient du désordre [2].

Mais les Belges ne reculèrent point ; ils ne mirent point bas les armes. Lorsqu'un soldat de leurs premiers rangs tombait, un autre prenait sa place et combattait sur son corps ; les derniers qui restèrent debout lançaient encore leurs traits et renvoyaient aux Romains leurs propres javelots, du haut d'un monceau de cadavres. « De tels « hommes, écrivait César en traçant le tableau de

---

1. Cæs. bell. Gall. l. ɪɪ, c. 26.—Plut. l. c.—Appian. ibid.
2. Cæs. l. ɪɪ, c. 27.

« cette journée, l'une des plus périlleuses de toute
« sa vie; de tels hommes avaient pu entreprendre
« sans témérité de franchir un large fleuve, de
« gravir des bords escarpés, d'attaquer dans un
« lieu défavorable : la grandeur de leur courage
« aplanissait pour eux tant de difficultés[1]. »

La nation nervienne n'était pas vaincue, elle
était anéantie. Les vieillards et les femmes qui
avaient été déposés dans une retraite fortifiée, au
milieu d'un marais, à la nouvelle de ce désastre,
envoyèrent des députés vers César, déclarant qu'ils
faisaient leur soumission. Pour émouvoir sa pitié,
ils récapitulaient les pertes douloureuses dont sa
victoire les avait frappés. « De six cents sénateurs,
« disaient-ils, trois seulement nous restent; et de
« soixante mille combattans, à peine en est-il
« échappé cinq cents[2]. » César, voulant montrer sa
douceur envers les vaincus supplians, pourvut à
la conservation de ces faibles débris d'un grand
peuple, leur rendit leurs champs et leurs villes,

---

[1]. Quæ facilia ex difficillimis animi magnitudo redegerat. Cæs. bell. Gall. l. II, c. 27. — Tit. Liv. Epitom. l. CIV. — Plut. in Cæs. p. 718. — Flor. l. III, c. 10. — Appian. bell. Gall. p. 754. — Paul. Oros. l. VI, c. 7.

[2]. Ex DC ad III senatores, ex hominum millibus LX vix ad D, qui arma ferre possent sese redactos esse. Cæs. bell. Gall. l. II, c. 28. — Tite-Live dit que, de quatre cents sénateurs, il en resta trois, et de soixante mille guerriers, trois cents (Epitom. c. IV). — Plutarque ne compte non plus que quatre cents sénateurs. (Cæs. p. 718.)

et défendit à leurs voisins de les inquiéter en quoi que ce fût¹.

De tous les peuples de la confédération belgique, les Aduatikes seuls avaient encore les armes à la main. Ce peuple tirait son origine de ces Kimris qui, après avoir ravagé la Gaule et l'Espagne, allèrent tomber, en Italie, sous l'épée de Marius. Ce n'était alors, comme on se le rappelle, qu'un détachement de six mille hommes laissé par l'armée kimro-teutone dans la forteresse d'Aduat, à la garde du butin commun². Après la défaite de leurs frères, ces Kimris s'étaient maintenus en Gaule, d'abord contre la volonté, ensuite du consentement des Belges³; ils y avaient fait des alliances et s'étaient accrus successivement de six mille à soixante mille ames; leur force militaire montait à dix-neuf mille guerriers.

Au moment où César pénétra sur le territoire nervien, les Aduatikes étaient en marche pour se réunir à l'armée confédérée de la Sambre. Ayant appris en route le mauvais succès de la bataille, ils revinrent précipitamment sur leurs pas, firent

---

1. Quos Cæsar ut in miseros ac supplices usus misericordià videretur, diligentissimè conservavit, suisque finibus atque oppidis uti jussit, et finitimis imperavit ut ab injurià et maleficio se suosque prohiberent. Cæs. l. II, c. 28.

2. Cæs. l. II, c. 29.—Dio. l. XXXIX, p. 94.

3. Voyez ci-dessus, part. 2, c. 3.

évacuer leurs villes et leurs bourgades, et se renfermèrent avec toutes leurs familles et toutes leurs richesses dans leur forteresse d'Aduat, où ils attendirent l'ennemi. Les récits qui précèdent ont déjà fait connaître au lecteur ce lieu renommé dans toute la Gaule.

La nature semblait avoir tout combiné à plaisir pour en faire une retraite de peuples sauvages. C'était un large emplacement plane entouré d'une circonférence de rochers élevés et roides, entièrement inaccessibles; il ne communiquait au dehors que par une ouverture grande de deux cents pieds et inclinée en pente douce. Un double rempart, fait de main d'homme, en défendait le passage; l'un composé d'énormes quartiers de roc, l'autre de pieux et de poutres aiguisées. Avec les seuls moyens militaires des Gaulois, une telle forteresse ne pouvait être réduite que par famine[1].

César vint camper vis-à-vis l'entrée d'Aduat; et les assiégés le harcelèrent par de fréquentes sorties et par des combats de détail journaliers, souvent à leur avantage. Mais bientôt un cordon de forts et un mur de circonvallation de douze pieds de haut et de quinze milles de tour, les emprisonnèrent dans la place. Ils considéraient avec une muette curiosité ces ouvrages tout nouveaux pour

---

1. Cæs. bell. Gall. l. II, c. 29.

eux, ces terrasses, ces mantelets, ces machines de formes variées ; mais quand ils virent construire dans le lointain la tour qui devait servir à escalader leur muraille, ils commencèrent à railler les assiégeans. Ils leur demandaient, du haut du rempart, ce qu'ils voulaient faire de cette grande machine ; avec quels bras ils comptaient la remuer. « Ce ne sont pas des nains tels que « vous, disaient-ils, qui la pousseront jusqu'ici ! » En effet, la petite taille des Romains était pour eux, comme pour tous les Gaulois, un objet de risée[1]. Cependant sitôt qu'ils aperçurent cette masse se mettre en mouvement et s'avancer, frappés de ce spectacle, comme d'un prodige, ils envoyèrent à César des députés, chargés de lui adresser ces paroles : « C'est avec l'assistance par- « ticulière des dieux, nous n'en doutons plus, que « les Romains font la guerre : comment, sans leur « aide, pourraient-ils ébranler ces énormes ma- « chines et les approcher si rapidement des murs, « pour combattre de près ? Nous remettons donc « entre vos mains nos personnes et nos biens. Si « César, dont on nous a fait connaître la douceur,

---

1. Quibusnam manibus, aut quibus viribus, præsertim homines tantulæ staturæ (nam plerumque hominibus gallis, præ magnitudine corporum suorum, brevitas nostra contemptui est), tanti oneris turrim in muros sese collocare confiderent. Cæs. l. II, c. 30. — Dio. l. XXXIX, p. 94.

« a résolu de nous laisser la vie, qu'il ne nous « enlève pas nos armes; c'est la seule faveur que « nous implorions. Tous nos voisins sont des en- « nemis jaloux de notre bravoure; désarmés, nous « serions anéantis par eux. Nous aimons mieux, « si nous sommes réduits à cette alternative, « tout souffrir de la domination romaine, que « d'être torturés et mis à mort par nos inférieurs « et nos tributaires [1]. »

César leur répondit : « que, plutôt par habi- « tude que par égard, il leur conserverait le rang et « la qualité de nation, pourvu qu'ils se rendissent « avant que le bélier eût touché leurs murs; mais « qu'il n'y avait point de capitulation, à moins de « livrer leurs armes. Qu'au reste, il ferait pour eux « ce qu'il avait fait pour les Nerves, qu'il défen- « drait à leurs voisins de rien entreprendre contre « un peuple mis par sa reddition sous la sauve- « garde de Rome. » Cette réponse ayant été portée dans la ville, les assiégés crièrent du haut de la muraille qu'ils acceptaient les conditions; puis ils jetèrent dans la tranchée une si grande quantité d'armes, qu'elles égalaient presque la hauteur

---

1. Sibi præstare quamvis fortunam à populo Romano pati, quàm ab his per cruciatum interfici, inter quos dominari consuessent. Cæs. bell. Gall. l. II, c. 31.

des fortifications[1]. Les portes alors s'ouvrirent et, pendant le reste de la journée, tout présenta aux Romains l'aspect de la soumission la plus paisible.

Mais le danger veillait en silence et les environnait de toutes parts. Malgré l'immense quantité d'armes livrée par les Aduatikes, ils en avaient caché encore environ un tiers: tout en paraissant s'abandonner à la discrétion de son ennemi, ce peuple indompté ne cherchait qu'une occasion de s'en délivrer plus sûrement. Cette occasion, ils crurent l'avoir trouvée lorsque César, à l'approche de la nuit, évacua la place et fit rentrer ses troupes dans son camp. Ils saisirent alors les armes qu'ils avaient mises en réserve, ou ils se fabriquèrent à la hâte, dans l'espace de peu d'heures, des boucliers d'écorce et d'osier tressé, recouverts de peaux; ils espéraient que les Romains, confians en leur soumission, se relâcheraient de la vigilance habituelle; que les postes seraient mal gardés, et les retranchemens déserts; en effet, à la troisième veille, sortant en masse de la place, ils assaillirent les lignes ennemies par l'endroit qui leur paraissait le plus accessible. Leur attente fut

---

1. Sic ut propè summam muri aggerisque altitudinem acervi armorum adæquarent. Cæs. bell. Gall. l. ii, c. 32.

trompée; ils trouvèrent leur ennemi éveillé et sur ses gardes. Les avant-postes donnèrent l'alarme par des signaux de feu, et les légions accoururent de tous les forts voisins : l'action fut vive; les Aduatikes firent tout ce qu'on pouvait attendre d'hommes intrépides qui n'avaient de salut que dans le succès; mais ils combattaient dans un lieu trop désavantageux. Accablés par les traits lancés du haut du retranchement et des tours, quatre mille restèrent sur la place; le reste fut repoussé dans la ville. Le lendemain César fit rompre les portes à coups de hache et entra sans résistance. Les habitans expièrent cruellement leur manque de foi envers le vainqueur; tous furent vendus sous la lance, corps et biens. On sut des adjudicataires que cinquante-trois mille têtes avaient été mises à l'encan [1].

Tandis que ces événemens se passaient dans le nord, la septième légion envoyée en expédition par César, après la défaite des Nerves, parcourait la côte de l'océan entre l'embouchure de la Seine et celle de la Loire. P. Crassus, qui la commandait, ne rencontrant ni armée sur pied, ni résistance dans les villes, écrivit à César que

---

[1]. Sectionem ejus oppidi universam Cæsar vendidit. Ab his qui emerant capitum numerus ad eum relatus est millium LIII. — Cæs. bell. Gall. l. II, c. 33. — Οὐδεὶς συγγνώμης ἔτυχεν, ἀλλ' ἅπαντες ἐπράθησαν. Dio. l. XXXIX, p. 94.

57. l'Armorique était soumise au peuple romain¹.

Cependant l'hiver commençait, et César voulait donner du repos à son armée; il lui tardait d'ailleurs de se rendre lui-même en Italie afin d'y jouir de sa gloire et d'y surveiller ses intérêts. Il fixa donc à ses troupes des quartiers d'hiver. La cavalerie alla dans le nord chez les Belges-Trévires, comme pour les braver et démentir par sa présence les nouvelles défavorables que ces auxiliaires s'étaient trop hâtés de répandre. Sept légions furent distribuées sur la rive droite de la Loire, chez les Carnutes, les Turons et les Andes, dans le but de surveiller l'Armorike, que César, avec raison, ne croyait pas encore soumise. Une autre (la douzième), commandée par le lieutenant Servius Galba, alla hiverner parmi les tribus Pennines, dans la contrée qu'habitaient les Nantuates, les Véragres et les Sédunes, entre la crête des Alpes et le Rhône. A mesure qu'elles arrivaient dans leurs quartiers, ces divisions contraignaient les habitans du pays et les nations voisines à leur livrer des otages et des vivres. Quant à César, il retourna promptement en Italie².

56. La mission de Galba dans les vallées supérieures

---

1. Omnes eas civitates in ditionem potestatemque populi romani esse redactas. Cæs. bell. Gall. l. III, c. 34.
2. Cæs. bell. Gall. l. II, c. 35.

des Alpes avait pour objet d'y frayer une route sûre au commerce, attendu que les marchands italiens ne les traversaient qu'avec beaucoup de risque et en payant des droits onéreux. Après quelques combats favorables et la prise de plusieurs forts, Galba ayant reçu des otages et conclu la paix, laissa deux cohortes en cantonnement chez les Nantuates, et lui-même avec le reste de sa légion se cantonna dans un bourg des Véragres, nommé Octodurus [1]. Ce bourg, situé au milieu d'un vallon peu ouvert et complètement environné de hautes montagnes, était traversé par une rivière qui le divisait en deux parties; dans l'une, Galba logea sa troupe et se fortifia d'un rempart et d'un fossé à la manière romaine; il laissa l'autre aux Gaulois [2].

Plusieurs jours de l'hivernage s'étaient passés à faire venir des grains et des vivres, lorsque tout à coup les éclaireurs romains remarquèrent que la partie du bourg laissée aux Gaulois avait été évacuée pendant la nuit, et qu'une forte armée de Véragres et de Sédunes occupait les montagnes voisines du camp. Plusieurs motifs avaient poussé les Gaulois à recommencer brusquement la guerre; d'abord ils savaient que la légion de Galba n'était plus au complet; ensuite ils ne supportaient pas

---

[1]. Martigny, en Valais.
[2]. Cæs. bell. Gall. l. III, c. 1.

de se voir enlever leurs enfans à titre d'otages; et ils étaient convaincus que les Romains, sous prétexte de rendre les communications plus faciles, voulaient s'emparer des hautes Alpes à perpétuité, et réunir ce pays à la Province dont il était limitrophe[1]. A la nouvelle de ce danger inattendu, Galba se hâta de convoquer le conseil des officiers, et là les avis furent partagés; quelques uns voulaient abandonner les bagages et faire une trouée pour gagner la frontière de la Province; mais le plus grand nombre opina qu'il fallait réserver ce parti pour la dernière extrémité, tenter la chance des événemens et défendre le camp[2].

Le conseil était à peine fini, les postes à peine assignés, que les montagnards descendirent de tous côtés avec une pluie de pierres et de *gais*[3], et investirent les retranchemens pour en faire l'escalade. Les Romains firent d'abord une vigoureuse résistance. Lancés du haut du rempart, tous leurs traits portaient coup; mais comme les assaillans se relayaient l'un l'autre et opposaient

---

1. Accedebat quòd suos ab se liberos abstractos obsidum nomine dolebant: et Romanos, non solùm itinerum causâ, sed etiam perpetuæ possessionis, culmina Alpium occupare conari, et ea loca finitimæ provinciæ adjungere, sibi persuasum habebant. Cæs bell. Gall. l. III, 2.

2. Cæs. bell. Gall. l. III, c. 3.

3. Lapides gæsaque in vallum conjicere. Cæs. l. III, c. 4.

toujours à l'ennemi des troupes fraîches, celui-ci se trouva enfin épuisé, les forces et même les traits commencèrent à lui manquer. Cependant le combat durait depuis six heures; et déjà les Gaulois pressaient l'assaut; déjà ils coupaient les palissades et comblaient le fossé; Galba, sentant bien qu'une sortie générale était sa dernière ressource et son unique moyen de salut, fait prévenir ses soldats qu'ils aient à suspendre un moment l'action pour reprendre haleine, puis à sortir du camp au pas de charge et à ne plus attendre leur sûreté que de leur épée[1]. Le signal est donné, et la sortie s'exécute à la fois par toutes les portes. Mais les assiégeans surpris et troublés n'ayant le temps ni de se reconnaître ni de se rallier, la fortune changea brusquement pour eux; ils sont de toutes parts enveloppés et massacrés. Des trente mille hommes qui s'étaient réunis à l'attaque du camp, un tiers, dit-on, périt; le reste fut poursuivi par le vainqueur jusque sur les montagnes. Après cette victoire, Galba rentra dans ses retranchemens, où il passa la nuit; mais dès le lendemain, il se mit en marche pour gagner la Province. Il brûla d'abord toutes les habitations d'Octodurus; puis sans obstacle ni retard de la part des montagnards,

---

1. Cæs. bell. Gall. l. III, c 4, 5.

il ramena sa légion chez les Nantuates, et de là chez les Allobroges, où il hiverna [1].

Les cantonnemens romains n'étaient guère plus tranquilles à l'occident qu'à l'orient de la Gaule. Soit qu'il y eût réellement disette de blé dans l'Armorike, soit que les habitans refusassent de le livrer, les sept légions distribuées entre la Loire et l'Océan manquaient de vivres. Des préfets et des tribuns militaires parcouraient le pays de tous côtés et passaient de ville en ville, pressant les envois de provisions, et prodiguant tour à tour les exhortations et les menaces. Pour ces motifs, P. Crassus, qui commandait la septième légion sur le territoire andégave, avait délégué T. Terrasidius, chez les Unelles; M. Trébius Gallus, chez les Curiosolites; Q. Vélanius avec T. Silius, chez les Vénètes. Mais ces derniers, bien loin d'obéir aux injonctions des commissaires romains, crurent, en s'emparant d'eux, avoir trouvé un moyen infaillible de recouvrer leurs otages; ils mettent donc aux fers Silius et Vélanius. Cet exemple est imité par les peuples voisins : de tout côté, on fait main-basse sur les préfets et les tribuns des légions. Plusieurs cités armorikes s'envoient alors des députés; elles s'engagent, par l'entremise de leurs magistrats, à

---

[1]. Cæs. bell. Gall. l. III, c. 6.—Dio. l. XXXIX, p. 94, 95.—Paul. Oros. l. VI, c. 7.

n'agir que d'un commun accord et à courir la même fortune; elles sollicitent les autres états de se rallier à elles et de préférer à l'esclavage de Rome cette liberté qu'ils ont reçue de leurs ancêtres. Bientôt une ligue commune pour la délivrance du territoire embrassa toutes les nations maritimes ou voisines de la côte, depuis la Seine jusqu'à la Loire. Les confédérés envoyèrent des ambassadeurs dans l'île de Bretagne pour demander du secours, et obtinrent quelques troupes auxiliaires. Ils adressèrent aussi à Crassus un message conçu en ces termes : « Si tu veux recou« vrer tes compagnons, rends-nous nos otages. »

Ces nouvelles parvinrent bientôt à César par les rapports de ses lieutenans; sans délai il fit partir ses instructions, qu'il devait suivre de près. Il recommandait d'enlever tous les navires gaulois qui se trouvaient à portée; de construire des galères sur la Loire, de faire une levée de rameurs dans la province, de rassembler sur les lieux des matelots et des pilotes. En outre, comme il connaissait le caractère des Gaulois fier, indépendant et aisément inflammable, craignant que l'insurrection ne gagnât toute l'Armorike et ne s'étendît même au-delà, il ordonnait à Crassus de se porter avec douze cohortes et une nombreuse cavalerie entre la Loire et la Garonne, pour contenir le pays, et d'entrer en Aquitaine, s'il en était besoin;

56. à Labiénus de conduire la majeure partie de la cavalerie sur le territoire des Trévires, que leur désertion à la bataille de la Sambre avait rendus très suspects aux Romains, de visiter l'une après l'autre les cités voisines, en un mot de surveiller la Belgique; à Q. Titurius Sabinus de marcher à la tête de trois légions contre les Curiosolites, les Unelles et les Lexoves. Il confiait à D. Brutus le commandement de la flotte. Lui-même se réservait l'élite des troupes de terre et la guerre contre les Vénètes, qu'il regardait à bon droit comme l'ame du mouvement et la nation la plus redoutable de ces parages. A peine arrivé en Gaule, il prit avec son armée la route de leur territoire, ordonnant à la flotte de faire voile dans la même direction et de venir le rejoindre à la côte.

Sur la presqu'île sauvage qui bornait la Gaule à l'occident, un envahisseur étranger n'avait pas à combattre que les hommes, il lui fallait aussi lutter contre les élémens. Le territoire vénète était sillonné en tout sens de vastes et profonds marais produits par les inondations de la mer; or, à l'approche de l'ennemi, toutes les routes étaient coupées, toutes les chaussées rompues, toutes les subsistances transportées de la campagne dans les villes fortifiées; et la situation de ces villes en rendait le siège sinon impossible, au moins d'une difficulté extrême. La plupart étaient bâties sur des langues de terre ou des promontoires que le flux recouvrait régulièrement deux fois dans les vingt-quatre heures ; elles formaient alors de véritables îles, inabordables aux piétons, et dangereuses aux navires parce que le reflux, en se retirant, les laissait engagés dans les bas-fonds et les sables. Lorsqu'à force de peines et de patience, l'assiégeant parvenait à construire, sur ce fond mobile, une digue qui retînt les eaux et lui permît d'attaquer les murs de près, ce n'était rien encore : il pouvait tout au plus rester maître de la place ; les habitans lui échappaient. Sitôt qu'ils commençaient à désespérer de la fortune, leur flotte s'approchait ; ils s'embarquaient avec toutes leurs richesses, et fuyaient dans une autre ville, que l'ennemi devait encore assiéger de la même manière [1]. Les Romains perdirent ainsi beaucoup de temps et de monde ; ils détruisirent plusieurs de ces forteresses, mais le peuple vénète subsistait toujours, non moins nombreux, non moins fort qu'auparavant. César, découragé par tant de fatigues superflues, se résigna enfin à sus-

---

[1]. Si quandò magnitudine operum fortè superati, extruso mari aggere ac molibus, atque his fermè oppidi mœnibus adæquatis, suis fortunis desperare cæperant, magno numero navium appulso, cujus rei summam facultatem habebant, sua deportabant omnia, seque in proxima oppida recipiebant : ibi se rursùs iisdem opportunitatibus loci defendebant. Cæs. bell. Gall. l. III, c. 12.

pendre les hostilités jusqu'à l'arrivée de sa flotte[1].

Elle se fit long-temps attendre. Pendant presque tout l'été des tempêtes violentes l'empêchèrent de mettre à la voile ; ensuite elle ne s'aventurait qu'avec la plus grande circonspection sur ce vaste Océan presque sans ports et toujours battu par de hautes marées[2], ayant à redouter à la fois son inexpérience de la mer et son ignorance des côtes. Enfin elle parut au large. Dès que les Vénètes l'aperçurent, ils sortirent environ deux cent vingt navires bien équipés et bien armés, et vinrent se mettre en ligne, devant la flotte romaine. Brutus, qui la commandait hésita et sur le parti qu'il devait prendre, et sur la manière dont il devait combattre[3].

En effet les vaisseaux des Vénètes étaient bien mieux disposés que les siens pour manœuvrer dans ces mers. La carène en était presque plate, ce qui leur permettait de braver les bas-fonds et le reflux ; leur proue et leur poupe, très-élevées, se trouvaient également propres à résister aux vagues et aux tempêtes. Tous les bordages étaient renforcés en chêne, pour soutenir le choc et l'avarie

---

1. Cæs. bell. Gall. l. III, c. 14.
2. Summa erat vasto atque aperto mari, magnis æstibus, raris ac propè nullis portubus, difficultas navigandi. Cæs. bell. Gall. l. III, c. 12.
3. Cæs. bell. Gall. l. III, c. 14.

du flot; les bancs étaient construits avec des poutres d'un pied d'équarrissage, rattachées par des chevilles de fer de la grosseur du pouce. Au lieu de câbles c'étaient des chaînes de fer qui retenaient les ancres. Les voiles étaient de peau préparée et amincie, soit faute de lin, soit ignorance de l'art de tisser, soit plutôt que les Vénètes crussent trop difficile de gouverner avec toute autre voilure, des bâtimens si chargés et devant soutenir des vents si pesans, si violens et le choc d'une mer si orageuse. La seule supériorité des vaisseaux romains, était dans l'agilité de leurs rameurs: mais l'éperon qui faisait leur principale force dans le combat était de nul effet contre ces masses solides. Elles avaient de plus, par leur construction élevée, l'avantage d'être à l'abri des traits; et la même raison rendait plus difficile de les saisir et de les arrêter par des crampons. Enfin quand elles étaient surprises par un vent violent, elles soutenaient sans peine la tourmente, s'arrêtaient sans crainte sur les laisses de la basse mer, et au moment du reflux ne redoutaient ni les brisans, ni les rochers, dangers que les navires romains n'osaient braver [1].

Cependant le signal du combat fut donné et les flottes se mêlèrent. Une égale ardeur, un égal aiguillon de patriotisme ou de gloire animait les deux partis; car les Gaulois pouvaient voir dans

---

1. Cæs. ibid. l. III, c. 13.

le lointain leurs femmes, leurs enfans, leurs pères qui leur tendaient les bras du haut des murailles de leur ville; et les Romains combattaient sous les yeux de César et des légions qui couvraient les dunes du rivage, d'où l'œil plongeait sur toute cette mer. Les Romains attaquèrent d'abord avec l'éperon; mais ils ne tardèrent pas à y renoncer. Ils avaient établi sur leurs navires des tours du haut desquelles ils lançaient des projectiles de toute espèce; mais ces tours pouvaient à peine atteindre la poupe des vaisseaux vénètes; leurs traits étaient presque tous perdus; tandis que ceux de l'ennemi frappaient sûrement et mortellement. Une seule invention leur fut d'un grand secours. Ils avaient fabriqué des faux bien affilées, fixées à des longues perches et assez semblables à celles qu'on employait dans les sièges [1]; les soldats romains engageaient ces faux dans les cordages qui attachaient au mât les vergues des vaisseaux gaulois. Le navire ainsi saisi et accroché, ils forçaient de rames; les cordages cédant au tranchant du fer, la vergue tombait; alors le navire qui n'avait de défense que par sa voile et sa mâture, perdait d'un seul coup tout moyen de résistance et d'action; et l'affaire se trouvait réduite à un combat de pied ferme,

---

1. Veget. l. IV, c. 14; l. v, c. 15.—Tit. Liv. l. XXXVIII, c. 41.

où le légionnaire prenait aisément le dessus [1]. [56.]

A mesure qu'un vaisseau gaulois se trouvait ainsi dépouillé de ses agrès, il était entouré par deux ou trois galères ennemies, et les légionnaires romains se précipitaient à l'abordage. Un assez grand nombre ayant été pris par cette manœuvre, et les Armorikes ne voyant aucun moyen de s'en garantir, ils résolurent de rentrer au port. Mais la fortune même sembla prendre à tâche de compléter leur défaite. Déjà leurs vaisseaux avaient tourné la poupe, pour prendre le vent arrière, lorsque tout-à-coup il survint un calme plat qui les rendit immobiles; les Romains purent alors les aborder successivement; presque tous furent enlevés, ou brûlés ou coulés bas [2]; quelques-uns seulement, quand la nuit fut survenue, parvinrent à gagner la terre. Il y eut peu de prisonniers; une partie des équipages se jeta dans la mer pour échapper à la servitude ou à l'épée de l'ennemi [3]. Le combat avait duré depuis la quatrième heure [4] jusqu'au coucher du soleil [5].

---

1. Cæs. bell. Gall. l. III, c. 14. — Strab. l. IV, p. 195. — Dio. l. XXXIX, p. 110.—Oros. l. VI, c. 8.
2. Τὰ μὲν σκάφη ἀνερρήγνυντο ἐμβαλλόμενα, τὰ δὲ κατεπίμπραντο ὑφαπτόμενα... Dio. l. XXXIX, p. 110. — Incensis navibus... Oros. l. VI, c. 8.
3. Οἱ δὲ εἰς τὴν θάλασσαν ἐξεπήδων. Dio. l. XXXIX, p. 111.
4. Dix heures du matin.
5. Cæs. bell. Gall. l. III, c. 15.—Flor. l. III, c. 10.

56. Cette bataille termina la guerre des Vénètes et des états maritimes de l'ouest; car toute la jeunesse, toute l'élite des nations armoricaines avait péri avec la flotte. Ceux qui survivaient, sans navires, sans moyens de défense, ne pouvant ni fuir, ni résister à un double siège, se rendirent à César. Mais ils ne trouvèrent dans ce Romain, dont les amis vantaient si haut la clémence, qu'un vainqueur barbare et sans pitié. Il fit expirer dans les supplices tous les membres de leur sénat [1]; et le reste de la population, vendu à l'enchère, alla, sous le fouet des traficans d'esclaves, garnir les marchés de la Province ou de l'Italie [2].

A l'instant même où le bruit de la défaite navale et de l'extermination du peuple vénète se répandait dans les cités amoricaines, celui d'une seconde défaite non moins désastreuse porta au comble la douleur des Gaulois. On apprit que l'armée opposée à Titurius Sabinus dans le nord de l'Armorike venait d'être complètement détruite; et ce coup était d'autant plus accablant que la situation des choses avait fait concevoir jusque-là de grandes espérances.

A l'époque où Sabinus, à la tête de trois lé-

---

[1]. Omni senatu necato. Cæs. bell. Gall. l. III, c. 16.—Principibus per tormenta interfectis... Paul. Oros. l. VI, c. 8.

[2]. Reliquos sub coronâ vendidit. Cæs. bell. Gall. l. III, c. 16.—Paul. Oros. l. VI, c. 8.—Dio. l. XXXIX, p. III.

gions, entra sur le territoire des Unelles, les Aulerkes, les Éburovikes, et les Lexoves, suivant le traité d'alliance, s'armèrent avec empressement pour leur porter secours. Mais, au mépris du même traité, les sénats qui gouvernaient ces nations, gagnés par la peur ou par l'argent, défendirent à leurs peuples de prendre les armes, et déclarèrent leur intention bien arrêtée de rester en paix avec les Romains¹. Cette conduite excita une vive indignation; les Éburovikes, les Aulerkes, les Lexoves se soulevèrent contre leurs magistrats, et les mirent à mort²; ayant ensuite mis leurs villes en état de défense, ils allèrent se joindre aux Unelles que commandait Viridovix. Ce chef avait déjà vu accourir autour de lui nombre de paysans du nord et du centre de la Gaule, qui désertaient les travaux de la campagne, pour venir combattre l'étranger loin de leurs foyers, et que celui-ci dans sa colère traitait de vagabonds, d'hommes perdus et de brigands³. Ce fut à l'aide de cette armée que Viridovix arrêta d'abord l'invasion de Sabinus.

1. Quòd auctores belli esse nolebant. Cæs. bell. Gall. l. III, c. 17.
2. Senatu suo interfecto, portas clauserunt seque cum Viridovice conjunxerunt. Cæs. bell. Gall. l. III, c. 17.
3. Magna multitudo undique ex Galliâ perditorum hominum latronumque convenerant, quos spes prædandi studiumque bellandi ab agriculturâ quotidianoque labore revocabat. Cæs. bell. Gall. l. III, c. 17.

56. Celui-ci, jugeant prudent de ne point s'exposer à un combat, se tint renfermé dans un camp bien choisi et bien fortifié; Viridovix campait à deux milles de lui. Tous les jours le chef armoricain rangeait ses troupes et présentait la bataille, mais vainement, et déjà Sabinus, méprisé des Gaulois, était en butte aux sarcasmes des siens. L'opinion qu'il donna de sa peur fut telle que les Gaulois osèrent approcher jusqu'au pied des palissades en raillant et provoquant ses soldats. Son inaction et en quelque sorte le blocus de son camp durèrent plusieurs mois.

La timidité de Sabinus n'était rien moins que simulée; pourtant, quand il la vit bien établie dans l'esprit de ses ennemis, il imagina d'en profiter. Il choisit parmi les Gaulois auxiliaires un homme rusé, propre à cette mission délicate[1]. Par présens et par promesses, il lui persuade de passer au quartier de Viridovix, et lui donne ses instructions. Le Gaulois consent. Admis comme transfuge, il exagère la terreur des Romains, « César, dit-il, est lui-même pressé par les Vénètes; « et pas plus tard que la nuit suivante, Sabinus « doit plier bagage et partir clandestinement pour « lui porter secours. » Les confédérés, à ce récit,

---

1. Idoneum quemdam hominem et callidum Gallum, ex his quos auxilii causâ secum habebat. Cæs. bell. Gall. l. III, c. 18.

s'écrient tout d'une voix qu'il ne faut pas perdre une si belle occasion, qu'il faut marcher sur le camp romain[1]; aux motifs tirés du rapport du transfuge s'en joignait un autre non moins pressant, le manque de vivres qui commençait à se faire sentir dans l'armée gauloise. Ils ne laissent point sortir du conseil Viridovix et les autres chefs, que ceux-ci n'aient consenti à ordonner l'attaque. Joyeux alors, ils courent, comme à une victoire assurée, en poussant de grands cris, et chargés de fascines pour combler le fossé[2].

Le camp était situé sur une hauteur qui s'élevait par une pente douce d'environ mille pas; les Gaulois s'y portent à toute course, pour ne pas laisser aux légions le temps de s'armer et de se ranger; ils arrivent tout hors d'haleine, fatigués et embarrassés du fardeau qu'ils portaient. Les troupes romaines sortirent alors avec impétuosité; l'avantage du lieu et la lassitude de l'ennemi contribuèrent non moins que leur courage à décider le succès. Les Gaulois purent à peine soutenir le premier choc, ils tournèrent le dos; le soldat romain, qui avait toutes ses forces, les atteignit aisément et en tua un grand nombre. La cavalerie survint et acheva la défaite : peu échappèrent par

---

1. Conclamant omnes occasionem negotii benè gerendi amittendam non esse : ad castra iri opportere. Cæs. bell. Gall. l. III, c. 18.
2. Idem, ibid.

la fuite. La confédération armoricaine battue sur mer, battue sur terre, courba la tête sous le joug et fit sa soumission à César[1].

Les douze cohortes de P. Crassus avaient plus que suffi pour prévenir tout mouvement le long de la côte, entre la Loire et la Garonne; les Pictons et les Santons avaient livré, sans aucune résistance, tous leurs navires à Brutus[2]. Tranquille de ce côté, Crassus résolut de tenter la conquête de l'Aquitaine; il rassembla des vivres, leva de la cavalerie dans la Province et chez les nations alliées, et se fit fournir, par les villes de Tolose, de Carcassonne, de Narbonne, des hommes connaissant bien le pays, qui pussent lui servir de guides; il entra alors sur les terres des Sotiates[3], les défit dans une première bataille, et mit le siège devant leur ville. Elle était forte par sa situation, et fut défendue avec bravoure; habiles, comme tous les Aquitains, aux travaux des mines, les assiégés tantôt poussaient des galeries souterraines sous les tranchées de l'ennemi, tantôt l'inquiétaient par de vives sorties, et traînèrent ainsi le siège en longueur. Lorsqu'ils virent enfin que la constance des soldats romains rendait tous leurs ef-

---

1. Cæs. bell. Gall. l. III, c. 19. — Dio. l. XXXIX, p. 113. — Frontin. Stratag. l. III, c. 17, § 7.
2. Cæs. bell. Gall. l. III, c. 11.
3. Peuple de Lectoure.

forts inutiles, ils députèrent vers Crassus, lui demandant de les recevoir à capitulation, et sur son ordre, ils livrèrent d'abord leurs armes. Mais, pendant les pourparlers, le roi des Sotiates, Adcantuan, indigné contre ses compatriotes, et refusant de souscrire aux conditions imposées, par un acte de courage désespéré, sortit de la ville avec six cents de ces hommes dévoués, que les Aquitains appelaient *Saldunes*[1], et se jeta sur les avant-postes romains. Le cri qui s'éleva de ce côté, fit courir les légions aux armes. Le combat fut rude, et Adcantuan repoussé dans la ville. Crassus pourtant, en considération de sa bravoure, consentit à le comprendre ensuite dans la capitulation générale[2].

La soumission des Sotiates, regardés comme la plus redoutable des nations aquitaniques, alarma grandement les autres. Leurs voisins, les Vocates[3] et les Tarusates[4], voyant que la guerre allait

---

1. Devoti quos illi *Soldurios* appellant. Cæs. l. III, c. 22.—Athénée, d'après Nicolas de Damas, leur donne le nom de *Silodunes*, Οὓς καλεῖσθαι τῇ πατρίῳ γλώττῃ Σιλοδούνους (l. VI, c. 17). En basque *Zaldi* ou *Saldi* signifie cheval ; *Salduna*, un cavalier, un chevalier ; Voyez ci-dessus, part. II, c. 1, p. 14, où il faut lire *Saldunac* au lieu de *Saldunæ*.

2. Cæs. bell. Gall. l. III, c. 20, 21, 22.

3. *Vocates* appelés ensuite *Bazates* ou *Vazates*; les habitans du Bazadois.

4. Les habitans de *Tursan*, dont la capitale était *Aturres*, *Aires* en Gascogne.

56. passer chez eux, envoyèrent des émissaires sur tous les points de l'Aquitaine, firent des alliances, donnèrent et prirent des otages, et rassemblèrent des forces imposantes; s'étant également adressés à leurs frères d'Espagne, ils reçurent des Cantabres[1] une armée auxiliaire assez considérable, et ce qui était plus encore pour eux, quelques-uns de ces chefs espagnols qui, long-temps compagnons d'armes de Sertorius, passaient pour des généraux consommés[2]. Par l'adjonction des auxiliaires cantabres, les troupes unies de l'Aquitaine s'élevèrent à cinquante mille hommes[3]. Dirigés par les chefs espagnols, elles se mirent à prendre des positions, à fortifier des camps, à inquiéter l'ennemi pour les subsistances. Cette guerre de tactique n'était nullement du goût de Crassus, qui n'avait pas assez de troupes pour rester maître de la campagne; il sentit qu'il serait contraint d'évacuer bientôt le pays, s'il ne se hâtait de gagner une bataille. Il assembla le conseil des légions, où l'on fut unanimement d'avis qu'il fallait tout

---

1. Aujourd'hui les *Biscayens*.

2. Duces ii deliguntur, qui unà cum Q. Sertorio omnes annos fuerant, summamque scientiam rei militaris habere existimabantur. Cæs. bell. Gall. l. III, c. 23.

3. Millium quinquaginta numero ex Aquitaniâ Cantabrisque convenisse constabat. Cæs. bell. Gall. l. III, c. 26. — Paul. Oros l. VI, c. 8.

tenter pour amener une action décisive; et les soldats reçurent l'ordre de se préparer pour le lendemain.

Au point du jour, l'armée romaine sortit, se rangea sur deux lignes et attendit, immobile, ce que ferait l'ennemi. La confiance ne manquait point aux Aquitains; ils en trouvaient d'assez grands motifs dans leur nombre et dans les souvenirs de leur ancienne gloire; car ils se rappelaient avec orgueil qu'ils avaient détruit une armée romaine et fait fuir un proconsul romain, durant la guerre de Sertorius; mais les chefs les dissuadèrent de combattre : ils leur firent comprendre que la victoire était plus sûre, sans coup férir, en continuant à fermer les passages, à intercepter les convois. « Si la famine, disaient-ils, « force les Romains à la retraite, nous les attaque- « rons en pleine marche, sous la charge du bagage « et déjà vaincus par le découragement. » Les Aquitains, approuvant la sagesse de ce conseil, laissèrent les légions en bataille, et restèrent dans leurs retranchemens. Mais Crassus, pressé d'en finir, à tout prix, donna le signal de l'attaque, et marcha vers le camp ennemi[1].

Les soldats romains se précipitèrent à l'assaut avec une incroyable ardeur; les uns comblent le

---

1. Cæs. bell. Gall. l. III, c. 24.

fossé, tandis que d'autres, par une grêle de traits, écartent l'ennemi du rempart et du parapet; les auxiliaires gaulois qui inspiraient quelque défiance sont employés à fournir des traits et des pierres, et à porter des fascines; les assiégés se défendent vaillamment et leurs traits jonchent de cadavres romains le tour des palissades. Crassus ne faisait aucun progrès, lorsque des cavaliers viennent lui donner avis que les derrières du camp aquitain sont faiblement gardés et les abords faciles. Il envoie alors de ce côté quatre cohortes fraîches, leur recommandant de prendre un long détour pour cacher leur marche; elles arrivent, forcent la porte, et se trouvent dans le camp avant que les assiégés, uniquement occupés du combat, aient pu les apercevoir et apprendre ce qui se passe. Avertis par les cris de leurs compagnons, les assiégeans redoublent d'efforts : ils pressent l'ennemi, qui, bientôt enveloppé de toutes parts et perdant courage, se précipite du haut des remparts et cherche son salut dans la fuite. La cavalerie romaine atteignit les fugitifs en rase campagne, et en laissa à peine échapper le quart [1].

Au bruit de cette victoire, une grande partie de l'Aquitaine se rendit à Crassus. Tous ces peu-

---

1. Cæs. bell. Gall. l. III, c. 25 et 26. — Dio. l. XXXIX, p. 112. — Florus. l. III, c. 10. — Paul. Oros. l. VI, c. 8.

ples, Tarbelles¹, Bigerrions², Précians³, Vocates, Tarusates, Élusates⁴, Garites⁵, Auskes⁶, Garumnes, Sibuzates⁷, Cocosates⁸, lui envoyèrent des otages; quelques états éloignés se fiant sur la saison avancée furent les seuls qui s'en dispensèrent.

Cependant le mouvement imprimé par les cités armoricaines durait encore sur quelques points de la côte belgique. Les Ambiens⁹ avaient mis bas les armes; mais les Morins et les Ménapes restaient assemblés et n'avaient point envoyé de députés aux Romains. Quoique l'hiver fût près de commencer, César marcha contre eux. Ces deux nations, voyant tant de cités puissantes qui avaient essayé de la guerre régulière vaincues et domptées, adoptèrent un tout autre système; elles se retirèrent avec leurs provisions et leurs biens dans les bois et les marécages qui couvraient une partie de leur pays. Arrivé à l'entrée de ces forêts, le proconsul commençait à établir et à retrancher

---

1. V. ci-dessus part. II, c. 1, p. 12.
2. V. ci-dessus part. II, c. 1, p. 12.
3. Peuple inconnu.
4. Peuple du pays d'*Euse* ou *Eause*.
5. Peuple du comté de *Gaure*.
6. V. ci-dessus part. II, c. 1, p. 12.
7. Peuple de *Sobusse* entre *Dax* et *Bayonne*.
8. Peuple de *Marensim*, à huit lieues de Dax.
9. V. ci-dessus part. II, c. 1, p. 40 et suiv.

son camp, lorsqu'il fut attaqué brusquement ; les légions saisirent leurs armes et parvinrent à repousser les assaillans ; mais s'étant engagées dans des lieux embarrassés elles perdirent beaucoup de monde [1].

Les jours suivans César se mit à faire abattre la forêt, et afin que les travailleurs désarmés ne pussent pas être surpris, il ordonna d'amonceler à mesure tout le bois coupé pour en former un rempart sur les deux flancs. On poussa l'ouvrage avec activité et un immense abatis fut fait en quelques jours. Déjà César atteignait les troupeaux des Belges et la queue de leurs bagages, tandis qu'ils s'enfonçaient eux-mêmes dans l'épaisseur de la forêt, mais des pluies orageuses survinrent ; il se vit contraint de discontinuer l'ouvrage ; et bientôt il ne lui fut plus possible de tenir le soldat sous la tente. Ayant donc ravagé tout le pays et brûlé les habitations, il ramena son armée en quartier d'hiver sur les terres des Lexoves, des Aulerkes et des autres peuples qui s'étaient récemment soulevés ; puis il partit pour l'Italie [2].

55. Les Ménapes étaient à peine délivrés de la présence des troupes romaines, qu'un nouvel ennemi leur tomba subitement sur les bras. Plus violemment que jamais, les guerres acharnées que les

1. Cæs. bell. Gall. l. III, c. 28.
2. Cæs. bell. Gall. l. III, c. 29.—Flor. l. III, c. 10.

tribus germaniques se livraient entre elles bouleversaient le territoire d'Outre-Rhin. La puissante ligue des Suèves faisait alors tout trembler et tout plier sous ses armes; elle réduisait ses voisins à lui payer tribut ou à se retirer devant elle. Les Usipètes et les Tencthères, après une longue résistance, cédèrent enfin à ce torrent; chassés de leurs terres, et, poussés pendant trois ans de canton en canton dans les forêts de la Germanie, ils arrivèrent près de l'embouchure du Rhin, au nombre de quatre cent trente mille têtes. Les Ménapes, comme on l'a vu, habitaient la rive gauloise du fleuve vers son cours inférieur; ils possédaient aussi sur l'autre rive des cultures et quelques villages. A l'approche de la horde émigrante, ils abandonnèrent avec effroi leurs habitations situées au nord du Rhin, et tous leurs guerriers accoururent en masse défendre la rive méridionale. Les Germains mirent tout en œuvre pour effectuer le passage; vainement, car ils manquaient de bateaux, et les gués étaient bien gardés. Ils feignirent donc de retourner sur leurs pas; mais après trois jours de marche, ils reparurent subitement. Cependant les Ménapes, accoutumés de la part des Germains à ces attaques brusquement entreprises et aussitôt abandonnées, croyant la horde déjà bien loin, avaient repassé le Rhin, et étaient rentrés paisiblement dans leurs demeures.

55. Assaillis à l'improviste, tous furent massacrés, et leurs barques servirent aux Germains pour gagner l'autre bord, qui n'était plus défendu; avant que les Belges eussent pu s'armer et se réunir, l'ennemi était maître du pays.

Cet événement, dont les suites pouvaient être importantes dans l'état de mécontentement où la majorité des cités gauloises se trouvait à l'égard des Romains, causa une sensation profonde et générale. Du Rhin aux Pyrénées, on se demandait avec inquiétude ce qu'il fallait faire : rejeterait-on les Germains au-delà du fleuve? laisserait-on cette tâche à César; ou même se servirait-on de cette horde désespérée pour l'opposer aux Romains, et allumer par elle une guerre qui pourrait devenir nationale? Dans les cités du centre et de l'ouest, on arrêtait les voyageurs, on questionnait les marchands qui arrivaient du nord; des paroles d'indépendance, des bruits hostiles aux Romains circulaient de bouche en bouche; des conciliabules se formaient entre les villes. Plusieurs nations envoyèrent même des députés aux Usipètes et aux Tencthères, pour les inviter à s'avancer dans l'intérieur de la Gaule, les assurant que tout ce qu'ils demanderaient leur serait accordé [1]; et déjà, d'après les conseils de ces cités,

---

1. Missas legationes à nonnullis civitatibus ad Germanos, invi-

les Germains commençaient à ravager le territoire des Trévires que leur conduite ambiguë rendait non moins suspects au parti national, qu'ils pouvaient l'être au parti romain'.

César, instruit de toutes ces choses par ses lieutenans, sentit que sa présence en Gaule était indispensable; s'arrachant donc à cette foule de courtisans de tout rang qui, dans l'intervalle de ses campagnes, accouraient à Lucques ou à Pise l'aduler et conspirer avec lui l'asservissement prochain de Rome, malgré l'hiver encore rigoureux, il repassa les Alpes. A son arrivée, il convoqua les principaux chefs des cités gauloises, et en politique habile, feignant d'ignorer tout ce qu'il savait², il les encouragea, les flatta et finit par ordonner la levée d'une nombreuse cavalerie. Les troupes réunies, il se mit en marche pour le Rhin.

Lorsqu'il n'en fut plus qu'à peu de journées, il vit venir à lui des députés des Tencthères et des Usipètes, chargés de lui déclarer, au nom de ces peuples : « qu'ils ne s'armeraient pas les premiers « contre les Romains, mais qu'attaqués, ils ne re- « fuseraient pas la guerre; que c'était une vieille

---

tatosque eos uti ab Rheno discederent; omniaque, quæ postulassent, ab se fore patrata. Cæs. bell. Gall. l. ɪv, c. 6.

1. Idem, loc. citat.

2. Principibus Galliæ evocatis, Cæsar, ea quæ cognoverat, dissimulanda sibi existimavit. Cæs. bell. Gall. l. ɪv, c. 6.

« coutume qu'ils tenaient de leurs ancêtres, de se
« mesurer avec quiconque les provoquait, et de
« ne jamais recourir à la prière. » Ils ajoutèrent :
« qu'ils n'avaient quitté leur pays que malgré eux
« et par violence; qu'ils pouvaient être des amis
« utiles à qui voudrait vivre en bonne intelligence
« avec eux; qu'ils seraient des ennemis redouta-
« bles à qui viendrait les attaquer sans sujet. Tout
« ce qu'ils demandaient c'était qu'on leur laissât
« des terres qu'ils avaient conquises par leur bra-
« voure, ou qu'on leur en assignât d'autres. Nous
« ne le cédons qu'aux seuls Suèves, à qui les dieux
« mêmes ne résisteraient pas, s'écriaient leurs
« ambassadeurs avec fierté; quant à tout autre
« ennemi, il n'en est pas sur la terre qui ne doive
« trembler devant nos armes[1]. »

La réponse de César fut celle d'un maître, qui
ouvre ou ferme à sa volonté l'entrée de ses domaines. « Je ne puis, dit-il aux Germains, faire avec
« vos nations aucun traité tant qu'elles seront sur
« le sol gaulois. Il n'est pas juste que ceux qui
« n'ont pas su défendre leur bien s'emparent du
« bien d'autrui; d'ailleurs il n'y a ici aucun ter-
« rain vacant, surtout pour y transplanter une
« telle multitude. » Il ajouta : « qu'ils pouvaient

---

[1]. Sese unis Suevis concedere, quibus ne Dii quidem immortales pares esse possint; reliquum quidem in terris esse neminem, quem non superare possint. Cæs. bell. Gall. l. IV, c. 7.

« se retirer vers le territoire des Ubes, dont les
« envoyés se plaignaient, en ce moment, des vio-
« lences des Suèves, et lui demandaient assistance;
« qu'il se chargeait d'obtenir le consentement de
« la nation ubienne[1]. »

Les députés parurent écouter sans trop de ré-
pugnance la proposition du général romain; ils lui
demandèrent seulement de suspendre sa marche
pendant trois jours, afin qu'ils pussent consulter
leurs compatriotes et lui rapporter la réponse. César s'y refusa: sachant qu'une partie de leur cavalerie avait été envoyée depuis quelques jours au
midi de la Meuse pour chercher des vivres, et
faire du butin sur les terres des Ambivarites[2], il
en inférait qu'ils attendaient le retour de cette
troupe, et ne voulaient que gagner du temps. Il
continua sa marche, et n'était plus qu'à douze
milles du camp germain, quand les députés revinrent avec la réponse de leurs nations; ils le
conjurèrent de ne point se porter plus avant;
et ne l'obtenant pas, ils insistèrent pour que du
moins la cavalerie qui formait l'avant-garde romaine s'abstînt de commencer les hostilités ce
jour-là : « les Usipètes et les Tencthères, disaient-
« ils, allaient députer vers les Ubes; et, dans le
« cas où ce peuple consentirait à les recevoir sous

---

1. Idem, ub. supr. c. 8.
2. Tribu inconnue.

« la foi du serment, ils s'engageaient à accepter ce « que César lui-même proposait. » Le proconsul répondit qu'il devait s'avancer ce jour-là encore quatre milles pour trouver de l'eau, et qu'il ne dépasserait pas ce terme; il leur dit aussi de revenir en plus grand nombre le lendemain afin de s'expliquer plus en détail sur ce qu'il convenait de faire. Ce fut donc une véritable trêve qu'il conclut avec eux [1].

La cavalerie romaine était composée de cinq mille hommes; dans le cours de la journée, elle rencontra un corps de huit cents cavaliers germains : les deux troupes engagèrent le combat. Les Romains prétendirent que les premiers coups n'étaient pas partis de leurs rangs, que l'ennemi était seul coupable de la violation de l'armistice; et leurs historiens, en conséquence, s'étudient à représenter les cavaliers germains comme des jeunes gens téméraires, insubordonnés, qui se seraient portés à cet acte de perfidie, malgré les conseils de leurs vieillards et l'ordre de leurs chefs. Mais en supposant à ces jeunes gens la témérité la plus insensée, quelle apparence y a-t-il que huit cents hommes fussent venus de gaieté de cœur se risquer contre cinq mille, et cela pour rompre des négociations qui, sincères ou feintes, étaient d'un si haut intérêt pour leurs compa-

---

1. Cæs. bell. Gall. l. iv, c. 9, 11.

triotes et que ceux-ci avaient eu tant de peine à nouer? Quel que fût au reste l'agresseur, le combat s'engagea vivement. D'abord les Germains, suivant leur coutume, sautèrent à terre, et, l'épée au poing, se mirent à éventrer les chevaux et à tuer les cavaliers; ils jetèrent beaucoup de désordre dans les rangs ennemis, mais ils auraient succombé inévitablement sous le nombre, si les auxiliaires gaulois n'eussent fait brusquement volte-face, se sauvant à toute bride vers le camp. Ceux qui étaient déjà aux prises ou qui voulurent faire bonne contenance dans la retraite, eurent beaucoup à souffrir; un grand nombre furent blessés, soixante-quatorze périrent, et parmi ces derniers un Aquitain d'antique et illustre famille, dont l'aïeul avait été roi, et avait reçu du sénat romain le titre d'ami; lui s'était fait Romain; il avait pris un patron romain, avec le nom de Pison, et commandait, sous César, un corps d'auxiliaires aquitains. Pison, voyant son frère enveloppé par un gros de Germains, lui porta secours et le dégagea; mais ayant eu son cheval tué sous lui, il fut renversé et percé de coups. Son frère, qui était déjà hors de la mêlée, l'ayant aperçu de loin, revint à son tour au milieu des ennemis et se fit tuer[1].

A l'aspect de sa cavalerie en pleine déroute, César fut transporté d'une violente colère. Dans

---

1. Cæs. l. IV, c. 12.

55. le fond de son ame, il accusait de tout ce qui arrivait la mauvaise volonté ou, selon son expression, « l'inconstance » des Gaulois. Il voyait bien qu'au dehors, l'intérêt des peuples belges se portait sur ses ennemis[1]; et au milieu même de son camp, il entendait ses auxiliaires exalter la bravoure des Germains pour décourager ses soldats. Il sentit qu'il ne devait leur laisser le temps ni d'affaiblir la confiance des légions, ni de prendre pour eux-mêmes un parti décisif[2]; mais dissimulant soigneusement ses appréhensions secrètes, il parut concentrer tout son ressentiment sur les Germains. « Ces perfides, disait-il, n'étaient venus implorer « la paix que pour le trahir et le surprendre[3]. « Leur joie pourtant ne serait pas longue, car il « y aurait une vraie démence à différer encore, à « patienter bénévolement, jusqu'à ce que leur ca- « valerie fût de retour. » Ayant convoqué ses lieutenans et son questeur, il décida, de concert avec eux, qu'il fallait saisir la première occasion de livrer bataille.

César en épiait une et, suivant ses propres

---

1. Cognitâ Gallorum infirmitate, quantùm jàm apud eos hostes uno prælio auctoritatis essent consecuti, sentiebat. Cæs. l. iv, c. 13.

2. Quibus ad consilia capienda nihil spatii dandum existimabat. Cæs. ibid.

3. Qui, petitâ pace, ultrò bellum intulissent. Cæs. l. c.

paroles, une très-favorable [1]; car c'était le lendemain matin que les négociateurs des Tencthères et des Usipètes devaient se rendre auprès de lui. Ils arrivèrent effectivement en grand nombre, tous recommandables par leur âge et par leurs hautes dignités, demandant à s'expliquer sur le combat de la veille, et protestant qu'ils n'avaient point à se reprocher la violation de la foi jurée [2]. César, sans vouloir les entendre, donna l'ordre de les mettre aux fers; puis il fit sortir toutes ses troupes, plaça la cavalerie gauloise en surveillance à l'arrière-garde [3], rangea les légions sur trois colonnes; et par une marche précipitée de huit milles, il arriva en vue de l'ennemi.

Rien ne saurait exprimer l'étonnement et l'effroi des Germains, lorsqu'au lieu de leurs députés, dont ils attendaient le retour, ils virent s'avancer rapidement les enseignes romaines. Aucun plan n'avait été arrêté, aucune disposition n'était prise pour la défense. Incertains s'ils devaient sortir du camp pour combattre, ou s'y retrancher, ou faire retraite, ils hésitaient, se croisaient, s'embarrassaient mutuellement. Cependant le péril devenait d'instant en instant plus menaçant, et d'instant en instant les chances de salut diminuaient.

---

1. Opportun ssima res. Cæs. l. iv, c. 13.
2. Sui purgandi causâ. Cæs. ibid.—Dio. l. xxxix, p. 113.
3. Equitatum... agmen subsequi jussit. Cæs. ub. sup.

55. Au bruit confus qui s'élevait du camp, au désordre des postes extérieurs, les soldats romains devinèrent aisément à quelle épouvante leur ennemi était en proie; et cette idée augmenta leur ardeur. Le combat commença : les Germains ayant enfin saisi leurs armes, et s'étant rangés parmi les chariots et les bagages, cherchèrent à soutenir le choc; quant aux femmes et aux enfans, ils se précipitèrent par les derrières du camp, et se mirent à fuir dans la direction du Rhin : César les aperçut, et envoya sa cavalerie charger cette multitude sans défense[1].

Cependant les guerriers germains, opposés aux légions, entendant les clameurs qui s'élevaient de l'autre extrémité du camp, tournèrent la tête; ils virent leurs femmes et leurs enfans sabrés par la cavalerie romaine; et ce spectacle leur enleva le peu de force qui leur restait[2]. Jetant leurs enseignes, abandonnant leurs chefs, ils coururent en désordre de ce côté; leur fuite dura jusqu'à ce qu'ils eussent atteint la rive du Rhin, au confluent de ce fleuve et de la Meuse. Arrêtée là par une double barrière et ne sachant où se réfugier, la horde fugitive périt toute entière; une partie

---

1. Reliqua multitudo puerorum mulierumque passim fugere cœpit; ad quos consectandos Cæsar equitatum misit. Cæs. l. IV, c. 14.

2. Germani, post tergum clamore audito, quùm suos interfici viderent... Cæs. l. IV, c. 15.

tomba sous l'épée et le javelot; plusieurs essayèrent de traverser les fleuves à la nage, mais en vain : la fatigue, l'effroi, la rapidité du courant les firent submerger. Les Romains, sans perte d'un seul homme, avec très-peu de blessés, rentrèrent dans leur camp, ayant ainsi terminé en quelques heures une guerre qui leur avait causé d'abord tant d'inquiétude [1].

Aucune bataille n'avait coûté moins de sang à César, mais aucune ne lui rapporta moins de gloire. Les circonstances qui l'avaient précédée, les circonstances qui l'accompagnèrent présentaient un côté peu honorable pour sa loyauté. Cet homme, vengeur si scrupuleux du droit des gens, lorsqu'il intéressait lui et les siens; qui avait fait torturer tout un sénat, vendu à l'encan toute une nation, parce qu'en retenant quelques agens et espions romains, cette nation avait cru pouvoir recouvrer des otages qu'on lui avait enlevés contre toute justice : ce même homme dressait un guet-apens à des ambassadeurs, et accordait des trèves pour les violer; ce Romain dont la clémence faisait tant de bruit parmi les siens, traitait des troupeaux de femmes et d'enfans fugitifs, avec plus de rigueur qu'on ne traite des soldats vaincus dans une

[55.]

---

1. Ex tanti belli timore... Cæs. l. IV, c. 15. — Epitom. Tit. Liv. c. v. — Plut. in Cæs. p. 718. — Appian. bell. Gall. — Dio. Cass. l. XXXIX, p. 112, 113. — Paul. Oros. l. VI. c. 9.

guerre sans quartier. Ces accusations couraient de bouche en bouche dans la Gaule, et se mêlaient aux regrets d'une occasion échappée et d'une espérance déçue. En Italie, et jusque dans le sénat de Rome, des ames honnêtes, en petit nombre, il est vrai, ressentirent une indignation non moins vive et osèrent l'exprimer. Lorsque, après la lecture des dépêches de César, les sénateurs votèrent que des actions de graces seraient adressées aux dieux, en reconnaissance de cette victoire : « Des actions de graces ! s'écria Caton ; « votez plutôt des expiations ! Suppliez les dieux « de ne pas faire peser sur nos armées le crime « d'un général coupable. Livrez, livrez César aux « Germains afin que l'étranger sache que Rome ne « commande point le parjure, et qu'elle en re- « pousse le fruit avec horreur[1] ! »

Pour disculper César, ses amis romains prétextaient la situation critique où lui et son armée s'étaient trouvés, et les nombreux exemples qui militaient en sa faveur. Mais, en deçà des Alpes, ses partisans se taisaient. Le prestige qui avait ouvert à la république la conquête de ce pays s'effaçait chaque jour davantage; la

---

1. Γανύσιος δὲ λέγει Κάτωνα, τῆς βουλῆς ἐπὶ τῇ νίκῃ ψηφιζομένης ἑορτὰς καὶ θυσίας, ἀποφήνασθαι γνώμην, ὡς ἐκδοτέον ἐστὶ τὸν Καίσαρα τοῖς βαρβάροις, ἀφοσιουμένους τὸ παρασπόνδημα ὑπὲρ τῆς πόλεως, καὶ τὴν ὀρὰν εἰς τὸν αἴτιον τρέποντας. Plut. in Cæs. p. 718.

haine gagnait, et quand Rome crut avoir dompté tous ses ennemis, en soumettant le nord et l'ouest de la Gaule, elle s'aperçut qu'il lui en restait de plus acharnés, ses anciens amis.

César compléta sa victoire en passant le Rhin avec son armée et jetant l'épouvante parmi les nations germaniques voisines du fleuve¹. Mais comme l'été inclinait vers sa fin et qu'il était trop tard pour commencer une campagne en Germanie où les hivers étaient rigoureux et précoces, il rentra aussitôt en Gaule². S'étant rappelé pourtant qu'il avait une vengeance à tirer des habitans de l'île de Bretagne, qui avaient fourni des secours à ses ennemis, notamment aux Vénètes, l'année précédente³, il résolut de faire, avant l'hiver, un débarquement sur leurs côtes. Ses lieutenans eurent ordre de mettre en état la flotte construite dans la guerre contre les Armorikes, et de ramasser le plus qu'ils pourraient de vaisseaux de transport gaulois : lui-même se rendit avec toutes ses troupes sur la pointe de la côte des Morins, où il savait que le détroit de Bretagne était le moins large et

---

1. Cæs. l. IV, c. 16, 17, 18, 19.—Tit. Liv. Epit. c. v.—Plut. l. c. — Dio. Cass. l. XXXIX, p. 113. — Flor. l. III, c. 10. — Paul. Oros. l. IV, c. 9.

2. Cæs. l. IV, c. 20.

3. Quòd, omnibus ferè Gallicis bellis, hostibus nostris indè subministrata auxilia intelligebat. Cæs. l. IV, c. 20.

le moins dangereux. A son entrée sur le territoire des Morins, ce peuple fier et jusque-là intraitable parut enfin s'humilier devant la puissance de Rome; il envoya des députés au proconsul, donnant pour excuse de sa conduite passée son état sauvage et son ignorance des coutumes romaines[1]. Celui-ci trouva que ces avances survenaient très à propos, car il n'eût point voulu laisser d'ennemis derrière lui; il agréa donc la soumission des Morins et exigea d'eux bon nombre d'otages. Avant de suivre César et ses légions dans les parages de la Bretagne, nous devons donner quelques détails sur la topographie de cette île, ses productions, et son histoire antérieure; cette courte exposition ouvrira le chapitre suivant.

1. Quòd homines barbari et nostræ consuetudinis imperiti.. Cæs. l. IV, c. 22.

FIN DU TOME SECOND.

TABLE

DES MATIÈRES

CONTENUES DANS LE SECOND VOLUME.

Pages

CHAPITRE PREMIER. Situation de la GAULE TRANSALPINE, pendant les second et premier siècles avant notre ère. — Description géographique du pays; ses productions végétales, animales, minérales; sa population divisée en trois familles humaines. — I. FAMILLE IBÉRIENNE: 1° *Aquitains*; topographie de leur territoire; leurs tribus, leur caractère, leurs mœurs, leur gouvernement. 2° *Ligures*; leur caractère, leurs mœurs; topographie de leur territoire; tribus et confédérations. II. FAMILLE GAULOISE: 1° *Galls*; topographie du pays, subdivisions de la race. 2° *Kimris* de la première invasion, leur territoire, leurs tribus. 3° *Kimris-Belges*; territoire et nations. — Caractère, mœurs, industrie, religion, gouvernement des Gaulois. III. FAMILLE GRECQUE IONIENNE : Continuation de l'histoire des Massaliotes. — Désastre de Phocée. — Agrandissement de Massalie. — Topographie de cette ville; ses lois; son gouvernement; sa religion; ses mœurs; sa littérature et ses hommes illustres; ses colonies; son commerce; son alliance avec Rome; époque de sa grande prospérité commerciale et de sa puissance maritime.................. 1

Chapitre II. Plaintes des Massaliotes au sénat de Rome contre les Ligures Oxybes et Décéates; première guerre des Romains dans la Gaule transalpine. — Nouvelles plaintes des Massaliotes au sujet des Ligures-Salies; C. Sextius soumet une partie de la Ligurie cis-rhodane; fondation de la ville d'*Eaux-Sextiennes*; commencement de la fraternité des Édues avec les Romains. — Ligue défensive des Allobroges et des Arvernes contre Rome; les Allobroges sont vaincus par Cn. Domitius, les Arvernes par Q. Fabius Maximus. — Domitius s'empare du roi Bituit par trahison. — Établissement d'une *Province romaine* transalpine. — Trophées de Domitius et de Fabius dans la Gaule; leur triomphe à Rome. — Accroissement progressif de la Province. — Les Romains s'emparent des routes des Alpes; héroïsme de la nation des Stœnes. — Défaite de C. Caton par les Scordisques. — Crassus conduit une colonie romaine à Narbonne. — Organisation d'une Province romaine.................. 159

Chapitre III. Une horde de Kimris et de Teutons, partie des bords de la Baltique, assiège Noreïa; perfidie et défaite de Papirius Carbon. — Les Kimro-Teutons pénètrent en Helvétie; les Ambrons, les Tigurins et les Tughènes se joignent à eux; ces hordes envahissent la Gaule. — Résistance des Belges; ils font la paix avec les Kimris en leur cédant la forteresse d'*Aduat*. — Les hordes dévastent la Gaule centrale. — Elles attaquent la province romaine; défaites de Silanus, de Cassius, de Scaurus. — Les Tectosages se déclarent pour elles; prise et sac nocturne de Tolose par le consul Cépion. — Défaite de Cépion et de Manlius; ravage de la Province; les Kimris passent en Espagne. — Malheurs de Cépion; or de Tolose. — Marius consul en Gaule; il fait creuser un canal du Rhône à la mer. — Retour des Kimris. — Marius bat les Ambro-Teutons à Eaux-Sextiennes. — Les Kimris entrent en Italie par les Alpes tridentines ; terreur des Romains. — Marius arrive ; bataille du champ Raudius ; défaite des Kimris ; héroïsme et mort de leurs femmes. — Gloire de Marius.. 191

Chapitre IV. Guerres civiles de Marius et de Sylla ; un grand nombre de proscrits se réfugie dans la Province ; guerre civile dans la Province. — Conduite de la population gauloise. — L'Aquitaine se déclare pour Sertorius ; une armée romaine y succombe. — Les Gaulois descendent en Italie avec Æ. Lépidus ; ils sont battus. — Arrivée de Pompée dans la Province et proconsulat de Man. Fonteius. — Massacres et proscriptions. — Nouveau soulèvement des Gaulois ; ils assiègent Massalie et Narbonne. — Vengeances du proconsul ; établissement de colonies militaires ; famine ; misère effroyable de la Province. — Les Volkes et les Allobroges accusent à Rome Fonteius ; il est défendu par Cicéron et absous. — Misère croissante de la Province ; nouvelles plaintes des Allobroges. — Les députés allobroges entrent dans la conspiration de Catilina ; ils la révèlent. — Insurrection du peuple allobroge et sa défaite ; triomphe de Pomptinus...................... 241

Chapitre V. Situation du nord et du centre de la Gaule. — Des Germains s'établissent en Belgique. — Guerre des Arvernes et des Séquanes contre les Édues. — Les Séquanes prennent à leur solde Arioviste ; défaites et humiliation des Édues ; courage du Vergobret Divitiac. — Arioviste s'empare des terres des Séquanes ; ceux-ci lui résistent et font alliance avec les Édues ; bataille de Magétobriga, où la ligue gauloise est anéantic par les Germains. — Divitiac implore le secours du sénat de Rome; froideur de la république à l'égard des Édues. — Intrigues d'Orgétorix avec des chefs éduens et séquanais. — Mouvement des Helvètes. — Les Romains font en Gaule une ligue défensive contre les Helvètes; voyage d'Arioviste à Rome. — Arrivée de César en Gaule. — Émigration des tribus helvétiennes; les Tigurins sont battus sur les bords de la Saône. — Dumnorix intrigue contre les Romains. — Défaite complète des Helvètes. — Assemblée générale des cités gauloises; plaintes portées à César contre Arioviste. — César marche contre lui, le défait et le met en fuite... 275

CHAPITRE VI. Les Romains s'organisent sur le territoire séquanais; mécontentement des nations gauloises; grands préparatifs d'armes en Belgique. — Puissance et intrigues des Rèmes. — Guerre de César contre les Gaulois. — Première campagne : Les Suessions, les Bellovakes, les Ambiens sont soumis; résistance opiniâtre des Nerves et des Aduatikes; siège et sac d'Aduat. — Promenade de P. Crassus dans l'Armorike. — Deuxième campagne : Galba se retire devant les montagnards des Alpes Pennines. — La guerre éclate dans l'Armorike. — Combat naval; les Vénètes sont défaits. — Cruautés de César. — Soumission de l'Armorike. — Expéditions de Crassus en Aquitaine, de César contre les Morins. — Troisième campagne: Deux peuples germains, les Tencthères et les Usipètes, passent le Rhin; mouvement de la Gaule en leur faveur; César marche contre eux et les bat. — Caton accuse César de perfidie envers les Germains. — Le proconsul prépare une descente dans l'île de Bretagne. 341

FIN DE LA TABLE.

www.ingramcontent.com/pod-product-compliance
Lightning Source LLC
Chambersburg PA
CBHW052119230426
43671CB00009B/1042